HANS-CHRISTIAN KIRSCH

Route 66

Buch

Eine Einladung zu einer literarischen Abenteuerreise über die Straße der Träume: In Chicago – zwischen beeindruckender Hochhausarchitektur am großen Ufer des Michigan-See – beginnt die Route 66; sie endet fast viertausend Kilometer südwestlich in Los Angeles, an der sonnigen Pazifik-Küste. Unterwegs von Ort zu Ort, durch spektakuläre, immer wieder wechselnde Landschaften, summt der Reisende ein Lied von Woody Guthrie. Hier kommt man mit den Menschen von der Straße ins Gespräch, begegnet vielen Berühmtheiten und solchen, die es werden wollen. Der Autor berichtet von einer Erlebnisreise mit überraschenden Höhepunkten, die zur Nachahmung anregt.

Autor

Hans-Christian Kirsch (Pseudonym: Frederik Hetmann), geboren 1934 in Breslau, war nach seinem Studium zunächst als Lehrer und dann als Lektor in einem Kinder- und Jugendbuchverlag tätig. Seit Ende der 70er Jahre widmet er sich ganz der Schriftstellerei. Als Autor bekannt geworden ist er unter anderem durch seine Biographien über Rosa Luxemburg, den englischen Designer William Morris und die Autoren der Beat Generation. Außerdem übersetzte er zeitgenössische Autoren aus Irland, England und den USA, sammelte Märchen in den amerikanischen Südstaaten und veröffentlichte mehrere Reiseberichte. Für seine Kinder- und Jugendbücher wurde Kirsch bereits zweimal mit dem Deutschen Jugendbuchpreis ausgezeichnet. Wenn er sich nicht auf Reisen befindet, wohnt er in einem kleinen Dorf im Westerwald.

HANS-CHRISTIAN KIRSCH

Route 66

Auf der Straße der Träume
von Chicago nach L.A.

GOLDMANN

Originalausgabe

Umwelthinweis
Alle bedruckten Materialien dieses Taschenbuches
sind chlorfrei und umweltschonend.
Das Papier enthält Recycling-Anteile.

Der Goldmann Verlag
ist ein Unternehmen der Verlagsgruppe Bertelsmann

Originalausgabe September 1997
© 1997 Wilhelm Goldmann Verlag, München
Umschlaggestaltung: Design Team München
Umschlagabbildung: The Stock Market
Satz: All-Star-Type Hilse, München
Druck: Graphischer Großbetrieb Pößneck
Verlagsnummer: 12770
Lektorat: Claudia Langen
Redaktion: Kristiana Ruhl
Herstellung: Martin Strohkendl
Made in Germany
ISBN 3-442-12770-X

1 3 5 7 9 10 8 6 4 2

Allen gewidmet, die im Mai 1996
mit über die Route 66 fuhren, aber natürlich
vor allem Volker Neumann, ohne den es jene Reise
und dieses Buch nicht gegeben hätte.

»Wir suchen im Schriftsteller den Freund, mit dem wir Intimes austauschen. Wir wünschen ihn, mehr als in ausgerundeten Romanen und gestellten Kulissen, in Tagebüchern und Briefen über seinem mystischen Eigentum anzutreffen und dort Signale mit ihm zu tauschen, in denen er sich, wir uns, endgültig und vorbehaltlos zu erkennen geben. Das ist hilfreich. Das führt uns in brüderlicher Vereinigung durch die Gewalten der Gegenwart ...«

Werner Helwig

»Alle reden von ›community‹. In einer Zeit, in der das Wehgeschrei über den Verfall der Werte und traditionellen Bindungen groß ist, hat die Gemeinde Konjunktur. (...) Es war der *Barber-Shop*, der Kleiderladen, das Schmuckgeschäft, das Kino, wo das wahre Amerika wohnte. Der Ort, wo sich alle noch mit dem Namen grüßten, war die *Mainstreet*. Der Dichter Sinclair Lewis hat ihr in seinem gleichnamigen, 1920 erschienenen Roman ein literarisches Denkmal gesetzt. Die US 66 nannte man auch deshalb die ›Mainstreet of America‹, weil sie durch das Herz des Landes führte und dabei Hunderte kleiner Ortschaften und deren Hauptstraßen berührte.«

Bernd Polster und Phil Patton,
Highway – Amerikas endloser Traum

Inhalt

Vorwort

Hallo Petra, Carol, Gaby, Barbara und noch einmal Barbara; hallo Rita, Maria, Antje, Beatrix, Dagmar, Ingrid, Marietta, Regina, Sandra, Irmi, Martina, abermals Petra und Regine. Hallo Rolf, Rainer, Franz, Martin, Hanspeter, Jürgen, Bernd, Frank, Alexander, Joachim, Arne (wie geht's dem Armreif, der dich heilen sollte?). He, Volker (was macht die Wetterfahne aus Santa Fe?). Ein Hallo auch dir, Bernd-Friedrich, Sheriff mit dem einen PS. Wo steckt ihr alle *in the best of all possible worlds?* Wie Heinrich Heine sagte: »Eine große Landstraß' ist unsere Erd', / Wir Menschen sind Passagiere; / Man rennet und jaget, zu Fuß und zu Pferd, / Wie Läufer oder Kuriere. // Man fährt vorüber, man nicket, man grüßt / Mit dem Taschentuch aus der Karosse; / Man hätte sich gerne geherzt und geküßt, / Doch jagen von hinnen die Rosse.« Ab und zu bekommt man eine Karte aus San Francisco, Bombay, Berkeley oder Hongkong. Dies ist eine Welt der Reisenden! Keine Angst, nachdem ich euch (hoffentlich alle) begrüßt habe, werde ich euch nie mehr erwähnen. Nicht all die Happy hours mit Whisky, Gin Tonic und kalifornischem Wein, nicht die durchtanzten Nächte – wo war das noch gleich …? In Amarillo oder in Santa Fe? Nicht die im Grand Canyon beinahe nötig gewordene Rettungsaktion mit der amerikanischen Bergwacht! *Guess for whom?* Nicht die gewonnenen und verspielten Dollarsummen in Las Vegas. Nicht die Einkaufsorgien in Santa

Fröhliche Reisende über die Route 66, hier in einem Eisenbahnmuseum in Oklahoma.

Fe und L.A. Also, es war und ist so: Ich bin mit 31 Frauen und Männern von Chicago über St. Louis, Tulsa, Santa Fe, Las Vegas auf der Route 66 nach Los Angeles gefahren. Eine wunderbare Reise! Für jeden von uns. Aber viel zu kurz. Hin und wieder habe ich auf dieser Reise Geschichten erzählt. Von jener Straße, auf der wir fuhren, wie sie entstand, unterging und als Legende wieder auferstand; von Städten und Landschaften, von weißen *Rednecks*, Schwarzen, eigentlich *Afroamericans* (»Neger« zu sagen verbietet die *political correctness*), Mejicanos und Indianern (nicht doch: *American natives* heißt das!), von der Musik auf und an dieser Straße, Jazz und Country, von ihren Reisenden, von den Büchern, die unter dem Himmel über ihr und an ihrem Straßenrand geschrieben worden sind, von den Menschen, die hier und dort neben ihr Wurzeln schlugen, von all den verrückten Bars, Hotels, Tipis, Restaurants, Spelunken, in denen man einkehren kann. Von den Getränken und Speisen, die einem vorgesetzt werden. »Alles hat ein Ende, nur die Wurst hat zwei!« Das gilt diesmal nicht für mich. Denn jetzt trete ich diese Reise noch einmal an, in der Phantasie. Ich hole noch einmal Atem, ich beginne noch einmal zu erzählen. Denn es gibt noch viel mehr Geschichten, und es könnte ja sein, es verlangte euch danach, noch einmal diesem unwiderstehlichen amerikanischen Verlangen zu folgen, nach Westen zu reisen, immer weiter nach Westen, bis es nicht mehr weiter geht, weil da das Meer ist, die wilde Brandung des Pazifik und die Nebel, mit denen sie L.A. einhüllt ...

American Memories

»Und ich warte auf eine Wiedergeburt des Wunders.
Und ich warte darauf, daß jemand wirklich Amerika entdeckt
und klagt.
Und ich warte auf die Entdeckung einer neuen Western frontier.
Und ich warte, daß der Amerikanische Adler seine Flügel ausbreitet und wirklich fliegt ...«

Lawrence Ferlinghetti, *I am waiting*

Etwas nüchterner läßt sich das, was den Leser in diesem Buch erwartet, etwa so umschreiben: eine Sammlung von Geschichte(n) zum kulturellen Hintergrund der Route 66 – zum Teil in literarischer Form. Das, was in den neuesten Reiseführern nicht steht, was Touristen oft entgeht. Ich werde von dem berichten, was mir an diesem Stück Land gefällt, durch das die Route 66 führt, welche Gedanken ich mir dazu machte, während wir reisten; was ich hier und dort erlebt, entdeckt, gehört, gesehen, geträumt, gelesen und gekritzelt habe.

Zu solchen Entdeckungen lade ich ein.

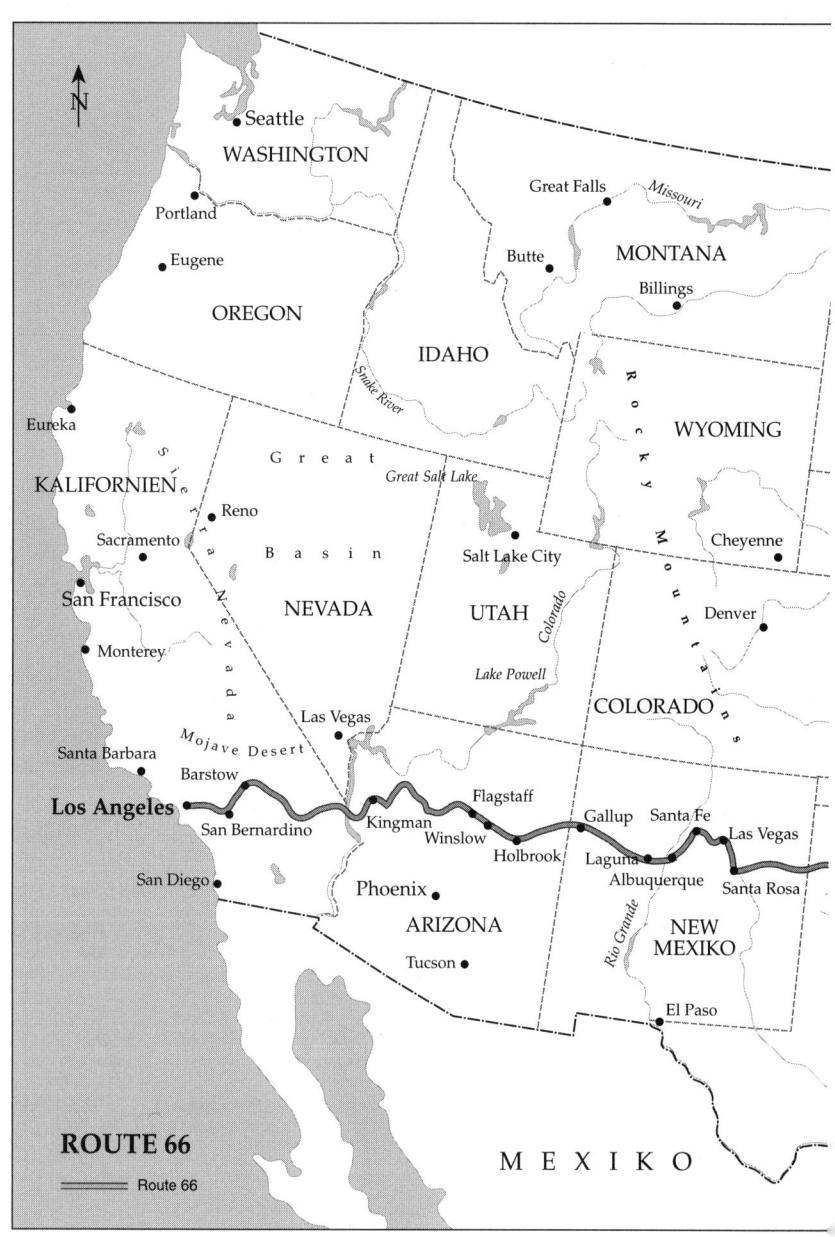

ROUTE 66

═══ Route 66

1
Chicago Blues

Das Touristenbüro teilt mir mit, in Chicago seien erfunden worden: die Rollerskates (1884), die Stahlskelett-Bauweise für Hochhäuser – also Wolkenkratzer (1885), das erste Gebäude dieser Art war neun Stockwerke hoch! –, der Fensterbriefumschlag (1902), die Farbsprühdose (späte 40er Jahre), das erste McDonalds-Restaurant (1955). Auch so etwas charakterisiert eine Stadt. Aber nun etwas ernsthafter:

Man hat Chicago eine Stadt genannt, die sein mußte. Das bezieht sich auf ihre günstige Lage zwischen der Prärie, den Großen Seen und dem Chicago River. Hier sammelte sich am Ende der Eiszeit genügend Gletscherschutt, um eine Wasserscheide zwischen dem System der Großen Seen, dem St. Lorenz-Strom und dem Mississippi zu schaffen. Chicago entstand an einer Route vom Lake Erie in Kanada zum Mississippi, die schon die Indianer benutzten, noch ehe die Weißen kamen. Der Frankokanadier Louis Joliet und Pater Jacques Marquette, die 1673 den sogenannten Chicago-Portage überquerten, erkannten die Möglichkeit, an diesem zentralen Punkt Transportwege kreuzen zu lassen. Und dann kam der Trapper Jean Baptiste Point DuSable, ein Mann afro-kanadisch-französischer Abstammung, und gründete hier den ersten Handelsposten. 1833 zählte die kleine Siedlung am Chicago River gerade 300 Einwohner, und von diesem Jahr an hieß sie dann Chicago. Sie wurde

rasch zum Verbindungspunkt zwischen den landwirtschaftlich erschlossenen Gebieten des »Wilden Westens« und dem zivilisierten, bereits weiter entwickelten Osten. Durch einen Kanal, der 1848 entstand, gab es nun einen inländischen Wasserweg zwischen dem Nordatlantik und dem Golf von Mexiko. Nach den Kanalbauern kamen in den 50er Jahren des 19. Jahrhunderts Streckenbauarbeiter in das kleine Dorf an der Grenze, das damals nur ein paar Hundert Einwohner zählte. Der alte Kanal, der nicht viel mehr war als ein breiter Graben, wurde 1900 durch einen breiteren und tieferen ersetzt. Und während in Amerika der Bürgerkrieg tobte, gründete ein gewisser Cyrius McCormick eine Fabrik für Erntemaschinen, und die Geschäftswelt des

American Memories

»Meine Gefühle gegenüber Chicago sind, solange ich mich erinnern kann, wild ambivalent. Nelson Algren scheint es mir vor vierzehn Jahren treffend und poetisch ausgedrückt zu haben: ›Es ist nicht so sehr eine Stadt wie eine Station unterwegs, auf der anderthalb Millionen Zweibeiner mit einem einzigen Schrei ausschwärmen: Eine Schulter oder ein Bein ab. Hier komm’ ich. Jedermann in dieser gemieteten Luft ist auf sich allein gestellt. Aber wenn man einmal Teil dieses besonderen Fleckens geworden ist, wird man nie mehr einen anderen mögen. Es ist, als seist du in eine Frau mit einer gebrochenen Nase verliebt. Andere Hübsche mögen besser aussehen. Aber keine ist so real wie sie.‹«

Studs Terkel, *Division Street*

Ortes verdiente eine Menge Geld mit Armeelieferungen. 1870 wurden die Schlachthöfe gegründet, für die Chicago bis in unser Jahrhundert hinein berühmt und berüchtigt sein wird. Carl Sandburg, ein bekannter amerikanischer Lyriker der 20er Jahre, wird die Stadt in seinen Gedichten den »Schweineschlächter der Welt« nennen. Heute ist von den Schlachthöfen nur noch das Eingangstor, gewissermaßen als Symbol, stehen geblieben. Die Bevölkerung verdoppelte und verdreifachte sich innerhalb weniger Jahre. Die damals gebräuchlichste Hausform war der *Balloon Frame*, ein dünnwandiger Holzbau, der rasch zu errichten war. Einwanderer aus Deutschland, Irland, Polen, Italien, Schweden und Juden ließen sich in solchen Holzhäusern nieder: Sie legten den Grundstock für die multi-ethnische Bevölkerung der Stadt. Charakteristisch für das Stadtbild waren damals die

19

endlosen, hölzernen Gehsteige, die angelegt worden waren, um das tiefer gelegene natürliche Niveau anzuheben.

Das frühe Chicago bestand fast ausschließlich aus Holz. Dann kam das große Feuer des Jahres 1871. Angeblich soll die Kuh einer gewissen Misses O'Leary eine Lampe umgestoßen haben. Danach brannten die drei Quadratmeilen des Stadtzentrums fast völlig nieder. Bis auf das Wohnhaus der guten Frau. Das lag im Windschatten und blieb unberührt. Da die Feuerwehr zunächst zur falschen Adresse ausrückte, nahmen die Brände katastrophale Ausmaße an. Angefacht von einem starken Südweststurm, wütete das Feuer dreißig Stunden lang und machte ein Drittel aller Häuser dem Erdboden gleich. Im Grunde war die Katastrophe ein Glücksfall für die Stadt. Der Brandschutt wurde zur Landgewinnung am See verwendet, und noch heute ist ein großer Teil der 47 Kilometer langen Uferstrecke am Michigan-See Parkgebiet.

2
Chicago –
Ort sozialer Konflikte

Wenn man Chicago den Spitznamen *Windy City* gegeben hat, so spielt das nicht nur auf ein meteorologisches Phänomen an. Das Wort »windig« hat, wie im Deutschen, eine Doppelbedeutung. *Windy* im Sinne von häufigem Wind und im Sinne von fragwürdig, hemdsärmelig, skrupellos – das bezieht sich vor allem auf die Zeit des Ellenbogen-Frühkapitalismus: 1886 kommt es zu dem sogenannten *Haymarket-Riot*, bei dem mit einer Bombe sieben Polizisten in die Luft gesprengt werden. Es lohnt sich, die Hintergründe dieses Ereignisses etwas näher zu betrachten.

Im Jahre 1884 beschloß der in Chicago tagende Jahreskongreß des »Verbands der Gesellschaften und Arbeitervereine«, den Kampf für den Achtstundentag zu verstärken. Ihren Höhepunkt erreichten diese Aktionen am 1. Mai 1886, an dem 300 000 Arbeiter in den USA, davon allein 40 000 in Chicago, streikten, was einem Generalstreik gleichkam. Am 3. Mai 1886 wurden vor der Fabrik für Erntemaschinen von McCormick in Chicago zwei streikende Arbeiter von der Polizei erschossen und mehrere schwer verletzt, nachdem sie Streikbrecher angegriffen hatten. Aus diesem Anlaß fand am nächsten Abend auf dem *Haymarket* eine friedliche Protestkundgebung statt. Kurz vor Ende der Versammlung – die Mehrheit der ursprünglich 3000 Anwesenden war schon gegangen – marschierte eine Polizeitruppe auf den

Platz, obwohl Chicagos Bürgermeister Carter Herrison sich persönlich vom friedlichen Verlauf der Kundgebung überzeugt und den bereitstehenden Polizeikräften den Rückzug befohlen hatte. Nun verlangte die Polizei plötzlich das Ende und die Auflösung der Kundgebung. Bevor die Anwesenden dem Folge leisten konnten, warf ein Unbekannter eine Bombe in Richtung Polizei, worauf diese das Feuer eröffnete. Sieben Polizisten und eine nie eindeutig geklärte Zahl von Zivilisten kamen ums Leben. Von der explodierenden Bombe wurde der Polizist Matthias J. Degan getötet. Alle übrigen Polizisten kamen nachweislich durch Revolverschüsse zu Tode. Die meisten, wenn nicht sogar alle dieser tödlichen Schüsse, waren jedoch nicht von Zivilisten, sondern von den Kameraden der getöteten Polizisten abgefeuert worden.

Nach dem 4. Mai 1886 herrschte in Chicago praktisch der Ausnahmezustand. Anarchisten und andere Radikale wurden verhaftet. Die Presse war voll von Horrorberichten über Verschwörungen und geplante Bombenattentate. Am 27. Mai verkündete das Gericht die Anklage gegen die Agitatoren der Protestversammlung: Sie lautete auf Mord. Zusammen mit 21 weiteren Arbeitern sollten sie sich darüber hinaus wegen Verschwörung, Aufruhr und Verstoß gegen das Versammlungsrecht verantworten. Drei Deutsche unter ihnen – die Zahl der deutschen Einwanderer nach Chicago war zu dieser Zeit erheblich – erkauften sich die Freiheit, indem sie als Kronzeugen aussagten. Am 21. Juni 1886 begann der Prozeß mit der Auswahl der Geschworenen. Der damit beauftragte Gerichtsdiener Henry Ryce erklärte öffentlich:»Ich betreue diesen Fall, und ich weiß, was ich tue. Diese Kerle werden gehängt. Das ist so sicher wie der Tod. Ich lade nur solche Kandidaten vor, die die Verteidigung der Reihe nach alle ablehnen muß, so daß die Zahl ihrer Ablehnungsanträge bald erschöpft ist. Die Verteidigung muß dann mit den Geschworenen zufrieden sein, die der Staatsanwalt will.« Obwohl Bestechungsgelder, Gewalt und Bedrohung eingesetzt wurden, konnte der Staatsanwalt seine ursprüngliche Mordanklage nicht aufrechterhalten. Sie wurde im Laufe des Prozesses

in »Verschwörung mit dem Ziel des Umsturzes der bestehenden gesetzlichen Ordnung« umgewandelt. Die Anarchisten von Chicago hatten tatsächlich gewaltsame Mittel zur Durchsetzung ihrer Ziele bejaht. Allerdings verstanden sie Gewalt als Selbstverteidigung gegen die Gewalt des Staates. Am 30. August 1886 verkündeten die Geschworenen das Urteil. Alle sechs Angeklagten wurden für schuldig befunden und bis auf einen zum Tode verurteilt. Im September 1887 wurde das Urteil an vier der Angeklagten vollstreckt. Zwei wurden begnadigt. Die Verfasser des *Lexikons der Anarchie* kommen bei der Einschätzung des Prozesses zu folgender Feststellung: »Die Ermordung der Arbeiter am 3. und 4. Mai, die nachfolgende national-chauvinistische Repression, die den Anarchismus als unamerikanisch bezeichnete und mit den Immigranten identifizierte, brachen dem US-amerikanischen Anarchismus trotz großer Solidaritätskampagnen das Rückgrat. Die amerikanische Arbeiterbewegung wurde insgesamt entscheidend geschwächt. Die Gewerkschaften distanzierten sich nach der *Haymarket*-Bombe von den Anarchisten und säuberten ihre Reihen von linksradikalen Mitgliedern; dies isolierte die Anarchisten, während es die Gewerkschaften (vorübergehend) zu relativer Bedeutungslosigkeit führte.« Chicago aber blieb ein Ort starker sozialer Spannungen.

1893 veranstaltete die *Boomtown* Chicago zum 300. Jahrestag der Entdeckung Amerikas die *World Columbian Exposition.* Sie ist insofern bemerkenswert, als sie zum Symbol eines im Zeichen des Kapitalismus aufblühenden Amerikas, oder wie die zeitgenössische Presse schrieb, »zum größten Spektakel moderner Zeiten« wurde. Als Präsident Groover Cleveland am 1. Mai symbolisch einen Schlüssel bewegte, summten die Dynamos, begannen Maschinen zu stampfen, Fontänen zu sprühen, Fahnen wurden an den Masten hochgezogen, ein Chor von 5000 Sängern stimmte seine Lieder an, und 150 000 Besucher klatschten

---

American Memories

»Chicago hat eine North Side, eine South Side und eine West Side. An East Side hat es nicht viel zu bieten. Wenn man zu weit in diese Richtung läuft, landet man im Michigan-See. Schwimmend – oder man ertrinkt. Dort sind die Strände der Stadt. Je weiter man nach Süden kommt, desto mehr weicht der See zurück ...«

Studs Terkel,
Ein ABC-Führer für Leute, die Chicago nicht kennen

Beifall. Das Zeitalter der Elektrizität, der Welt von morgen, der »Weißen Stadt«, hatte begonnen. Es wurde Licht in Amerika. Die große Leistungsschau mit den Wundern von Wissenschaft und Industrie zog zwischen Mai und Oktober 25 Millionen Besucher an. Sie strömten aus den Farmen und den Kleinstädten des Umlandes wie auch aus dem Ausland nach Chicago. Ein staunender Besucher schrieb an seine Eltern: »Verkauft Euren Kochherd, wenn nicht anders, und kommt!« Ein anderer Besucher versicherte seiner daheim gebliebenen Ehefrau: »Du mußt die Ausstellung sehen, und wenn das Geld, das wir für die Beerdigung zurückgelegt haben, draufgeht!« Die Venus von Milo war in Schokolade nachgebildet, ein lebensgroßer Ritter zu Pferde stellte getrocknete Pflaumen her, Deutschland, eine der 77 vertretenen Nationen, hatte ein gewaltiges Küstengeschütz aufgestellt, das ein tonnenschweres Geschoß über 16 Meilen schießen konnte. Als die Ausstellung schloß, schrieb die *Chicago Tribune*, was Millionen von Besuchern dachten. Man hatte eine »kleine, ideale Welt« gesehen, »eine Realisation von Utopia, in der die überbordende Phantasie der Künstler und Architekten einen in der Zukunft liegenden Zustand vorwegzunehmen scheint, bei dem die ganze Erde so rein, so schön und so freudig sich darstellen wird, wie heute die Weiße Stadt«.

Doch schon ein Jahr später, 1894, zeigte sich auch die andere Seite der Medaille. Die Arbeiter der Pullman Car Company verbündeten sich mit den Arbeitern der Eisenbahngesellschaften und streikten. Chicagos Arbeiter waren die ersten, die sich in Gewerkschaften organisierten. Und was vielleicht noch erstaunlicher war für jene Zeit: Zum ersten Mal streikten schwarze und weiße Arbeiter gemeinsam für höhere Löhne und einen sicheren Arbeitsplatz. Der damalige amerikanische Präsident Cleveland beurteilte die Lage als so gefährlich, daß er Truppen in die Stadt entsandte. 1905 wurde Chicago dann zum Gründungsort der *Industrial Workers of the World (Wobblies)*, jener legendären radikalen Gewerkschaftsbewegung, deren bekanntester Vertreter wohl Joe Hill war. Während eines Streiks festgenommen, wurde er 1915 in Salt Lake City hingerichtet. Ein politisches Kampflied über ihn ist inzwischen zum Volkslied geworden:

>»Ich sah im Traum Joe Hill vor mir.
>Ganz deutlich sein Gesicht.
>Sprech' ich: Bist du nicht lange tot?
>Sagt er: Ich sterbe nicht.
>
>In Salt Lake City, Joe, sprech' ich,
>da irrte das Gericht.
>Unschuldig gingst du in den Tod.
>Nein, schuldig war ich nicht.

25

Den Herren von der Industrie,
den' warst du unbequem.
Unschuldig gingst du in den Tod.
Er spricht: So ist's geschehen!

Da stand er vor mir, lebensgroß,
und lächelte mir zu.
Was tut's, wenn einer von uns stirbt.
Wir geben keine Ruh'.«

3
Chicago und Al Capone

Eine andere Epoche, die zum Klischee des »bösen Chicago«, der *Windy City*, beigetragen hat, ist die Zeit der Prohibition in den 20er Jahren. Damals hatte der noch junge Gangster Johnny Torrio, die beherrschende Persönlichkeit der Unterwelt von Chicago, einen Einfall. Er rechnete sich aus, daß er das große Geld machen könnte, wenn er den illegalen Verkauf von Spirituosen in der Stadt unter seine Kontrolle brächte. Torrio holte sich als *Lieutenant* einen 23jährigen Neapolitaner aus New York, dessen Karriere in der berüchtigten *Five-Points-Gang* und als Schüler von Lefty Louie und Gyp the Blood begonnen hatte. Er versprach ihm die Hälfte aller Einnahmen aus dem *Bootlegging*-Geschäft, sofern es ihm nur gelinge, unliebsame Konkurrenten auszuschalten. Der junge Mann, der sich in dem Spielsalon »Vier Würfel« etablierte, hatte auf seinem Schreibtisch demonstrativ eine Familienbibel liegen und ließ sich Visitenkarten mit der Inschrift drucken: »Händler in Möbeln aus zweiter Hand, 2220 South Wabash Avenue.« Der junge Mann hieß Al Capone. Heute bedient sich Chicago seiner Gestalt als Touristenattraktion! Innerhalb von drei Jahren verfügte er über eine Streitmacht von 700 Mann, die alle ausgezeichnet mit Gewehren mit abgesägten Läufen und den eben aufkommenden Thompson-Maschinenpistolen umzugehen verstanden.

Mitte der 20er Jahre war der Stadtteil Cicero fest in Capones

Hand. Seine Agenten kontrollierten alle Spielsalons und 161
Bars. Und Capone war es, der darüber bestimmte, wer Bürgermeister in Chicago wurde. Die Summen, die er durch Schutz-
gelder einnahm, gingen in die Millionen. Torrio wurde immer
mehr in den Hintergrund gedrängt. Allerdings war die Errichtung von Al Capones Vorherrschaft nicht ohne Blutvergießen
abgegangen. Die Standardmethode, einen Rivalen auszuschalten, bestand darin, seinen Wagen mit einem Auto voll schwerbe-
waffneter Männer zu verfolgen, ihn an den Randstein zu drängen, die Konkurrenz mit ein paar Salven vom Leben in den Tod
zu befördern und dann im Verkehrsgewühl unterzutauchen.

Die Gang eines gewissen Dion O'Banion stellte eine Zeitlang
eine Bedrohung für die absolute Herrschaft Capones über Chicago dar. Der Mord an diesem Konkurrenten hat gewisse Ähnlichkeiten mit der Geschichte vom Judaskuß. O'Banion war ein
Schwarzbrenner und Gangster bei Nacht, tagsüber betrieb er
einen Blumenladen. Er kannte sich mit Orchideen ebensogut
aus wie mit Revolvern und Schnellfeuerpistolen. Eines Morgens
hielt ein Auto vor seinem Blumengeschäft. Drei Männer stiegen
aus, ein vierter blieb hinter dem Steuer zurück. Die drei Männer
traten im Laden auf O'Banion zu; offenbar war er mit ihnen vertraut. Der mittlere unter den drei Besuchern schüttelte ihm die
Hand und hielt ihn fest, während seine Begleiter sechs Schüsse
auf ihn abgaben. Er war auf der Stelle tot. Die drei Gangster verließen seelenruhig das Blumengeschäft und fuhren in ihrem
Auto davon. Sie kamen nie vor Gericht. O'Banion bekam ein
pompöses Begräbnis, lag in einem Tausend-Dollar-Sarg, 26 Last-
wagenladungen mit Blumen wurden herbeigeschafft, darunter
auch ein Gebinde mit der Inschrift »von Deinem Al«. 1926 be-
diente sich die O'Banion-Gang, trotz des Verlustes ihres Banden-
chefs noch intakt, einer neuen Methode, die selbst in Kreisen
der Unterwelt als höchst unfein bezeichnet wurde. Am hellich-
ten Tag wagten sie es, Al Capones Hauptquartier im Hawthorn-
Hotel mit Maschinengewehrfeuer aus acht Autos heraus zu be-
legen. Die Wagen fuhren langsam am Haus vorbei. Zunächst
wurden Schüsse in die Luft abgegeben, um die Passanten zu

warnen. Kaum hatten sich Capones Männer an Fenstern und Türen auf der Vorderseite postiert, rasten einige Wagen einen Block weiter und beschossen von dort die Rückseite des Gebäudes. Nachdem sich die Aufmerksamkeit im Hotel dorthin gewandt hatte, kniete sich vorn ein Mann aufs Pflaster und gab mehrere hundert Schuß in Richtung Empfangshalle ab. Der Bandenkrieg dauerte bis zum St. Valentins-Tag 1929. An diesem 14. Februar, um 9 Uhr 30 vormittags, warteten sieben Mitglieder der O'Banion-Gang in einer Garage in der North-Clark-Street auf eine Ladung schwarzgebrannten Schnaps. Plötzlich fuhr ein Cadillac in die Garage. Ihm entstiegen drei Männer in Polizeiuniform und zwei Zivilisten. Die Polizisten entwaffneten die sieben Gangster. Sie befahlen ihnen, sich in einer Reihe mit dem Gesicht gegen die Wand aufzustellen. Die Männer der O'Banion-Gang gehorchten. Sie waren an Polizei-Razzien gewöhnt und erwarteten, schließlich unbehelligt davonzukommen. Statt dessen brachten die Zivilisten eine Maschinenpistole in Anschlag und erschossen die mit erhobenen Händen wartenden Gangster. Dann fuhren sie mit den vermeintlichen Polizisten zusammen ab.

Das sogenannte »St. Valentins-Massaker«, das später sogar in einen Marilyn-Monroe-Film einging, und die Ermordung Jake Lingles, eines Mannes, der ein Doppelleben als Journalist und Gangster führte, in einem überfüllten U-Bahn-Waggon 1930 waren die spektakulärsten Ereignisse dieses Jahrzehnts. Insgesamt kam es in diesen Jahren zu rund 500 Morden, von denen die wenigsten aufgeklärt wurden. Man schätzt, daß Al Capone bis 1927 aus den Schutzgeldern pro Jahr etwa 60 Millionen Dollar einnahm. Seit seinem Auftauchen in Chicago 1920 war er zu einer Person, »so bekannt wie ein Boxweltmeister oder ein

American Memories

»Die Near North Side besteht zum vorwiegenden Teil aus sich hoch auftürmenden, teuren Apartment-Gebäuden und Nachtclubs. Hier versammeln sich die Junggesellen und junge Damen, die Karriere machen. Letztere teilen sich oft eine Wohnung. Das Viertel liegt bemerkenswert angenehm nahe zum Loop, zum See und zu den Straßenzügen, wo was los ist. Hier spielt sich das meiste Nachtleben der Stadt ab.«

Studs Terkel,
Ein ABC-Führer für Leute, die Chicago nicht kennen

Millionär«, geworden. Er kontrollierte nicht nur die 10 000 Flüsterkneipen in Chicago, sondern auch den illegalen Alkoholhandel bis Kanada und Florida. Festgenommen wurde er in Philadelphia nur einmal wegen unerlaubten Waffenbesitzes. Im übrigen stand er in diesem Jahrzehnt über dem Gesetz. In Chicago fuhr er in einem Panzerwagen umher. Wenn er ins Theater ging, umgab ihn eine Bodyguard von achtzehn jungen Männern in Smoking und mit merkwürdig ausgebeulten Ärmeln. Er besaß fünf Anwesen in Miami. Politiker und Richter erhielten aus seinem Hauptquartier ihre Weisungen.

Mit Aufhebung der Prohibition war die große Zeit der *Bootlegging-Gangs* zu Ende. Aber nun begann die Epoche der *Rackets*, ein Begriff, der zunächst ganz allgemein eine Beschäftigung bezeichnete, mit der sich leicht Geld verdienen ließ. Die Gangster fingen an, die Gewerkschaften zu unterwandern, und in Chicago verlagerten die Banden ihre Schutzgeld-Erpressungen auf Färbereien und chemische Reinigungen. Hatte vorher der Kunde für die Reinigung eines Anzuges 1,25 Dollar bezahlt, so zahlte er nun 1,75 Dollar. Geschäftsleute, die sich den Erpressungen widersetzten, riskierten, daß ihr Geschäft in die Luft flog. Entweder wurden Bomben geworfen, oder es wurde Sprengstoff in die Nähte der zum Reinigen abgegebenen Kleider eingenäht. War die beliebteste Waffe der *Bootlegger* die Maschinenpistole, so verwendeten die *Rackets* meist Bomben und Sprengstoffladungen. Von Chicago aus verbreiteten sie sich bald über das ganze Land.

4
Chicago –
Architekturmuseum unter
freiem Himmel

Wer in diesen Tagen nach Chicago kommt, findet als Erinnerung an Al Capone nur noch ein Museumsplakat. Heute präsentiert sich die Stadt vielmehr als ein Architekturmuseum unter freiem Himmel. Die Entwicklung Chicagos auf diesem Gebiet begann bereits nach dem Großen Feuer 1871 und erfuhr durch die *World Columbia Exposition* 1893 den entscheidenden Impuls. Sie wurde dadurch gefördert, daß die Stadt ihr Image als *Porcopolis*, als »Stadt der Schweine«, loswerden wollte. Schon damals wurde in Chicagos Wirtschaft gut verdient, wenngleich auf anderen Gebieten als heute. Und man gedachte, das Image der Stadt durch ein Mäzenatentum in verschiedenen Bereichen aufzupolieren. So begann damals neben der großen Tradition des Philharmonischen Orchesters auch Chicagos Ruf als Museumsstadt.

Anläßlich einer Columbus-Ausstellung lud die Stadt den französischen Impressionisten Camille Pissarro ein, um den Rinderbaronen und Schlachthofbesitzern einmal einen echten Künstler zu präsentieren. Als der Maler gefragt wurde, ob er vorhabe, zu dem Weltereignis am Michigan-See zu kommen, soll er allerdings mürrisch geantwortet haben: »Wer zum Teufel will zu diesen Metzgern gehen?!« Andererseits begann mit der Ausstellung in der Stadt eine Epoche klassizistischer Baukunst, und nach dem zweiten Großbrand im Jahre 1874 wurde im Häuserbau eine Technik entwickelt, die es ermöglichte, Gebäude brandsicher und »wolkenhoch« zu bauen – letzteres auch dank der Erfindung des elektrischen Fahrstuhls. Damit kam ein neuer Stil, rational und ohne Repräsentationspathos, der Utilarismus, auf. Und schon jetzt entwarf man Neubauten gemäß dem Leitspruch, wonach die Form der Funktion zu folgen habe. Formuliert hat dies Louis Sullivan jedoch erst ein Vierteljahrhundert später. Das Gebäude der *Chicago School of Architecture*, nach seinem Bauherren Leiter-Building genannt, ist ein gutes Beispiel für die Anfänge dieser Stilepoche. Es ist heute allerdings nur noch auf Fotos zu betrachten, weil es inzwischen wieder abgerissen wurde.

Wer sich einen ersten Eindruck von der Imposanz Chicagos verschaffen will, tut das am besten von jenen Schiffen aus, die am *Navy Pier* abgehen. Hier war früher einer der größten Binnenhäfen der Welt. Nach seinem Niedergang hat er einem Freizeitpark Platz gemacht. Das Zentrum, in dem die architektonisch interessantesten Bauten liegen, verdankt seinen Spitznamen *Loop* jener Schleife, auf der die kürzlich modernisierte Hochbahn »EL« (für *Elevated Train*) seit etwa hundert Jahren verkehrt. Mit dem Chicago River im Norden und Westen, dem See im Osten und der südlichen Trasse der EL bildet der *Loop* die Trennungslinie zwischen *Downtown* und den Vorstädten. In einem Quadrat von anderthalb Kilometern und an den sich nördlich davon anschließenden Vierteln um die *Magnificent Mile* liegt das wirtschaftliche Zentrum mit den eindrucksvollsten Bauten Chicagos.

Seit es die Schlachthöfe nicht mehr gibt, hat sich Chicago zu einem wichtigen Börsenplatz entwickelt, der im Begriff steht, der Wallstreet ernsthafte Konkurrenz zu machen. Dort, wo 1812 bei einem Überfall der Indianer 350 Siedler getötet wurden, erhebt sich an der *Magnificent Mile* heute das Wrigley-Building und der Chicago Tribune-Tower. Ersteres wurde 1925 nach dem Vorbild der Kathedrale von Sevilla errichtet und beherbergt das Hauptquartier des Kaugummi-Imperiums. Mit seinem märchenhaften Charakter ist es das vielleicht beliebteste Bauwerk

Chicago, Stadt der Architekturgeschichte, des Blues, der Gangster (in den zwanziger Jahren), genannt »windy city« (nicht nur, weil dort häufig ein scharfes Lüftchen weht)

bei den Bürgern der Stadt. Das 1925 vollendete Gebäude der *Chicago Tribune* orientierte sich ebenfalls an europäischen Vorbildern aus der Vergangenheit: am »Butterturm« der Kathedrale von Rouen. Die *Chicago Tribune,* angeblich die größte Zeitung der Welt, ließ in das Sockelgeschoß ihres Verwaltungsturms Teile der Burg Ehrenbreitstein, des Louvre, der Chinesischen sowie der Berliner Mauer einfügen.

William LeBaron Jenney, geistiger Vater der modernen Wolkenkratzer, Louis Sullivan mit seinem Schlagwort *»form follows function«* und Frank Lloyd Wright – ihre Namen stehen für drei Generationen von Architekten, bei denen eine jeweils bei der vorangegangenen ihr Handwerk gelernt hat. Die klaren Linien aus Glas und Stahl, die heute das Bild der Innenstadt prägen, spiegeln das Formempfinden des deutschen Architekten Mies van der Rohe, der in den 30er Jahren auf der Flucht vor den Nazis nach Chicago gelangte und bis zu seinem Tod 1969 in der

35

Stadt lebte. Heute baut in Chicago schon jene Generation, die bei ihm in die Lehre gegangen ist. Ein Apartment-Haus in Form eines Ypsilon, das beim Spaziergang zwischen *Navy Pier* und *Downtown* ins Auge fällt, entwarfen 1968 die beiden Mies van der Rohe-Schüler Schipporeit und Heinrich. Werner Jacob be-

---

American Memories

»Die alte Stadt ist das Viertel der Handwerker und Künstler nördlich von Near North. Es hat einen Hauch von Greenwich Village mit Cafés, den Studios von Künstlern, Antiquitätengeschäften, Restaurants und so weiter. Sein phänomenales Wachstum in den 60er Jahren hat The Boys (die Syndikate) angelockt. Offenbar spielt sich da mehr als nur Kitschkultur ab.«

Studs Terkel,
Ein ABC-Führer für Leute, die Chicago nicht kennen

---

schreibt in der »Frankfurter Allgemeinen Zeitung« diese Bauten so: »Mit dem charakteristischen Bronzebraun der Aluminiumfront griffen die Adepten nicht nur die formalen und innovativen Traditionen ihres Mentors auf, sondern entwickelten auch andere neue Qualitäten. Die Ypsilon-Gestalt des mit siebzig Stockwerken höchsten Apartment-Hauses der Stadt und ersten Wolkenkratzers mit gerundeter Metallfassade erlaubt den Bewohnern in allen Wohnungen eine panoramische Sicht auf See und Stadt. Um wieviel eleganter als seine Urväter dieser Mies-Nachkömmling ist, kann man auf der Nordschleife der Boots-tour feststellen: Am nördlichen Lake Shore-Drive stehen vier 26 bis 29 Etagen hohe Stahl- und Glastürme des Meisters aus Deutschland. Die beiden ersten entstanden 1954 und markieren mit ihren streng rechtwinkligen Grundrissen und ebenso gerasterten, die Senkrechte betonenden Fronten Beginn und Durchbruch seiner Maxime des ›Beinahe nichts‹.«

Natürlich fallen dem Besucher zunächst jene Bauten ins Auge, die Rekorde machten. Da ist vor allem das John Hancock-Center am nördlichen Ende der Michigan Avenue und der Sears Tower am Ostrand des Banken- und Börsenviertels am *Loop*.

Der Sears Tower mit seinen 443 Metern Höhe blieb 22 Jahre lang der höchste Bau der Welt. Erst vor kurzem überflügelten ihn die vom New Yorker Architekten Cesar Pellis entworfenen Zwillingstürme in Kuala Lumpur um sechs Meter und sechzig Zentimeter. Doch schon entsteht, ebenfalls von Pellis entworfen, nicht weit von Sears Tower, ein weiterer Bau, der knapp 800 Meter hoch sein wird, höher als jedes bisher existierende Gebäude. Von diesen beiden Giganten hat man die beste Aussicht auf die Stadt. Nordöstlich davon erhebt sich Big Stan, ein weißer Marmorbau der *Standard Oil,* und auf der Nordseite der *Magnificent Mile* gelangt man schließlich zum hundert Stockwerke hohen John Hancock-Center, einer Stadt für sich mit Wohnungen, Geschäften und Garagen. Den Weg in den 94. Stock zum Observatorium im Hancock-Center schafft der schnellste Lift der Welt in 39 Sekunden. Darüber liegt noch das höchste Restaurant Chicagos, von dem man angeblich bei klarem Wetter 130 Kilometer weit nach Wisconsin, Indiana und Michigan sehen kann. Recht verloren unter diesen Riesen nimmt sich der alte Wasserturm aus, eines der wenigen Gebäude, die das Feuer von 1871 unversehrt überstanden haben. An ihm läßt sich die Entwicklung innerhalb der Stadt während nur eines Jahrhunderts eindrucksvoll ablesen.

4
Chicago –
Zentrum moderner
amerikanischer Literatur

Nach alledem, was wir bisher gehört haben, mag es erstaunen, daß Chicago seit dem 19. Jahrhundert zu einem Zentrum moderner amerikanischer Literatur geworden ist. In seinem 1883 erschienenen *Leben auf dem Mississippi* nennt Mark Twain die Stadt einen Ort, »wo sie ständig Aladins Wunderlampe reiben, um den Geist zu rufen, wo sie ständig neue Unmöglichkeiten ersinnen und vollbringen«.

Die im Zeichen bürgerlicher Wohlanständigkeit im neuenglischen Osten der USA entstehende Literatur Amerikas stand im krassen Gegensatz zu der deprimierenden Kehrseite der Modernität des sich rasch entwickelnden Chicagos, dem Massenelend der Zu-kurz-Gekommenen, das die theatralische Traumstadtkulisse der großen Ausstellung verbergen sollte. Die *urban blight,* die soziale Verwahrlosung, war in dieser Stadt seit der ersten Industriellen Revolution immer ein Problem. Tausende wurden in ghettoartigen Notquartieren zusammengedrängt. Daher ist es auch kein Wunder, daß die Stadt um die Jahrhundertwende ein Sammelpunkt für politische Radikale wurde. Ein Buch, das diese Problematik eindrucksvoll dokumentiert, stammt von der ebenso streitbaren wie gebildeten Jane Addams aus Cederville, Illinois, die 1889 südwestlich des *Loop* in den wüstesten Slums der damaligen Zeit das sogenannte *Hull-House* gründete, das, wie es Hans Egon Holthusen genannt hat, »eine Art Kombination von Armenasyl, Nachbarschaftsclub und Kulturzentrum mit College-Charakter (bildete) und heute als nationales Kulturobjekt unter Denkmalschutz gestellt ist.« Jane Addams, die sich nicht nur für die Ärmsten der Armen einsetzte, sondern sich auch als Frauenrechtlerin einen Namen machte, wurde 1931 mit dem Friedensnobelpreis ausgezeichnet.

Für die Schriftsteller der *gentile tradition,* zu denen im vorigen Jahrhundert die in Deutschland unbekannt gebliebenen Autoren Henry Blake Fuller, Robert Herrick und Hamlin Garland zu rechnen sind, wurden vor allem die Atmosphäre der Chicagoer Gründerjahre, die Aufsteiger und Baulöwen der »windigen Stadt«, die Vergötzung des Erfolgs zu Themen, die sie beschäf-

---

American Memories

»Das Outer Drive ist die Durchfahrtsstraße, die sich entlang des Sees fast durch die ganze Stadt hinzieht. Die Stadtväter waren sich bewußt, daß Autofahrer Zeitprobleme haben und bequem fahren wollen. Deswegen ließen sie achthundert Bäume im Jackson Park auf der South Side fällen.«

Studs Terkel,
Ein ABC-Führer für Leute, die Chicago nicht kennen

---

tigten. Zur nächsten Generation gehört dann schon der auch in Deutschland bekannt gewordene Theodore Dreiser mit seinem 1900 erschienenen Roman *Sister Carrie,* der das Schicksal eines naiven Mädchens aus der Provinz, das in die Großstadt Chicago kommt, zum Inhalt hat. Waren die berühmten Schlachthöfe schon 1870 eröffnet worden, so wurde Upton Sinclair 1906 mit seinem Roman *Der Dschungel* zu ihrem kritischen Chronisten. Sein Buch wiederum beeinflußte nachdrücklich Bertolt Brecht und spiegelt sich in dessen Lehrstück *Die Heilige Johanna der Schlachthöfe.* Upton Sinclair (1878 bis 1968) und Theodore Dreiser (1871 bis 1945) begründeten letzlich den literarischen Ruf dieser Stadt.

Über der sozialkritischen Literatur, die in Chicago immer eine Heimat hatte, wird leicht vergessen, welcher Einfluß von hier auf die literarische Moderne ausging. Es war Ezra Pound, der in Chicago den Kristallisationspunkt für eine neue amerikanische Literatur des 20. Jahrhunderts – später »Chicagoer Renaissance« genannt – sah. Pound prophezeite, daß im Vergleich mit ihr die italienische Renaissance ein »Sturm im Teekessel« gewesen sei. Seine Hoffnungen setzte Pound vor allem auf die Zeitschrift *Poetry*, gegründet 1912, und die *Little Revue*, die die bildschöne Margret Anderson als radikal-avantgardistisches Unternehmen 1914 gestartet hatte. Ab April 1918 erschien in ihr der *Ulysses* von James Joyce als Vorabdruck, was der Zeitschrift 1920 ein Gerichtsverfahren einbrachte. Beide Zeitschriften spielten eine wichtige Rolle bei der Durchsetzung dreier bedeutender amerikanischer Lyriker. Da ist zunächst einmal Vachel Lindsay: Ein dichtender Vagabund aus Springfield, Illinois (1879 bis 1931), der 1913 mit dem Gedicht »General William Booth geht in den Himmel« eine Ballade auf den Gründer der Heilsarmee schrieb und dessen vielleicht berühmteste Verse *The Congo* den in dieser Zeit in Chicago aufkommenden Jazzrhythmus in ein episches Gedicht einfließen ließen.

»Fat black bucks in a wine-barrel room
barrel-house kings, with feet unstable,
sagged and wheeled and pounded on the table,
pounded on the table,
beat an empty barrow with the handle of a broom,
hard as they were able,
boom, boom, boom,
with a silk umbrella and the handle of a broom,
boomlay, boomlay, boomlay, boom.
Then I had religion, then I had a vision.
I could not turn from their revel in derision.
Than I saw the CONGO, CREEPING THROUGH THE BLACK,
CUTTING THROUGH THE FOREST WITH A GOLDEN TRACK …!«

Heute findet man vor allem seine Absicht, eine mündliche Tradition in der Lyrik wiederzubeleben, interessant. Zwei seiner populärsten Gedichte, *The Congo* und *The Santa Fe-Trail*, hat er selbst als den Versuch bezeichnet, die Vaudeville-Form auf die halb ausgesungene Lyrik der alten Griechen zurückzuführen. Viele seiner Gedichte tragen den Vermerk, man müsse sie unbedingt laut und in einer Art Sprechgesang vortragen. Der zweite Dichter der Chicago-Renaissance ist Edward Lee Masters. Er wurde 1869 in Garnett, Kansas, geboren, wuchs in Kleinstädten des Mittelwestens auf und war zwischen 1891 und 1920 Anwalt in Chicago. Sein bekanntestes Werk ist der 246 Gedichte in freiem Rhythmus umfassende Zyklus *Spoonriver Anthology* (deutscher Titel: *Die Toten von Spoon River*). In seinen Gedichten kommen die Einwohner einer fiktiven amerikanischen Kleinstadt zu Wort, die gewissermaßen aus dem Grab heraus Rückschau auf ihr Leben halten und, indem sie von ihren Frustrationen, ihrer Isolation und der Macht des Neides berichten, den Mythos von der kleinstädtischen Idylle aufheben. Masters ist in der Tradition eines Walt Whitman zu sehen; seine realistische, desillusionierende Lyrik bildet das Verbindungsglied zu Sherwood Anderson und seinem Werk *Winesburg Ohio*. In gewissem Sinn war dieser, von seinem Schüler allerdings verspottet, Ernest Hemingways Lehrer. Hemingway stammt aus Oakpark, einem vornehmen ländlichen Vorort von Chicago. Die Landschaft der Prärie und des Michigan-Sees bilden die Kulisse für viele seiner Kurzgeschichten.

Die Zeitschrift *Poetry* war es, die schon 1914 die Eröffnungsverse aus den *Chicago Poems* von Carl Sandburg ihren Lesern vorstellte. Sandburg, Sohn eines eingewanderten Eisenbahnarbeiters, der später auch durch seine dreibändige Abraham Lincoln-Biographie bekannt wurde, wurde zum repräsentativen Lyriker seiner Generation im Mittelwesten. Auch er kam aus der Tradition eines Walt Whitman und versuchte, aus der Umgangssprache seine Lyrik zu formen. Voller Pathos verstand er sich als der Barde des einfachen Mannes. Verse wie »Schweinemetzger für die Welt. // Werkzeugmacher, Weizenstapler, Spieler mit Eisenbahnen und Frachtverteiler der Nation. // Stürmisch, rüde, lärmerfüllt // Stadt der breiten Schultern«

kennt noch heute jeder lokalpatriotisch gesinnte Einwohner Chicagos auswendig. Daß die akademischen Kritiker in New York über solche Zeilen die Nasen rümpften, focht den Dichter nicht an, der darauf erwiderte:»Hier haben wir den Unterschied zwischen uns und Dante. Dieser schrieb eine Menge über die Hölle, ohne sie je gesehen zu haben. Wir schreiben über Chicago, nachdem wir uns genau dort umgesehen haben.«

Für den berühmten amerikanischen Literaturkritiker Henry Louis Mencken aber war Chicago, und das nicht zuletzt wegen Carl Sandburgs Lyrik, zwischen 1910 und 1920 fast so etwas wie die literarische Hauptstadt der USA. Er schrieb:»Finde einen Schriftsteller, der mit jedem Pulsschlag, jedem Schnaufer, mit all seinen Drüsen ein unzweifelhafter Amerikaner ist. Der etwas Neues und eigentümlich Amerikanisches zu sagen hat, und in neun von zehn Fällen wirst du entdecken, daß er in irgendeiner Art von Beziehung steht zu jenem gargantuanisch-überbordenden Schlachthaus am Michigan-See, daß er dort in die Welt gesetzt wurde oder dort angefangen hat oder durch die Stadt hindurchgegangen ist, in jenen Tagen, da sie jung und biegsam war …«

Als Carl Sandburg 1967 starb, wurde seine Nachfolgerin als *poeta laureatus* des Staates Illinois Gwendolyne Brooks, geboren 1917 in Kansas: eine elegante Dichterin aus dem schwarzen Chicago. Die repressive Gesellschaftsordnung der Stadt findet vor allem in der Prosa von Richard Wright (1908 bis 1960) ihren Ausdruck. Man hat seinen bekanntesten Roman *Native Son*, erschienen 1940, die Geschichte eines jungen Schwarzen von der Südseite, der zum Mörder wird, Dreisers *American Tragedy* aus der Generation davor gegenübergestellt. In den Elendsquartieren der polnischen Einwanderer Chicagos spielt der bekannteste Roman von Nelson Algren (geboren 1909 in Detroit), *Der Mann mit dem goldenen Arm*, der zum ersten Mal überzeugend und ohne Beschönigung das Rauschgiftproblem in den amerikanischen Slums darstellte.

Der berühmteste Romancier Chicagos freilich ist der 1976 mit dem Nobelpreis ausgezeichnete, in Kanada geborene, aber schon als Kind in die Stadt gekommene Saul Bellow. Ein Satz aus seinen Romanen, die die finsteren Seiten der Stadt besingen, gibt überzeugend die Atmosphäre in den schwarzen Ghetto-Vierteln der Südseite während der 50er und 60er Jahre wieder: »Wohnhäuser loderten in Oakwood mit großen Flammenschals, die Sirenen jaulten unheimlich, die Feuerwehr, Krankenautos und Polizeiwagen – eine Tolle-Hunde-, Lange-Messer-, Notzucht- und Mordnacht. Tausende von Hydranten offen, die aus beiden Brüsten Wasser sprühten. Die Ingenieure waren verblüfft, wie der Spiegel des Lake Michigan fiel, als diese Tonnen von Wasser sich ergossen. Kinder lauerten mit Handfeuerwaffen und Messern.«

6
Chicagos Slums
in den 60er Jahren

Hier kann ich mit eigenen Erfahrungen aus dem Jahr 1968 aufwarten. In meinem Tagebuch habe ich damals notiert:

»… Dann also schon heute hinaus ins Southend, wo ich mich in dem Jugendzentrum eines Ghettoviertels ein paar Tage umsehen soll. Die Entfernungen in dieser Stadt sind gewaltig. Im Bus werden es immer weniger Weiße, immer mehr Schwarze steigen zu. Schließlich bin ich der einzige Hellhäutige hier. Ein seltsames Gefühl, einmal die Minderheit zu sein. Nicht, daß mir irgend jemand zu nahe treten würde, nicht, daß mich jemand anstarrt. Es ist viel undramatischer. Man ist ein einzelner, und die anderen sind viele. Ich begreife auf dieser Busfahrt zum ersten Mal ganz deutlich, was es heißt, zu einer Minderheit zu gehören, die sich schon durch ihre Hautfarbe verrät. Und in dieser Situation sind Schwarze in diesem Land ein ganzes Leben lang.

Das Viertel, in dem das Jugendzentrum liegt, ist zwanzig Minuten vom Stadtzentrum entfernt und längst noch nicht am Stadtrand. Die Häuser sind aus Holz und zerfallen, die Fensterscheiben meist eingeschlagen und durch Pappe, Blech oder Fliegendraht ersetzt. Auf der Straße liegt Unrat. Am Straßenrand noch die ausgebrannten Autowracks von den letzten Unruhen. Es wimmelt von Kindern. Die Menschen sitzen apathisch vor ihren Häusern. Es ist heiß, jetzt im August, über 30 Grad im Schatten.

Die Luft ist feucht und stinkt. Der Laden an der Ecke ist ein Schnapsgeschäft, davor torkeln ein paar Betrunkene herum.

Der Leiter des Jugendzentrums sagt: ›Ich kämpfe hier auf verlorenem Posten. Hier ist nichts zu retten. Die Verhältnisse sind stärker als das bißchen Flickwerk, das wir leisten können. Ich weiß nicht, wie lange ich es hier noch aushalte.‹ Dieser junge Schwarze hat mit viel Idealismus seine Tätigkeit als Sozialarbeiter begonnen. Nun ist er am Ende seiner Kräfte. ›Das Beste wäre‹, erklärt er resignierend, ›das ganze Viertel würde eines Tages abbrennnen.‹

American Memories

»Große Teile der South Side und der Near West-Side umfassen die schwarzen Ghettos, die ausgedehntesten im ganzen Land. Es gibt kleinere Ghetto-Bezirke in anderen Teilen der Stadt. Das ist natürlich inoffziell. Der (ehemalige) Bürgermeister Richard J. Daley verkündete am 4. Juli 1963: ›Es gibt keine Ghettos in Chicago!‹«

Studs Terkel,
Ein ABC-Führer für Leute, die Chicago nicht kennen

Etwas tun? Feuer legen vielleicht. Alle Häuser sind überbelegt: Zwischen zwölf und achtzehn Menschen in zwei, manchmal in drei Zimmern zusammengepfercht – das ist die Regel.

Die Zahl der unehelichen Geburten ist hier fast so hoch wie die der ehelichen. Die Männer kommen und gehen, die Frauen und Kinder bleiben, und es werden immer mehr hungrige Mäuler. Die Arbeitslosenziffer in diesem Bezirk (damals, im Sommer 1968), in dem schätzungsweise zehn- bis zwölftausend Menschen mehr vegetieren als leben, liegt bei 85 Prozent.

Aber in nahezu jeder Wohnung gibt es einen Fernsehapparat, oft ist er fast das einzige Inventar. Meist ist er noch nicht bezahlt, und auf den Raten liegen Wucherzinsen.

Auf dem Bildschirm sieht der Slumbewohner fast 24 Stunden am Tag das üppige Angebot der Konsumgesellschaft vorbeiflimmern; Autos, Kühlschränke, Motorboote, ein Grundstück an einem Waldsee – eine narrende, verhöhnende Fata Morgana.

Weil die Schwarzen auf schlechte Wohngebiete verwiesen sind, ist ihre familiäre Situation nicht selten chaotisch.

Weil die Familienverhältnisse zerrüttet, die Wohnung miserabel, das Einkommen der Eltern unzureichend ist und somit nicht einmal die nötigsten Kleidungsstücke angeschafft werden können, gehen viele Kinder nur unregelmäßig zur Schule. Manchmal auch gar nicht.

Es ist halb sechs Uhr abends. Der Leiter des Jugendzentrums hat seiner Gruppe versprochen, mit ihr an den Michigan-See zum Baden zu fahren. Er kann mich nicht mit dem Auto in die City zurückbringen. Ich laufe zur Bushaltestelle, und es wird ein Spießrutenlaufen. Ich bin normal gekleidet, nicht auffällig, aber für diese Leute hier ist allein meine ganz normale Kleidung und meine weiße Haut eine unerhörte, mir auch völlig verständliche Provokation.

Sie werfen Steine nach mir, sie spucken mich an. Sie brüllen mir Schimpfnamen ins Gesicht. Es würde mich nicht wundern, wenn sie versuchten, mich totzuschlagen. Es ist eine Wegstrecke von fünf oder sechs Minuten vom Jugendzentrum zur Bushaltestelle, aber ich frage mich allen Ernstes, ob ich mein Ziel lebendig erreichen werde.

Ich denke immer wieder: Dieser Zorn ... Sie haben ja recht. Es muß so sein. Es ist zwangsläufig, wenn du hier lebtest, nach ein, zwei Monaten wärst du auch so. ›Du Narr‹, sagt Alice abends zu mir, als ich ihr meine Erlebnisse erzähle, ›du Narr, dort wäre dir niemand zu Hilfe gekommen. Dorthin wagt sich nicht einmal die Polizei.‹«

Als ich 1996 dort draußen vorbeifuhr, blieb nur Zeit für einen flüchtigen Blick auf dieses Viertel. Ich kam mir ziemlich schäbig vor, als ich da hinter Glas vorbeisegelte. Schäbig, weil ich zu feige gewesen war, hinauszufahren und nachzusehen, wie es heute steht.

Chicago und der Jazz

Chicago ist auch eine Musikstadt. Im Herbst 1997 wird der Umbau des 106 Jahre alten Hauses des Chicagoer Symphonie-Orchesters am 4. Oktober mit der Aufführung von Beethovens 5. Symphonie unter Daniel Barenboim eröffnet. Am 25. Oktober 1997 feiert Sir George Solti seinen 85. Geburtstag. Er nimmt diesen Tag zum Anlaß, sein tausendstes Konzert mit dem *Chicago Symphony Orchestra* zu dirigieren. Die Konzertszene für klassische Musik in Chicago hat Weltgeltung. Aber noch berühmter ist Chicago als Stadt eines bestimmten Jazz-Stils geworden. Und das kam so:

Die Errungenschaften des Jazz der 20er Jahre lassen sich unter drei Stichworten zusammenfassen. Es war die große Zeit der aus New Orleans stammenden Musiker in Chicago. Es war die Zeit des klassischen Blues. Und die Epoche des Chicago-Stils. Die Legende erzählt, daß mit dem Eintritt der USA in den Ersten Weltkrieg New Orleans Kriegshafen wurde und der kommandierende Admiral um die Moral seiner Matrosen fürchtete, die sich im *Storyville* zu tummeln pflegten, dem Vergnügungsviertel der Stadt, in dem gleichzeitig der beste Jazz gemacht wurde. *Storyville* wurde geschlossen, die schwarzen Jazzmusiker wurden arbeitslos und wanderten zu Hunderten nach Norden ab. Vor allem nach Chicago. King Oliver leitete die wichtigste New-Orleans-Band in Chicago, die *Hot Five* und *Hot Seven* von Louis

Armstrong spielten dort auf, und so ergab sich ein merkwürdiges Phänomen. Was heute als New-Orleans-Stil gilt, ist nicht der archaische, auf Schallplatten kaum existierende Jazz, der in den ersten beiden Jahrzehnten dieses Jahrhunderts in New Orleans gespielt wurde, sondern die Musik, die die aus New Orleans stammenden Musiker in den 20er Jahren mit nach Chicago brachten.

Zur gleichen Zeit kamen durch eine starke Einwanderungsbewegung von Schwarzen auch Blues-Sänger aus den ländlichen Bezirken der Südstaaten in die Stadt. Es waren Leute, die zuvor in ihrer alten Heimat mit Gitarre und einem Bündel von Plantage zu Plantage gezogen und dort den in unsauberen Tönen intonierten Folk-Blues gesungen hatten. Unter dem Eindruck der Großstadt veränderte sich der ländliche Blues. Vieles trug auch dazu bei, daß seine Sängerinnen sich mit den aus New Orleans nach Chicago emigrierten Jazz-Instrumentalisten zusammentaten und in der *South Side* von Chicago auftraten.

50

Die jungen Leute – Schüler, Studenten, Amateure –, die in die Jazz-Lokale der *South Side* gingen und den Blues wie auch die New-Orleans-Bands hörten, begannen, diese Musik begeistert nachzuahmen. Daraus entstand der Chicago-Stil. Er ist gekennzeichnet durch eine Folge von Soli, die man »Chorusse« nennt. In ihm gewinnt als Instrument das Saxophon jene Bedeutung, die es seither in der Jazzmusik hat. Der vielleicht hervorragendste Vertreter des »kühlen« Chicago-Stils war der Kornettist Bix Beiderbecke. Sein früher Tod ließ ihn zur Legende werden, und die amerikanische Schriftstellerin Dorothy Baker machte ihn in ihrem Roman *Young Man With The Horn* zu einer literarischen Figur.

Noch einmal, in den 50er Jahren, kreuzen sich die Wege von Jazz und Literatur. In der *Beat Generation* versucht Jack Kerouac, die Rhythmen des Bebop in die Prosa seiner Romane zu übertragen. Unvergeßlich für jeden Jazz-Fan und begeisterten Leser Kerouacs, wie er in seinem Roman *Unterwegs* seine Eindrücke als Tramp in Chicago schildert:

»Ich kam recht früh am Morgen in Chicago an, fand ein Zimmer im YMCA und ging mit sehr wenig Geld in der Tasche zu Bett. Nach einem guten Tagesschlaf machte ich mich über Chicago her. Der Wind vom Michigan-See, Bebop auf dem *Loop*, lange Spaziergänge in South Halsted und North Clark, und ein langer Spaziergang nach Mitternacht in das ›Dschungelviertel‹, wo mir ein Patrouillenwagen folgte, weil er mich für eine verdächtige Figur hielt. Zu jener Zeit, 1947, stand ganz Amerika wie wahnsinnig auf Bebop. Die Typen auf dem *Loop* bliesen ihn, aber mit müden Mienen, denn der Bebop befand sich gerade in einem Übergangsstadium zwischen Charlie Parkers ›Ornithology‹-Periode und einer anderen, weniger hitzigen, die mit Miles

---

American Memories

»Wenn du den Blues nicht magst, mußt du ein Loch in deiner Seele haben.«

Jimmy Rogers, Blues-Gitarrist

51

Davis einsetzte. Und da saß ich und lauschte den Tönen der Nacht, deren Inbegriff Bebop für uns alle geworden war; und ich dachte an all meine Freunde von einem Ende des Landes zum anderen, und wie sie eigentlich alle in demselben Hinterhof irre und rasende Dinge trieben.«

8
Wie alles begann:
Der Mann,
der die Route 66 schuf

Der stilbewußte Reisende beginnt seine Fahrt über die Route 66 in Lou Mitchell's Restaurant am 565 W. Jackson Boulevard, wo man seit 1923 von 5 Uhr 30 am Morgen bis 15 Uhr nachmittags frühstücken kann. Bis 8 Uhr morgens ist das Parken kostenlos. Ein *Danish* von Mitchell's soll eine gute Wegzehrung sein! Von einer anderen Besonderheit des Restaurants hörte ich erst später: Jeder weibliche Kunde erhält kostenlos *Milk-duds*. (Ich konnte nicht herausfinden, ob es sich dabei um ein Gebäck, ein Getränk oder vielleicht Sahnebonbons handelt!) Also, meine Damen: Auf zu Lou Mitchell's und stellen Sie es fest!

Aber zurück zur Route: Es wäre eine Schande, sie zu befahren, ohne nicht wenigstens eine Ahnung davon zu haben, wie sie überhaupt entstanden ist.

Als Cy Avery vierzehn Jahre alt war, zog er 1885 mit seiner Familie nach Oklahoma. Sie kamen aus Pennsylvania, und zwar mit dem Pferdewagen. Die Reise, die drei Monate dauerte, ließ den jungen Mann zu einem lebenslangen Vorkämpfer für ein gutes Straßensystem werden. Nachdem er an einem College in Missouri graduiert hatte, verkaufte er Versicherungspolicen und Grundstücke in Oklahoma, lebte zunächst in der Kleinstadt Vinita, darauf in Oklahoma City und dann in Tulsa.

Er selbst verbrachte dort wohl mehr Zeit in Gesprächen mit seinen Kunden über gute Straßen als über Versicherungspolicen. Er trat mehreren Gesellschaften bei, die sich zum Ziel gesetzt hatten, den Straßenbau zu fördern. 1913 wurde er zum Straßenbau-Kommissar von Tulsa County gewählt. Unter den ersten Neuerungen, die er einführte, war ein Straßen-Qualifikationssystem. 1915 war er Oberaufseher bei einer Gruppe von Sträflingen, die eine Straße von Colorado durch Oklahoma nach Arkansas bauten. 1924 schließlich ernannte man ihn zum Straßenbau-Kommissar des Staates Oklahoma. In einer seiner Denkschriften heißt es: »Mit den Highways (der amerikanischen Version der Schnellstraße) kommt eine Fusion verschiedenartiger Lebensformen, die der Stadt und die des Landes, auf uns zu. Ihr Bau verlangt nach einer neuen Konzeption, nach einem neuen Bewußtsein. Unsere großen Städte sind Abstraktionen. Ihre überkommene Form datiert aus den Tagen der Ochsenkarren und der von Mauern umgebenen Ortschaften. Ihre modernen Realitäten aber – Wasserversorgung, Abwassersystem, Eisenbahnen und vor allem menschliche Wesen – übersteigen die künstlichen politischen Grenzen. Statt Städten entstehen großstädtische Gebilde. Zurück zur Farm mag eine überholte Forderung sein. Dezentralisation ist es nicht. Wir müssen uns auf die Veränderungen, die sich daraus ergeben, vorbereiten.«

Cy war ein kleiner, dünner Mann, den nie jemand hatte rennen sehen, der aber auch nie still sitzen oder still stehen konnte. Die Veränderungen, die er bei Übernahme seines Amtes in der Handelskammer voraussah, bedeuteten, daß der Bund mehr für den Straßenbau tun mußte. Dafür setzte er sich ein.

»Motorverkehr macht weder an den Grenzen des County halt noch an den Grenzen der Bundesstaaten. Die Straßen Amerikas müssen ihre Aufgabe bei der Vermittlung der landwirtschaftlichen Produkte erfüllen und damit einen nationalen Charakter annehmen«, predigte Cy. Sein Pech war, daß der damals amtierende Präsident Coolidge sich nicht dazu bewegen ließ, zusätzliche Bundesmittel zum Straßenbau zur Verfügung zu stellen. Bis 1918 gab es nur 3000 Meilen Poststraßen, die mit Geldern der US-Regierung gebaut worden waren. Aber als die *Doughboys*, die nach ihren flachen Helmen benannten amerikanischen Sol-

54

daten, aus dem Ersten Weltkrieg heimkamen, kauften sich viele die T-Modelle von Ford. Bis dahin war das Auto ein Hobby der reichen Leute gewesen. Das änderte sich nun. Wie übrigens auch nach dem Zweiten Weltkrieg entdeckte eine junge Generation den amerikanischen Traum vom Unterwegs-Sein neu. 1925 erreichte Cy ein Brief des amerikanischen Landwirtschaftsministeriums, in dem man ihm mitteilte, man habe vor, ein System von Interstate-Straßen nationaler Bedeutung zu entwickeln. Für dieses Straßennetz würde die Bundesregierung pro Meile 30 000 Dollar zur Verfügung stellen. Sei Mister Avery bereit, bei diesem Projekt als Berater mitzuwirken? Nichts, was er lieber getan hätte. Es gelang ihm schließlich sogar, Mitglied des aus fünf Männern bestehenden Gremiums zu werden, das die eigentlichen Entscheidungen traf.

Als Thomas Jefferson für drei Cent den *acre* das riesige Louisiana-Territorium kaufte, hatte er die Vision, daß ein dichtes Straßennetz das gewaltig größer gewordene Land verbinden sollte. Nun, über ein Jahrhundert später, machten sich Cy und die anderen Mitglieder des Ausschusses daran, ein solches Netz zu entwerfen. Die von Ost nach West verlaufenden Straßen sollten die geraden Nummern erhalten, und zwar von Norden nach Süden ansteigend. Für die Straßen in Nord-Süd-Richtung hingegen waren die ungeraden Zahlen vorgesehen, mit den niedrigsten Nummern im Osten. Bereits bestehende Trassen sollten anfangs noch genutzt, später dann asphaltiert werden.

Das Glanzstück in diesem Plan sollte eine Route sein, die Chicago mit Los Angeles verband. Daß diese Verbindung plötzlich so wichtig wurde, hatte klar benennbare Gründe. Immer mehr geschäftliche und persönliche Beziehungen bildeten sich in diesen Jahren zwischen Chicago und Los Angeles heraus. Der kalte Winter des Jahres 1907 drohte etwa der von einem gewissen Francis Boggs betriebenen kleinen Filmfirma den Garaus zu machen. Nur die Innenaufnahmen von Boggs Zwölf-Minuten-Streifen »Der Graf von Monte Christo« waren im Kasten, als der Schneefall den Dreharbeiten im Freien ein Ende setzte. Boggs und seine Mannschaft zogen in den Westen, um sich nach einem

Der reale Verkehr läuft heute häufig über die Interstates, die andere Nummern tragen. Das alte Emblem der Route 66 ist geblieben.

günstigeren Klima umzuschauen, und landeten in Los Angeles. Dort gab es viel Sonne und (damals noch) billige Grundstücke. In den folgenden Jahren taten es ihm andere Filmemacher wie Ince, Sennett und DeMill nach. Aber Boggs war der Pionier gewesen. Selbst der Name Hollywood soll sich nicht von einem Stechpalmenbaum herleiten, sondern von einer Ortschaft in Illinois.

Bei den ersten Beratungen des Ausschusses kam man überein, die Route von Chicago nach Springfield, Missouri, und dann westlich durch Kansas und Colorado nach Kalifornien zu führen.

Cy Avery, der inzwischen gelernt hatte, Leute dazu zu bringen, seine Vorstellungen als die ihren zu betrachten, warf ein, daß sich eine Trasse durch die Gebirge Colorados gewiß sehr malerisch ausnehmen würde. Aber bestimmt würde eine Route, die weiter südlich durch das flache Land von Oklahoma, den Texas Panhandle, New Mexico und Arizona verlief, wesentlich billiger kommen. Und wenn sie Höhenlagen vermied, würde dann diese Straße nicht auch weniger wetteranfällig sein? Die von Cy Avery vorgeschlagene Route wurde beschlossen.

Jetzt war nur noch die Frage der Bezeichnung zu klären. Nach dem schon feststehenden Netzsystem gab es drei Möglichkeiten: 62, 64 oder 66. Als Kansas mit einem Wunsch nach einer Straße zweiter Ordnung durchdrang, fiel die erste Option weg. Der Grund, warum man sich für 66 entschied, ist nicht bekannt. Aber als der Ausschuß am Waffenstillstandstag des Jahres 1926 zusammentrat, beschloß er, die Straße von Chicago nach Los Angeles »Route 66« zu nennen. Das Landwirtschaftsministerium billigte diesen Beschluß zwei Tage später.

Sich von Westen am Michigan-See nach Südwesten schwingend, führte die Route über Flüsse, durch Ebenen, Gebirge, Wüsten, Canyons in acht Bundesstaaten und durch mehrere Stammesgebiete der *American natives*. Sie endete nach 2448 Meilen kurz vor dem Pazifischen Ozean.

Wie die meisten amerikanischen Fernstraßen dieser Tage war die Strecke zunächst nicht viel mehr als eine staubige transkontinentale Trail, die sich bei Regenfällen mit Wasser und

Schlamm füllte. In jenen Tagen, so hört man, sei selbst der Atlantikflug Lindberghs einfacher gewesen als eine Überlandfahrt auf der 66 mit dem Automobil. Und Reisende, die es immerhin bis zur Mojave-Wüste schafften, blätterten eine beträchtliche Summe hin, wenn sie es dort vorzogen, ihre Fahrzeuge auf die Eisenbahn zu verladen, statt eine Panne in der riesigen Wüste zu riskieren. Cy wurde zum Mitbegründer der *Highway 66-Association*. Die Städte, die an der Route lagen, hatten jeweils 47 000 Dollar zu Werbezwecken aufzubringen, und als sich der Vorstand der neuen Vereinigung im Herbst 1927 traf, beschloß er, die neue Route »Hauptstraße Amerikas« zu nennen. Die *Highway-40-Association*, die dasselbe Motto schon anderthalb Jahre früher benutzte, protestierte vergebens.

American Memories

> »Abhauen dorthin, wo das Klima meinen Kleidern entspricht.
> Irgendwohin, wo das Wasser wie Wein schmeckt.«
> Hans-Christian Kirsch,
> *Einem Bettler in den Hut (Poems Quarter Each)*

Cy Avery, der später noch das Trinkwassersystem von Tulsa entwickelte und im gleichen Ort den Bau des ersten Flughafens durchsetzte, feierte noch viele Erfolge in seinem Leben. Aber die Erfindung der Route 66 war sein Meisterstück. Er starb 1963 im Alter von 92 Jahren.

Schon Mitte der 30er Jahre wurde die Fernstraße zum Mythos. Sie symbolisierte den ewigen Drang nach Westen. Es war John Steinbeck, der als erster die weiblich-nährende Qualität der Route 66 entdeckte und sie die »mütterliche Straße« nannte. Durch seinen Roman *Die Früchte des Zorns* und dessen Helden, die *Joad-family*, blieb die Route 66 für immer im Bewußtsein der Nation verankert.

Nach dem Zweiten Weltkrieg war es das Lied eines gewissen Bobby Troups, von dem noch zu reden sein wird, das die Straße für viele so verlockend erscheinen ließ. Diesen Ohrwurm sangen sie alle – von den Andrew Sisters bis zu den Rolling Stones. Aber es war die Aufnahme von Nat King Cole, die aus dem Song einen Super-Hit machte.

Im Verlauf dieser Ereignisse wurde die »US 66« zu viel mehr als nur zu einer transkontinentalen Straße. Für Millionen, die sie befuhren, wurde sie zu einem nationalen Symbol für die Mobilität und Vitalität der USA. In einem amerikanischen Reiseführer über sie kann man lesen: »Die Route 66 verkörpert nicht nur, wer wir als Volk sind, sondern auch, wer wir zu sein wünschen.«

Aber dann kam auch scheinbar das Ende. Die Route 66 wurde über weite Strecken hin aufgegeben oder war nur noch provinzieller Verbindungsweg. Ihre Funktion übernahmen die modernen Freeways. Als deren letztes Stück, die I-40, 1984 fertiggestellt war, kam die Anweisung, alle Spuren der 66 in Form von Straßenschildern zu tilgen. Für die Route 66 schien die letzte Stunde geschlagen zu haben. Aber da erwies sich, daß die Legende stärker war als Bequemlichkeit und moderne Zweckmäßigkeit.

Für Touristen, die auf Motorrädern, mit Bussen und Autos fuhren, lebte die alte Aura der Route 66 wieder auf. Und wenn man sich fragt, warum, so muß die Antwort wohl lauten: Weil man mit ihr nicht nur ein gutes Stück Amerika sieht, sondern auch eine Vorstellung vom amerikanischen Lebensgefühl erhält. Von der Schönheit der Natur dieses Landes, der sich manchmal ins Romantische verfärbenden Häßlichkeit ihrer Zivilisation, von der Weite, von der Freiheit und einer modernen Wildnis, die jenseits einer vom Menschen beherrschten Natur entstanden ist.

Wo beginnt die Route 66? Selbst das ist eine Streitfrage. Ursprünglich *downtown* in Chicago, an der Ecke Jackson Boulevard/Michigan Avenue, später dann am Lake-Shore-Drive, am Eingang zum Grant-Park. Tom Snyders *Route 66 Travellers-Guide* empfiehlt als Fotostandort für ein erstes Bild von der Route 66 Wacker Drive mit einem aufregenden Ausblick über die Michigan Drive nach Süden. Und nun brechen wir auf.

60

9
Ein Baum wächst in Funks Grove

Das kleine Wäldchen mit den ahornsirupspendenden Bäumen liegt 15 Meilen südlich von Bloomington an der alten Route 66. Heute bewegt sich der Verkehr auf der neuen Interstate, und man muß einen Umweg machen, um *Funks Grove* zu erreichen. Dafür bekommt man ein interessantes Landschaftsphänomen zu sehen. Man befindet sich hier schon in der Prärie. Doch *Funks Grove* bildet als einer der letzten Ausläufer der ehemals geschlossenen Waldgebiete des Ostens eine grüne Insel. Man hat von der Erhebung, die das Wäldchen bedeckt, bei klarem Wetter einen guten Fernblick, und außerdem ist es auch noch, wie die Fama zu erzählen weiß, eine Wetterscheide. Das Grasland der Prärien hatte immer besseren Boden als das Waldland, und so schauen heute die *homesteader* aus der Prärie hinüber zu der bewaldeten Insel und sagen: »Das Wetter, das über dem *Grove* steht, wird in zwanzig Minuten bei uns sein.« Die vorherrschende Windrichtung verläuft von den Prärien zum *Grove*, und der Wind hat im Laufe der Jahrhunderte immer wieder Prärieerde in den Wald getragen. Deswegen geben dort die Ahornbäume regelmäßig Rekordernten an *Maple Sirup*, der in den USA für den morgendlichen Pfannkuchen so beliebt ist. Isaac Funk aus Deutschland, der als erster in dem Wäldchen siedelte, pflegte jährlich am 1. Februar loszugehen und die Bäume anzuzapfen. Inzwischen ist es die sechste Generation, die dort

Ahornsirup produziert. Steve und Glaida Funk haben ihr Wohnhaus auf einer Lichtung nahe der Sirupkocherei errichtet. Die Geschichte ihrer Liebe ist filmreif. Steve und Glaida begegneten einander während des Zweiten Weltkriegs in Oklahoma. Er war Kampfpilot und sie ein Mädchen aus einer Kleinstadt. Nach dem Krieg kehrte Steve nach Illinois zurück und bekam einen Job als Baumschneider in der Nähe von Chicago. Aber eines Tages stürzte er und wurde arbeitsunfähig. Er fuhr zu Glaida über die 66, und sie pflegte ihn gesund. Dann brannten sie zusammen durch. Noch heute, so kann man Steve erzählen hören, ist seine Schwiegermutter nicht völlig davon überzeugt, daß er der rechte Mann für ihre Tochter sei. »Aber auf Bäume steigen konnte ich nicht mehr, und so heiratete ich Glaida.« Kurz nach ihrer Eheschließung fragte Tante Hazel das junge Paar, ob sie nicht das *Grove* übernehmen wollten. Und so wurden sie die neuen Besitzer. Die Sache lief ganz gut an. Gegen Ende des Winters zapften sie ihren *Maple Sirup*, und wenn sie damit fertig waren, bestellten sie ihre Äcker. Die Geschichte von *Funks Grove* ist auch eine amerikanische Erfolgsgeschichte. Als Glaida und Steve das Wäldchen übernahmen, betrug die jährliche

American Memories

»Die Kaninchen sind hier so groß wie Hasen und haben die Ohren eines Esels, die Frösche haben die Körper einer Kröte und den Schwanz einer Eidechse. Die Bäume fallen bergauf, und der Blitz zuckt aus der Erde hervor.«

Brief eines Auswanderers aus Illinois heim nach Europa

Ernte – oder wie sonst soll man bei Ahornsirup sagen (das jährliche Zapfergebnis?) – 500 Eimer. Das reichte mehr oder minder für den Hausgebrauch. Aber die beiden bildeten sich weiter, besuchten Kurse, wandten von der Wissenschaft neu ausgedachte Methoden an, und bald stieg die Ausbeute auf 5000 Eimer pro Jahr. Heute, nachdem nicht mehr soviel Kundschaft kommt, weil ja der meiste Verkehr über die Interstate läuft, die das Wäldchen nicht direkt berührt, reicht es ihnen, 300 Eimer im

Ahornsirup ist eigentlich eine Spezialität Neuenglands.
Manch einem ist er für die Pancakes zum Frühstück auf einer
USA-Reise unentbehrlich geworden.

Jahr zu produzieren. Aber sie haben eine treue Kundschaft, und
Steves und Glaidas Leben ist mit Hunderten von Episoden, die
sich auf der Route abspielen, verbunden. Sie haben eine schrift-
stellernde Tochter, die über dreißig Romane und Kinderbücher
verfaßt hat und unter dem Titel *Ein Baum wächst in Funks Grove*
auch die Familiengeschichte aufzeichnete. Wenn man im Mai im
Wäldchen herumläuft und die ersten Frühlingsblumen und den
herrlichen Baumbestand betrachtet, könnte man fast an eine
Idylle glauben. Aber wie so vieles hat auch das *Grove* seine zwei
Seiten. Gar nicht weit von der Ahornsirup-Kocherei entfernt
liegt ein gespenstischer Truppenübungsplatz im *Grove.* Nicht
etwa von der amerikanischen Armee, sondern von Männern, die
in Chicago und anderen Städten der Umgebung wohnen und in
ihrer Freizeit ganz lebensecht Soldaten spielen, mit Maschinen-
gewehren, Minenfeldern und Stacheldrahtverhau. Auf Fragen
nach dem Hintergrund für diese Kriegsspiele reagierte der ame-

rikanische, ursprünglich aus Österreich stammende *Guide* unserer Reisegruppe sehr zurückhaltend. Ob wir es mit einer der im Mittleren Westen gar nicht so seltenen Vigilanten-Gruppen zu tun hatten oder es doch nur Männer waren, die zu viele Kriegsfilme im Fernsehen gesehen hatten, sollte nie geklärt werden.

10
St. Louis oder
Der Drang nach Westen

Parole: Manifest Destiny

Am 2. Mai 1842 verabschiedete sich der 29jährige Secondeleutnant Charles Frémont von seiner hübschen 17jährigen Frau in Washington und brach auf zur Erforschung des Westens. Zunächst mit der Eisenbahn, dann mit dem Kanalboot und der Postkutsche. Auf dem Dampfboot zwischen St. Louis und Independence traf Frémont den *Mountain man* Kid Carson und warb ihn als *Scout* an. Frémonts Expedition folgte dem Kansas, dem Blue- und dem North-Plate-River, um einen für Wagen befahrbaren Weg nach Oregon zu erkunden. Diese Route wurde bereits von Wagen bis Fort Laramie benutzt.

Die zweite Frémont-Expedition 1843/44 nahm die Reststrecke der Oregon-Trail kartografisch auf. Sie diente zum Teil auch der Spionage zur Vorbereitung des Krieges mit Mexiko, bei dessen Ende die USA ihr Territorium bis zum Rio Grande und zum Gila-River vorschoben. Die amerikanische Politik gehorchte, was den Wilden Westen und seine Erschließung anging, der Parole des *Manifest Destiny,* das ein zeitgenössischer amerikanischer Politiker, William Gilpin, so umreißt: »Der überlegene und weiße Mensch ist darauf bedacht, die Pläne der Vorsehung zu ergründen, im großen Buch der Natur zu lesen und den Willen des Schöpfers zu erahnen, zu begreifen, was davon zu ver-

stehen ihm gegeben ist. Zwei Jahrhunderte ist unsere Rasse über diesen Kontinent dahingegangen. Von nichts sind wir auf 20 Millionen angewachsen. Von nichts sind wir auf dem Gebiet der Landwirtschaft, des Handels, der Zivilisation und an natürlicher Stärke in die erste Reihe der Nationen auf dieser Welt aufgerückt. Insofern haben wir unser Schicksal, unsere Bestimmung vollzogen und bei dieser Aufgabe etwas zuwege gebracht, was niemand bestreiten wird. Auf dieser Schwelle stehend lesen wir die Zukunft. Die unvollendete Bestimmung des amerikanischen Volkes ist es, diesen Kontinent zu unterwerfen, über dieses riesige Gebiet dahinzustürmen, bis zum Pazifischen Ozean, die vielen hundert Millionen von Menschen dazu zu veranlassen, eine neue Ordnung des menschlichen Zusammenlebens aufzurichten, die Versklavten freizusetzen, die gebrechlichen Nationen gesunden zu lassen. Dunkel in Licht zu verwandeln, aufzuschrecken den Schlaf von Hunderten, von Tausenden von Jahren, den alten Nationen eine neue Zivilisation zu vermitteln, die Bestimmung der menschlichen Rasse zu bestätigen, die Menschheit einem Höhepunkt entgegenzuführen, die Versteinerten anzustoßen, damit sie wieder lebendig werden (…).

Eine göttliche Aufgabe, eine unsterbliche Mission. Laßt uns rasch den Weg angehen. Möge das Herz eines jeden Amerikaners erglühen vor Patriotismus. Möge ein jeder die erhabene Bestimmung dieses, unseres geliebten Landes als Teil seines religiösen Glaubens begreifen und zu ihrer Verwirklichung beitragen.« Die Erschließung und Eroberung des Wilden Westens war also offensichtlich unter anderem eine Mission im Namen Gottes.

American Memories

»Wer mit der Eisenbahn eilig über die Prärie dahinfuhr, der wurde von einer gewissen Begeisterung über die weite Leere, die Größe des Himmels, den man hier tatsächlich als Gewölbe wahrnahm, und über die ungebrochene Linie des Horizontes erfaßt. Aber man kam nicht umhin, sich an die Mühen jener zu erinnern, die in den alten Tagen hier durchgekommen waren. Sie hatten ihr Tempo dem ihrer Ochsengespanne anpassen müssen. Sie trieben die Tiere an mit keiner Landmarke, außer der unerreichbaren Abendsonne, auf die sie zuhielten und die ihnen täglich immer wieder aufs neue davonlief. Es gab nichts, so schien es, was sie hätten überholen können, nichts, an dem sich ihr Vorankommen abzeichnete, nichts, was ihnen Ruhe gegeben und Mut gemacht hätte; Wegestrecke um Wegestrecke die tote grüne Wildnis unter dem Fuß und den sich spottend entziehenden Horizont vor ihren Augen.
Aber ihre Blicke, so sagte ich mir, müssen selbst hier noch Unterschiede ausgemacht haben, auch kam der Auswanderer, wenn er nur durchhielt, immerhin an das Ende all dieser Strapazen, die er während der Reise zu bestehen hatte. Es ist der Siedler, über dessen Durchhaltevermögen wir uns eigentlich noch mehr wundern müssen.«

Robert Louis Stevenson, *The Amateur Emigrant*

Während wir in einem vollklimatisierten, mit Toilette und Bar versehenem modernen Bus durch die Prärien schaukeln, lassen wir die Erlebnisse jener Männer und Frauen Revue passieren, die nur 150 Jahre vorher durch eben jene Gegend gezogen sind.

67

11
Francis Parkman:
Von St. Louis über die
Oregon-Trail

St. Louis war immer das Tor zum Wilden Westen. Das klassi-
sche Werk der Reise- und Abenteuerliteratur über den Wilden
Westen trägt den Titel *The Oregon Trail* und bezeichnet einen
der großen Wanderwege, auf dem damals die Entdecker und
Pioniere zum Pazifik zu reisen pflegten. Sein Verfasser, Francis
Parkman, war, als er Mitte des vorigen Jahrhunderts in den Westen ritt, 23 Jahre alt. Mit ihm reiste sein Studienfreund Quincy
Adams Shaw. Parkman, ein junger Mann aus gutem Haus mit
angegriffener Gesundheit, war Naturfreund und ein großer
Spaziergänger. Den Wilden Westen kannte er, wie Shaw auch,
nur vom Hörensagen. Die beiden jungen Männer waren waghal-
sig und tapfer; allerdings fragt man sich bald als Leser, ob sie
tatsächlich voll und ganz begriffen, in welche Gefahren sie sich
begaben. Bei Parkman verbanden sich Wagemut mit einer eigen-
sinnigen Entschlossenheit, alles nur Mögliche über die Indianer
zu lernen. Parkman benutzte bei seiner Reise schon jene Landkarte, die Frémont von seiner Expedition 1844 mitgebracht
hatte. Von seinem Start in St. Louis erzählt er:

»Der letzte Frühling, der des Jahres 1846, war eine lebhafte
Saison in St. Louis. Nicht nur bereiteten sich Auswanderer aus
allen Teilen des Landes auf die Reise nach Oregon und Kalifornien vor, auch eine ungewöhnlich große Zahl von Händlern
machten ihre Ausrüstungen und Wagen zum Aufbruch nach

Santa Fe fertig. Die Hotels waren überfüllt, und die Gewehrmacher und Sattler waren ständig bei der Arbeit, um die Waffen und Ausrüstungsgegenstände für die verschiedenen Gruppen von Reisenden fertigzustellen. Dampfboote legten vom Ufer ab und fuhren überfüllt mit Passagieren zum Missouri und auf ihm zur *frontier*.

American Memories

»Greely schrie dem überbevölkerten Osten ins Ohr: ›Go West, junger Mann!‹ Diese Überschrift eines seiner Artikel wurde zum geflügelten Wort, zur Parole für einen neuen Aufbruch nach Westen.«

Überlieferung aus Denver, Colorado

In einem von ihnen, der *Radnor*, verließen mein Freund und Verwandter Quincy Adams Shaw und ich am 28. April St. Louis, auf einer Tour in die Rocky Mountains, auf die uns unsere Neugierde trieb. Das Boot war so voll beladen, daß das Wasser über die Reling schwappte. Auf dem Oberdeck standen die großen Wagen, die eine eigenartige Form haben und für den Santa Fe-Handel benutzt werden. Dann gab es da all die Ausrüstungsgegenstände und den Proviant der Reisegesellschaft nach Oregon: Maultiere und Pferde, Stapel von Sätteln und Zaumzeug, eine Vielzahl unbeschreiblicher Gegenstände, die für eine Reise über die Prärien unverzichtbar sind. Fast verborgen unter dem Durcheinander stand ein kleiner französischer Karren von der Art, die man angemessenerweise ›Maultierkiller‹ nennt. Und nicht weit davon ein Zelt, zusammen mit einem Stapel von Kisten und Fässern. Das ganze Gepäck war nicht sehr eindrucksvoll, doch wie es da stand, war es für eine lange und harte Reise bestimmt. Die Passagiere an Bord der *Radnor* entsprachen dieser Fracht. Im Salon sah man Santa Fe-Händler, Spieler, Spekulanten und Auswanderer, *Mountain-Men*, Neger und eine ganze Gruppe Kansas-Indianer, die von einem Besuch in St. Louis zurückkamen.«

12
Wir in St. Louis
oder Die kleine rote
Postkutsche

Das moderne Wahrzeichen von St. Louis ist ein gewaltiger Tor-
bogen, der den »Eingang« zum Wilden Westen symbolisieren
soll. In seiner Basis ist das *Museum Of Westward Expansion* untergebracht. Ich bin nicht schwindelfrei. Während meine Mitreisenden zu luftigen Höhen aufsteigen, durchstreife ich das
Museum, lese Berichte von Reisen in den Wilden Westen aus
dem vorigen Jahrhundert und bleibe schließlich im Vorhof vor
einer kleinen roten Postkutsche stehen. Sie erscheint mir ganz
einfach schön in ihren Ausmaßen, der gediegenen Verarbeitung
der einzelnen Teile. Sie hat Eleganz und ist ein Symbol, ein
Symbol für die Art der Fortbewegung durch dieses Land, ehe
die Eisenbahn kam.

Wie selbstverständlich braust unser Bus funkelnagelneu – der
Fahrer hat ihn, ehe er uns an Bord nahm, aus dem Werk in Kanada abgeholt – über die Route. Und wenn auch nur das Gering-
ste nicht in Ordnung ist und der schnauzbärtige Fahrer, dessen
Souveränität man nur bewundern kann, nicht in der Lage sein
sollte, die Störung selbst zu beheben, wird über Nacht aus Kanada ein Techniker eingeflogen, der alles wieder in Ordnung
bringt. Damit wir, die Touristen der 90er Jahre des 20. Jahrhunderts, nur auf keinen Gran unserer Bequemlichkeit verzichten
müssen. Und damals?

Die Kunst des Kutschenbaus, so belehrt mich ein kleines

Schild, hatte ihre Blütezeit mit Zunahme der Siedlerzüge nach Westen in dem Jahrzehnt nach dem amerikanischen Unabhängigkeitskrieg. Die große Zeit der Kutschen als wichtigstes Verkehrsmittel im Westen lag zwischen 1850 und 1870. Danach ersetzte die Eisenbahn zunehmend die von Pferden gezogenen Wagen als Transportmittel für Passagiere und Post. Aber in diesen zwei Jahrzehnten des 19. Jahrhunderts schob sich die *frontier*, die Grenze, gemäß dem zuvor erwähnten *Manifest Destiny*, nach Westen vor, und das Kutschengeschäft mit ihr. 1820 tauchten die ersten Fahrgäste befördernden Kutschen in St. Louis auf. 1837 verband schon ein regelmäßiger Kutschenverkehr die Orte am Mississippi. 1876 betrieb die *Minnesota Stage Company* eine Netz von 2000 Meilen, das bis nach Wisconsin ins Dakota-*Territory* und nach Kanada reichte. Im Südwesten wurde ab 1865 Santa Fe durch die *Southern Stage Line* mit Denver verbunden, und in Texas verkehrten 1860 schon 31 Linien. In den 50er und 60er Jahren breiteten sich die Bergwerksstädte von Kalifornien ostwärts in die Sierra Nevada und die Rocky Mountains aus. Mit jedem neuen Fund an Edelmetall schossen sie wie Pilze aus dem Boden, die Nachfrage nach Kommunikations- und Transportmöglichkeiten wuchs. Vor allem bestand der dringende Wunsch nach einem zuverlässigen Postdienst zwischen Ost und West. Dem trug der amerikanische Kongreß 1857 durch ein Gesetz Rechnung, das den Postminister ermächtigte, von privaten Gesellschaften Gebote auf einen halb- oder wöchentlichen transkontinentalen Postdienst entgegenzunehmen. Den Zuschlag erhielt die *Butterfield Overland Mail*, und am 15. September 1858 begann sie ihren regulären Kutschenverkehr über 2812 Meilen auf der südwestlichen Route zwischen Tiptoen, Missouri, und San Francisco. Zwei Kutschen fuhren pro Woche in jede Richtung, und die normale Reisezeit lag unter 25 Tagen.

Wenn die Kutsche damals auch noch, abgesehen von den berittenen Boten des *Pony-Express*, das schnellste Fortbewegungsmittel von einem Ort zum anderen darstellte, so war es doch kein einfaches und bequemes Reisen. Die Fahrgäste waren unterwegs

*Ist die kleine rote Postkutsche nicht ein elegantes Gefährt? Dennoch,
darin durch den Westen zu holpern war wohl nicht so bequem!*

Hitze und Kälte ausgesetzt, an Schlaf war meistens nicht zu
denken; die Speisen, die man ihnen an entlegenen Orten vor-
setzte, waren miserabel. 1877 erschien im *Omaha Herold* unter
dem Titel »Hinweise für die Reisenden über die *Plains*«, die folgenden guten Ratschläge:

»Der beste Platz auf einer Postkutsche ist der neben dem Kutscher. Sollten die Pferde durchgehen, bleiben Sie ruhig sitzen
und halten Sie sich dies vor Augen: Wenn Sie jetzt abspringen,
werden Sie in neun von zehn Fällen verletzt werden. Rauchen Sie
in der Kutsche keinen starken Pfeifentabak, besonders nicht am
Morgen. Spucken Sie immer auf der dem Wind abgekehrten
Seite aus dem Fenster! Fluchen Sie nicht über Ihren Nachbarn,
wenn dieser schläft und schnarcht! Versuchen Sie nie, unterwegs
ein Gewehr oder eine Pistole abzufeuern. Es würde die Pferde er-
schrecken. Unterlassen Sie es, über Politik oder Religion zu diskutieren. Fetten Sie Ihr Haar vor der Abfahrt nicht ein, andern-
falls wird sich der Staub dort festsetzen, und Sie müssen gewär-
tig sein, daß sich dort ein Fleck in Form einer Kartoffel bildet.«

73

Was man damals auf einer Postkutschenfahrt, allerdings etwas weiter westlich, nämlich auf den Straßen Colorados, erleben konnte, schildert der folgende Text:

»Während der schweren und lang anhaltenden Schneefälle war der Postkutschenverkehr zwischen Silverton und Outray eingestellt worden. Aber um den Zug noch zu erreichen, waren wir gezwungen, die Reise auf einem Schlitten über einen Paß in den Red Mountains zu machen.

›Ist es sehr gefährlich?‹ fragte ich einen Einheimischen, und er antwortete: ›Nun, der Mann aus dem Leihstall gibt ja wohl seine Pferde dafür her, oder? Und Sie wollen doch nicht etwa behaupten, Sie seien mehr wert als so ein braves Pferd?‹

Das klang sehr ermutigend, und um vier Uhr morgens, in Wolfsfelle eingehüllt, brachen wir auf. Die Hunde bellten zum Abschied, und in einer Spielhölle brannte noch Licht.

Es war Vollmond, die Berge glitzerten, eine silberne Kette vor einem fernen Himmel.

›Ist das die Straße, auf der gestern die Kutsche umgestürzt ist?‹ fragte ich den Fahrer.

›Ja, aber es ist keine so üble Gegend.‹

›Stürzt sie gewöhnlich immer an den besten Stellen um?‹

›Im allgemeinen ja.‹

›Was halten Sie denn von dieser Fahrt?‹

›Da möchte ich mich lieber nicht dazu äußern, ehe wir's hinter uns haben.‹

›Wie hoch ist das Red-Gebirge?‹

›So an die 13 000 Fuß.‹

›Können wir von ganz oben herunterfallen?‹

›Das wohl kaum. So nach 1000 Fuß würden Sie auf eine Klippe stoßen.‹

›Stürzen oft Leute ab?‹

›Bisher erst einmal.‹

Mit mir reisten Eugene Banks, der Dichter, und Wallace Bruce Amsbery, dessen französisch-kanadische Dialektgedichte in der Zeitschrift *Century* weite Beachtung gefunden hatten. Banks starrte ins Mondlicht, Amsbery beobachtete die Pferde, wie sie sich durch den Schnee wühlten. Ich erwog meine Chancen. Vor uns die Baumgrenze, ein Anblick von schrecklicher Schönheit, der mich schaudern ließ. Aber in Ehrfurcht, wenn ich hinabsah. Man war fast gezwungen, laut zu rufen: ›Ach du arme Feder! Du lumpiger Pinsel!‹ Alles war von einer so unerhörten Großartigkeit, daß man tausend Augen hätte haben wollen, um das Wunder in sich aufzunehmen.

American Memories

»Ein berühmter Outlaw, dessen Spezialität die Überfälle auf Eisenbahnzüge war, schrieb an die Union Pacific und beklagte sich darüber, daß deren Züge für den normalen Sterblichen einfach mit zu hoher Geschwindigkeit verkehrten.«

Philip Ashton Rollins

›Haben wir das Schlimmste jetzt hinter uns?‹ fragte ich den Fahrer.

›Das Schlimmste wovon? Von der Gefahr? Wir sind noch nicht einmal auf halbem Weg!‹

Ich meinte, das könne nicht wahr sein, aber es stimmte. Der Sturm lag hinter uns, ein geisterhaftes Tageslicht ließ den Mond verblassen. Wir kamen durch eine aufgegebene Bergwerksstadt. Nicht eine Menschenseele lebte mehr hier. Es gab Fenster, durch die Augen voller Hoffnung und Verlangen nach Osten geblickt haben mußten, zerbrochene Feuerplätze, wo die Menschen sich am Abend zusammengedrängt hatten. Alles war Verlassenheit, und durch die Straßen klangen die fernen Töne eines heulenden Wolfes.

Ein paar Wegbiegungen, und wir befanden uns auf dem schmalen Sims eines Canyon. Und jetzt wußte ich, daß der Kutscher die Wahrheit gesagt hatte.

›Hören Sie mal‹, sagte der Dichter, ›wir glauben Ihnen, daß Sie der beste Fahrer der Welt sind, aber Sie müssen die Kurven nicht so scharf nehmen. Sie brauchen uns Ihre Künste nicht zu beweisen. Lassen Sie sich Zeit.‹

›Ich schneide keine Kurven‹, erwiderte der Fahrer. Dahinzugleiten, so nahe am Abgrund, daß die Kufen den Schnee in die Tiefe drückten, war nicht so angenehm. Tief unter uns floß ein Bach. Aber so weit fort, daß man das Geräusch des Wassers nicht mehr hörte. Aus dem schrecklichen Abgrund drang nichts als Stille zu uns herauf.

›Sie haben mir die Wahrheit gesagt‹, bemerkte ich zu dem Kutscher. ›An den gefährlichsten Stellen waren wir vorhin tatsächlich noch nicht vorbei.‹

›Aber Sie haben sich mächtig angestrengt, um mir Lügen aufzutischen.‹

Vielleicht gehört zur stärksten Freude zuvor ein Augenblick der Gefahr, aber wenn dem so ist, würde ich lieber auf solche Freude verzichten. Mir war schon klar, daß ich von diesem Berg herunterkommen würde. Die Frage war nur, wie.«

So stand es am 25. November 1902 in der *Times* in Denver zu lesen.

Und nun zu dem kleinen roten Gefährt, vor dem ich mir per Kopfhörer die Ratschläge für das Benehmen auf einer Postkutschen-Fahrt angehört hatte. Was weiß man über jene Postkutsche, die sich da jenseits der Absperrung so nett, sauber und elegant darbietet? Sie wurde wahrscheinlich zunächst für den Verkehr zwischen den Bergwerksstädten in Montana benutzt und beförderte, ehe sie ins Museum kam, Touristen im Yellowstone-Nationalpark. Lange nahm man an, es handle sich um eine Concorde-Kutsche. Aber John und Mildred Frizzel, die das Gefährt 1976 restaurierten, waren der Meinung, daß die Kutsche wahrscheinlich von der Firma Eaton & Gilbert in Tryp im Staate New York gebaut wurde. Darauf deutet jedenfalls der Rahmen aus gelbem Pappelholz hin, das man gewöhnlich bei den Gefährten dieser Firma findet.

Ohne daß man den Hersteller eindeutig klären konnte, steht immerhin fest, daß die Kutsche von Wells Fargo & Company zur Beförderung von Passagieren und Post zwischen Bergwerksstädten im Westen benutzt wurde. 1869 kaufte die Firma Gilmer & Munro Salisbury aus Salt Lake City Kutschen des Typs Concorde im Wert von 70 000 Dollar von Wells Fargo. Wahrscheinlich war mein kleiner Liebling auch darunter. Über sieben Jahre betrieb der neue Eigentümer gewinnträchtige und zuverlässige Postkutschenlinien in der Bergbauregion des Nordwestens. Aber nach Fertigstellung der *Northern Pacific Railroad* in Montana 1883 war die Firma nicht mehr konkurrenzfähig und gab auf. Die Kutsche ging dann in die Hände der Firma Wakefields & Hoffman aus Bozeman/Montana über, die den Fuhrpark von Gilmer & Salsbury erwarb und damit in das Touristengeschäft im Yellowstone einstieg. Seit 1878 hatte man damit begonnen, den an Naturwundern so reichen Park mit Kutschen zu bereisen. Und in den 38 Jahren, in denen der Kutschendienst dort bestand, trug das Gefährt mehrere hunderttausend Besucher zu zwölf Cent pro Fahrt durch den Park. 1921 stiftete der Manager der *Yellowstone Park Transportation Company* die Kutsche der Parkverwaltung. Von dort gelangte sie 1968 in das Museum in St. Louis. Und da steht sie nun – wirklich eine Schönheit von einer Kutsche und ein Gefährt, das fast durch die halbe Geschichte der USA gerollt ist.

13
»Get Your Kicks on Route 66«

Der Mann, der das Lied schrieb, das zum Titelsong der Route 66 wurde, hieß Bobby Troup. Er nennt sich selbst einen »mittelmäßigen Pianisten, aber verheiratet mit Julie London«. Julie London, Moment mal! Ich erinnere mich: Das war doch eine von mir in den 50er Jahren heißgeliebte Sängerin. Ja, aber im Februar 1946 hieß Bobbys Ehefrau noch Cynthia, und die beiden saßen in einem Restaurant an der Pennsylvania *Turnpike*, mit einer Straßenkarte der USA vor sich und mit einem A'41 Buick auf dem Parkplatz. Bobby hatte gerade fünf Jahre Dienst im *Marine Corps* hinter sich. Nun war er entlassen. Seine Eltern besaßen gutgehende Musikgeschäfte in Lancaster und Harrisburg, die er hätte übernehmen können. Aber noch im College hatte er einen großen Treffer als Schlagerkomponist mit »Daddy« gelandet, mit dem Nr.-1-Song auf den Hitlisten des Jahres 1941.

In dem Text bittet ein hübsches kleines Mädchen, *a young doll*, wie es im Amerikanischen unübersetzbar heißt, ihren *sugar daddy*, was verwöhnender Vater, älterer reicher Liebhaber, aber auch Zuhälter heißen kann, ihr doch ein neues Auto, Champagner und Kaviar zu kaufen, da er doch immer nur das Beste für sie will! Das Lied war vor allem durch Tommy Dorsey bekannt geworden, und Bobby Troup war, ehe man ihn einberief, zum Songwriter des bekannten Bandleaders avanciert.

Aus der Armee entlassen, versuchte er seinen Lebensunterhalt als *songplugger*, als Schlagerkomponist, zu verdienen. Mancher Leser wird vielleicht über das Wort »*songplugger*« stolpern. Man hat sich das so vorzustellen: Die großen Musik- und Schallplattenfirmen hatten in ihren Büros ein Zimmer, in das wurden die Komponisten eingesperrt, und was sie dort komponierten, führte man prominenten Schlagersängern oder Bandleadern in der Piano-Fassung vor. Was deren Zustimmung fand, wurde produziert, den Rest konnte der serienmäßig schreibende *plugger* vergessen. Es war dies durchaus ein ehrenwerter Beruf. Beispielsweise hat George Gershwin seine Karriere als *songplugger* in New York begonnen. Um die Zeit, da die Armee Bobby ins

American Memories

»Erst nachdem die ganze Weite des nordamerikanischen Teilkontinentes erschlossen war, entstanden Lieder und Balladen, die sich als eigenständige amerikanische Volkslieder bezeichnen lassen. Es handelt sich dabei um einen Typ des Volksliedes, der zwischen Ballade und Moritat steht und wohl ursprünglich nicht selten bei der Verbreitung von Sensationsmeldungen wie Mordfällen, Bankeinbrüchen und Eisenbahnräubereien eine Rolle spielte. Diese Moritaten-Lieder wurden oft mit groben Holzschnitten oder Kupferstichen, welche den dramatischen Höhepunkt eines solchen ›Kriminalfalls‹ darstellten, auf Handzettel gedruckt und kamen als eine Art von ›musikalischer Zeitung‹ in den Handel. Sie erfreuten sich vor allem an abgelegenen Orten großer Beliebtheit. Andererseits drang auch auf dem Umweg über solche Lieder nicht selten Kunde von melodramatischen Ereignissen zu den Bewohnern der Staaten an der Ostküste, die schon zu guten Bürgern geworden waren und quasi im Lehnstuhl zurückgelehnt mit wohligem Gruseln die wilden Umstände eines Lebens im Westen zur Kenntnis nahmen. Gegen Ende des 19. Jahrhunderts, mit Einsetzen der Industrialisierung und Vollendung eines dichteren Straßen- und Eisenbahnnetzes, tauchte dann eine ganz andere Art des Volksliedes auf. Die einzelnen Berufe wählten sich heroisierte Vorbilder, die sogenannten ›patrons‹, deren Leben und Taten in Wort und Lied dargestellt wurden.«

Frederik Hetman, *Amerika singt*

Der Schlager wird straßauf und straßab unentwegt vermarktet.
Die Route 66 ist auch ein florierender Laden in Devotionalien.

Privatleben heimschickte, gab es eigentlich für eine solche Karriere nur zwei Orte: New York oder Los Angeles. Und so hatte das junge Paar den Buick vollgepackt und war unterwegs in den Westen.

Cynthia war die Tochter wohlhabender Eltern aus Philadelphia, und der Vorschlag kam von ihr: »Warum schreibst du nicht ein Lied über die Route 66? Das ist die Straße, auf der wir fahren!«

Bobby sah auf die Straßenkarte und sagte: »Sei nicht kindisch, Cynthia, auf die 66 kommen wir erst kurz vor Chicago und bleiben dann drauf bis L.A.«

Für eine Weile unterließ es Cynthia, ihm Vorschläge für neue Lieder zu machen, aber irgendwo in Illinois flüsterte sie ihm dann ins Ohr: »*Get your kicks on Route 66!*«

Das Lied, das dann entstand, hat wahrscheinlich mehr zur Popularität der Route beigetragen als die Promotion-Firma, die der Vater der Route 66 gründete, um sie bekannt zu machen. Robert William Troup schrieb noch unterwegs die Melodie und etwa die Hälfte des Textes:

> »If you ever plan to motor west
> Travel my way, take the highway

That's the best:
Get your kicks on Route 66.
It winds from Chicago to L.A.
More than 2000 miles all the way.
Get your kicks on Route 66.«

In Los Angeles besuchte er alte Bekannte, unter ihnen Nat King Cole, und erzählte ihnen von dem angefangenen Lied.

»Dann«, pflegte Troup sein Garn um seinen Hit weiter zu spinnen – das Werk war immer noch unvollendet –, »griff ich mir meine Straßenkarte, und mein Freund Bullets Durbin besorgte mir das Probestudio von CBS Radio. Die Musiker der Band kamen schon. Ich war immer noch nicht fertig, rannte immer noch mit meiner Karte herum, aber dann fiel's mir ein. Die Magie der Ortsnamen inspirierte mich:

»You go through St. Louis, Joplin, Missouri,
And Oklahoma City looks mighty pretty.
You'll see Amarillo, Gallup, New Mexico,
Flagstaff, Arizona. Don't forget Winona,
Kingsman, Barstow, San Bernadino.
Won't you get hip to this timely tip,
When you take that California trip?
Get your kicks on Route 66.«

Der einzige Ort, bei dem er aus der korrekten geographischen Reihenfolge geriet, war Winona, aber er brauchte ein Wort, das sich auf Arizona reimte, und das läßt sich nicht so leicht finden.

Nun, er übte den Song mit den Musikern ein. Fünf Tage später nahm ihn Nat King Cole für »Capitol« auf, und dieses Label brachte ihn sofort auf den Markt. Ehe ein Monat vergangen war, war das Lied ein Hit geworden und blieb es. Es wurde ein Ohrwurm, dieses lächerliche kleine Lied, mit einem Text, der hauptsächlich aus Ortsnamen besteht. Für Millionen von Menschen läßt es den Zauber dieser Straße durch Amerika immer wieder aufs neue lebendig werden.

14
Cahokia oder Die großen Hügel bei St. Louis

Der *American Bottom* ist eine niedrig gelegene Flußebene entlang des Mississippi, die von der Mündung des Illinois River bei Alton, Illinois, bis in den Süden bei Dupo, Illinois, reicht. Der »Boden« ist in seiner größten Ausdehnung ungefähr 40 Kilometer lang und 15,7 Kilometer breit. Er ist geprägt durch die mäandernden Läufe des Mississippi und des Missouri, die Sümpfe und kleine Seen bildeten. So wuchs eine Landschaft von großer Vielfalt, mit Wasser, Wild und eßbaren Wildpflanzen. Die Flußebene bot fruchtbaren Boden. Hier entwickelte sich die indianische Cahokia-Kultur mit der wahrscheinlich größten prähistorischen Bevölkerungsgruppe nördlich von Mexiko. In ihrer Blütezeit zwischen 1050 und 1250 – also noch vor dem Eintreffen der Weißen in der Neuen Welt – hatte sich die Siedlung von Cahokia über eine Fläche von 13 Quadratkilometern ausgedehnt. Auf ungefähr 800 Hektar der zentralen, von Osten nach Westen verlaufenden Erhebung standen Häuser, in denen um die 30 000 Menschen wohnten. Sie lebten in Holzbauten, die mit Schilf gedeckt waren. Mehrere Hektar Land gehörten in der Regel zu einem Wohnhaus. Über Generationen wurden dieselben Bauplätze benutzt. Die Gebäude selbst waren unterschiedlich groß, wahrscheinlich entsprechend dem sozialen Status der Bewohner. Sie dürften sich in Gruppen um einen künstlichen Hügel und einen Dorfplatz geschart haben. So kam es zur Unterteilung der Gesamtgemeinde.

Das Cahokia-Volk errichtete über die Jahrhunderte mehr als einhundert künstliche Erdhügel von verschiedener Größe und Form. Die meisten von ihnen lagen an der in der Mitte der Siedlung verlaufenden Erhebung, auf dem trockensten Teil des gesamten Geländes. Sie gruppierten sich um einen Bezirk, der einen offenen Platz gebildet haben dürfte. Der eindrucksvollste unter den Hügel wird heute *Monk's Mound* genannt und stellt das wahrscheinlich größte Erdwerk aus der prähistorischen Zeit Nordamerikas dar. Dieser künstliche Hügel steigt über zwei Terrassen an und ist mit 30,4 Metern Höhe und einer Fläche von 316 auf 240 Meter doppelt so groß wie alle anderen *Mounds* in seiner Umgebung. Zu seiner Aufschüttung wurden 614 478 Kubikmeter Erdreich bewegt – so jedenfalls versichern uns die Archäologen. Von dem großen Gebäude auf der Höhe dieser Aufschüttung muß man einen ausgezeichneten Blick über die ganze Ortschaft gehabt haben. Der konische Hügel südlich von *Monk's Mound* scheint der Begräbnisplatz gewesen zu sein. Eine Palisade aus Holzstämmen, Wachtürmen und Toren umgab einen zentralen Bereich von 80 Hektar. Die Befestigungen dort wurden mindestens viermal erneuert. Der Archäologe Melvin Fowler hat die Vermutung geäußert, daß es sich um eine Verteidigungsanlage gehandelt haben könnte oder daß hochgestellte Persönlichkeiten sich auf diese Weise von den übrigen Einwohnern abgrenzten.

Die Wissenschaftler können nicht sagen, ob Cahokia auf einen Schlag entstand oder sich nach und nach entwickelte; jedenfalls war es schon um 900 nach Christus eine große, komplexe Ansiedlung. Die Bevölkerung scheint ihre höchste Zahl anderthalb Jahrhunderte später erreicht zu haben. Als im 17. Jahrhundert die Europäer in dieses Gebiet kamen, war Cahokia von den *American natives* allerdings längst aufgegeben worden.

Monk's Mound ist ein außerordentlich eindrucksvolles Monument. Man hat errechnet, daß bei einem Einsatz von 2000 Arbeitern rund 200 Tage Arbeitszeit darauf verwandt worden sein müssen. Tatsächlich ging der Bau wohl nicht in einem Stück vonstatten, sondern scheint sich in einem Zeitraum von ein bis zwei Jahren abgespielt zu haben. Letzte Forschungen haben die Annahme, Cahokia sei eine prähistorische Stadt gewesen, allerdings widerlegt. Vielmehr scheinen nie mehr als 500 Menschen im zentralen Bereich der Anlage gelebt zu haben, während sich die restliche Bevölkerung über die umliegende Flußebene verteilte.

Auch steht fest, daß Cahokia das Zentrum einer Anzahl von Orten gewesen sein muß, über die wenig bekannt ist. An die vierzig kleine Dörfer und Gehöfte sind im Bereich des *Bottoms* entdeckt worden.

Gewisse Aufschlüsse über die Begräbnissitten ergaben sich 1972 bei der Öffnung eines Hügels. Dort fand man einen männlichen Leichnam auf einer Schicht von schätzungsweise 20 000 Muschelperlen. Er scheint ein wichtiger Mann gewesen zu sein. In seiner unmittelbaren Nähe waren drei weitere männliche und weibliche Tote beigesetzt. Um die 800 Pfeilspitzen, Kupferplatten und fünfzehn polierte Steinscheiben, wie man sie bei einem bestimmten Spiel benutzte, wurden ebenfalls in dieser Begräbnisstätte gefunden: möglicherweise Opfergaben von Verwandten der Toten. Außerdem stieß man auf die Skelette von vier enthaupteten Männern, denen man die Hände abgeschlagen hatte. In einer Grube lagen außerdem rund fünfzig junge Frauen im Alter zwischen 18 und 23 Jahren, die wahrscheinlich erdrosselt wurden.

Cahokia war entschieden die größte unter den Gemeinden der indianischen Mississippi-Kultur. Ihr Niedergang scheint um 1250 begonnen zu haben, als andere Orte ihr den Rang abliefen.

Wir wissen zudem, daß die Bevölkerung von Mais, Bohnen und anderen Wildfrüchten lebte und daß dort, wo Jagd betrieben wurde, Wasservögel und Rehe erlegt worden sind. Eine wichtige Rolle spielte in den Gemeinden der Mississippi-Kultur die Nußernte. Hunger muß eine ständige Bedrohung dargestellt haben, was sich am Knochenbau der gefundenen Skelette ablesen läßt. Wie überstanden die Cahokia-Menschen die Notzeiten? Meist versuchten die einzelnen Familien, sich autark mit Lebensmitteln zu versorgen. Aber ein- bis zweimal in einem

Jahrzehnt scheinen die Erträge der häuslichen Gärten und Nußbäume zur Versorgung nicht mehr ausgereicht zu haben. Jedenfalls hatte wohl jede Familie mehrere Gärten an Orten, die unterschiedlichen Unwelteinflüssen unterlagen. Außerdem konnten sich Familien, die in einem Jahr nicht genügend Nahrungsmittel ernteten, auf die Unterstützung durch ihre dann vielleicht bessergestellten Verwandten verlassen. Oder eine größere Verwandtschaftsgruppe mag aus Überschüssen Vorräte angelegt haben. Die Personen, die die Planung übernahmen, dürften schließlich im Verwandtschaftsverband oder in der Stammesgruppe zu Anführern aufgestiegen sein.

Es bestand ein Netzwerk von mehreren hundert Gemeinden, das neben der gegenseitigen Unterstützung in Notzeiten auch den Handel mit Salz und Kieselschiefer, der in den Steinbrüchen in Illinois gefunden und zur Herstellung von Hacken verwendet wurde, abwickelte. Diese Werkzeuge kamen im ganzen nördlichen Mississippi-Tal zutage. Die Salzproduktion, die fast noch wichtiger als die Kultivierung von Mais war, scheint sich an der großen Salzquelle nahe dem Saline River im südöstlichen Illinois abgespielt zu haben.

Soweit sich das feststellen ließ, verlief der Tauschhandel von Person zu Person und bildete zusammen mit der Austeilung von Geschenken die einzige Form der Warenverteilung. Getreide wurde häufig bei Festen ausgegeben.

Brian M. Fagan schreibt in seinem Buch *Ancient North America*: »Cahokia bietet einen eindrucksvollen Anblick für jemanden, der an die relativ kleinen Maßstäbe der prähistorischen Gemeinden in Nordamerika gewöhnt ist. Selbst heute noch wirken die großen Erdwerke ehrfurchterheischend, vor allem, wenn man sie mit den Gebäuden in den nahe gelegenen städtischen Vororten von Ost-St. Louis vergleicht.«

Die Ausmaße der Anlage hat die Archäologen dazu verleitet, Spekulationen über einen Zusammenhang zwischen den Fundstätten der Mississippi-Kultur und den Staaten und Zivilisationen in Mexiko anzustellen.

Diese These ist nicht unumstritten. Der Bau von Hügeln, auf

deren Anhöhen Tempel errichtet wurden, begann in Mexiko mit der Olmeken-Kultur um 1000 vor Christus und erreichte seine höchste Entwicklung in Orten wie Teotihuacán, Tikal, Copan und der Hauptstadt der Azteken, Tenochtitlán. Die mesoamerikanische Kultur beruhte auf einer komplizierten, stark symbolisch ausgeprägten und höchst komplexen religiösen Kosmologie, die man sich in öffentlichen Zeremonien, die auf großen Plätzen durchgeführt wurden, vergegenwärtigte. Leitete sich, so fragten sich die Wissenschafter, die Architektur, die Kosmologie und der religiöse Symbolismus hier am Mississippi von jener ausländischen Kosmologie her? Breitete sich die Kultivierung von Mais und Bohnen von Mexiko durch Wanderbewegungen und religiöse Motive aus? Die Antwort kann nicht von den Ähnlichkeiten der Architektur in beiden Gegenden abgeleitet werden, die ja auch zufällig sein könnten. Vielmehr muß man den Stil der Fundstücke aus der Mississippi-Kultur und deren weiteren Bereich, der sogenannten *Southern Culture*, sorgfältig vergleichen.

American Memories

»Ein Weißer wollte von einem Indianer wissen, wie Amerika genannt worden sei, ehe der weiße Mann es entdeckte. ›Es wird wohl ein schwieriges Wort sein‹, fügte er hinzu, ›bitte sprechen Sie es langsam und deutlich aus, damit ich es notieren kann.‹ Der Indianer schüttelte den Kopf. ›Es ist ganz einfach‹, antwortete er. ›Wir nannten es Unser.‹«

»Als Kolumbus in der Neuen Welt landete und den ersten Indianern begegnete, raunten diese sich zu: ›Here goes the neighbourhood‹ (in etwa: Mit der guten Nachbarschaft ist es vorbei).«

Witze der Red-Power-Bewegung, Ende der 60er Jahre

Zunächst meinte die Wissenschaft, es am Mississippi mit einer Anzahl von Gesellschaften zu tun zu haben, die in Staaten organisiert waren und an Orten wie Cahokia ihr zeremonielles Zentrum hatten. In den Begräbnisstätten fand man Artefakte mit recht kunstvoller Verzierung und ausgeprägten Motiven. Da gab es Äxte, bei denen Schneide und Schaft aus einem Stück

Stein geschnitten waren, Kupferanhänger, verziert mit Kreisen und weinenden Augen, Muschelschalen, auf denen Spechte und Klapperschlangen abgebildet waren, Trinkgefäße, die männliche Gestalten in zeremonieller Kleidung darstellten.

Man vermutete einen Zusammenhang mit einem anderen Gebiet, das vom Atlantik und der Golfküste bis weit ins Landesinnere reichte. Manches erinnert in der Tat an Funde in Mesoamerika und könnte durch mexikanische Kaufleute, die *pochteca*, in dieses Gebiet gelangt sein.

Doch auch diese Hypothese ist heute weitgehend entkräftet. Der Stil der *Southern Culture*, so der letzte Stand der Forschung, scheint weit mehr mit der Kultur des östlichen Waldlandes als mit Mexiko im Zusammenhang zu stehen. Die Übernahme der Kultivierung von Mais und Bohnen ging offenbar Hand in Hand mit der Vermittlung mythologischer Symbole. Die ältesten Kunstgegenstände aus der frühen und mittleren Waldlandkultur weiter im Osten haben Ähnlichkeit mit den am Mississippi benutzten Dingen. Hier wie dort kannte man beispielsweise die Symbole des Vogels und der weinenden Augen. Das heißt aber nicht, daß es im gesamten Süden und Südosten eine gemeinsame künstlerische Tradition oder einen weit verbreiteten Glauben gegeben hat. Vielmehr ergibt sich die Verbindung aus der Verbreitung des Rohmaterials, beispielsweise der Seemuscheln. Es muß bis ins 13. Jahrhundert ein über Tausende von Jahren hin intaktes Tauschnetz für Kupfer, Seemuscheln und Produkte aus diesen Materialien gegeben haben. Auch die Ähnlichkeiten der religiösen Motive in diesem weiten Raum dürften sich so ergeben haben. Andererseits widersprechen die Archäologen der Vorstellung von einer »Staatsreligion des Südostens«, und reden in ihrer Fachsprache vielmehr von »komplexen, sehr variablen religiösen Mechanismen«, auf die sich die Autorität der örtlichen Häuptlinge stützte. Ohne Zweifel waren somit einige der zeremoniellen Fundstücke Abzeichen für Rang und Status, während der Glaube der Mississippi-Kultur seinen Ursprung in Traditionen und Ritualen hatte, die damals schon tausend Jahre alt waren.

15
Oklahoma Dustbowl

Auf der Route 66 gelangt man nun nach Oklahoma und in jenen Teil von Texas, der wie ein Pfannenstiel in diesen Bundesstaat hineinreicht. Auch heute noch ist dies eine Gegend, der eine gewisse Rückständigkeit oder besser: Entlegenheit anzumerken ist, sobald man die Route 66 oder die Interstates verläßt.

Das nordwestliche Oklahoma ist ein Teilgebiet der Großen Ebenen, in dem gemischte Grasprärien die vorherrschende Landschaftsform sind. Das Land ist überwiegend baumlos. Kleine Wäldchen mit Pappeln und *china-berries* finden sich lediglich in den Senken nördlich des North Canadian River und seiner Nebenflüsse. Rote Zedern wachsen in den zerklüfteten Canyons des Cimarron, die zusammen mit denen des North Canadian River von Nordwesten nach Südosten die Region durchziehen.

Regen, im Durchschnitt 58 Zentimeter jährlich, fällt reichlich oder überhaupt nicht. Eine Redensart der Gegend lautet: »Manchmal regnet es für vier Jahre auf einmal und dann wieder überhaupt nicht.« Die Alteingesessenen behaupten, daß das Salbeigebüsch während der Dürreperioden das Erdreich zusammenhält, dazu kommen Yucca, Sandpflaumen und dichte Gebüsche einer Eichenart.

Die Natur hat die Gegend zum Weideland bestimmt. Über 10 000 Jahre hin grasten hier Büffel. Indianische Stämme lebten fast ausschließlich von diesen Tieren. Durch die Einführung der

Pferde im 16. Jahrhundert verbesserten sich die Jagdbedingungen grundlegend.

Ab 1877 aber begann auf der Prärie die systematische Abschlachtung der Büffel durch die Weißen. Die weißen Jäger, denen die Regierung 50 Cent pro Büffel zahlte, häuteten die Tiere ab, schnitten ihnen die Zungen als Beweis heraus und ließen die Kadaver dann liegen.

Im Osten bestand ein wachsender Bedarf an Rindfleisch. In Texas gab es große Rinderherden, andererseits war 1866, kurz nach dem Ende des Sezessionskriegs, das Bargeld rar. Also trieb man die *Longhorn*-Rinder auf den Markt von Texas, durch das heutige Oklahoma an die Endpunkte der Eisenbahnstrecken und brachte sie von dort als Schlachtvieh nach Chicago und in die Städte des Ostens. Mitte der 70er Jahre schob sich dann der Schienenstrang immer weiter nach Westen vor, bis er Dodge City in Kansas erreichte.

Nun grasten die *Longhorns* dort, wo zuvor die Büffel gegrast hatten. Oklahoma war offiziell als Indianer-Territorium bekannt. Es war eines der Gebiete östlich der Rockys, das noch nicht Bundesstaat geworden war. Es war ein weißer Fleck auf der Wirtschaftskarte des Landes, ein Vakuum, das die Eisenbahnmagnaten und Landspekulatoren verzweifelt zu füllen versuchten. Tatsächlich aber war das Land besetzt, nämlich von den fünf »zivilisierten Stämmen«, den Choctaw, den Cherokee, den Chickaw, Creek und Seminolen.

Die Stämme wurden »zivilisiert« genannt, weil sie den weißen Mann dadurch zu beeindrucken versuchten, daß sie seine Zivilisation nachahmten und als Gegenleistung auf eine zivilisierte Behandlung gehofft hatten. Sie hatten gesetzgebende Körperschaften eingerichtet, eine Schriftsprache zur Übersetzung der Bibel entwickelt und hielten Sklaven. All dies half ihnen wenig, als die Weißen sie aus ihren Heimatgebieten im Südosten der USA um 1830 vertrieben, weil sie eine Konkurrenz für die weißen Bauern in dieser Gegend darstellten. Man schickte sie auf einen erniedrigenden »Marsch der Tränen« in das Indianer-Territorium westlich des Mississippi, ein Gebiet, das, wie man

90

ihnen versicherte, den Indianern so lange gehören sollte, »wie das Gras grünt und die Wasser der Flüsse fließen«.

Tatsächlich war das, wenn man die Haltung der meisten weißen Amerikaner damals berücksichtigt, die sich in dem Spruch »Nur ein toter Indianer ist ein guter Indianer« ausdrückt, eine vergleichsweise humane Lösung. Die Indianer ließen sich in ihrer neuen Heimat nieder und gründeten in dem Land der »rollenden Hügel«, die allmählich in eine Ebene auslaufen und zur Trockensteppe werden, ihre Nationen neu.

American Memories

»Dies«, sagte der Neuankömmling, »wäre ein gutes Land, wenn es hier nur Wasser gäbe.« »Tja«, antwortete ein anderer, der eben seinen Wagen wieder beladen hatte und in den Osten zurück wollte, »das sagt man in der Hölle auch.«

»Keine Frau sollte in diesem Land zu leben versuchen, die nicht auf eine Windmühle klettern oder ein Gewehr abfeuern kann.«

»Freilich wird es hier manchmal auch trocken«, erzählen die Leute, »so trocken, daß die Rinder ganz zusammenschrumpeln und durch die Löcher des Maschendrahts in den Hühnerhof kriechen. Dann verstecken sie sich unter den Hühnern. Das ist schon unangenehm.« Und die Leute sagen auch, daß einer so lange ein Greenhorn ist, wie er den Unterschied zwischen Texas, Oklahoma, Colorado, Kansas und den Dakotas nicht in der Luft schmeckt.

Mündlich von Leuten im Mittelwesten

Es war ein Land, in dem man Baumwolle anbauen und Vieh züchten konnte. Aber die fünf Stämme machten sehr bald einen fatalen Fehler. Da sie schwarze Sklaven besaßen, vielleicht aber auch aus Empörung über die ihnen während der Deportation zugefügten Leiden, schlugen sie sich im Sezessionskrieg auf die Seite der Südstaaten. Als die _Union_, der Norden, den Krieg gewonnen hatte, erklärte sie, die Indianer hätten durch ihre Parteinahme alle Rechte auf Grund und Boden für immer verspielt.

Die Konfiszierung erfolgte nicht sofort. Zunächst wurden nur die westlichen Teile eingezogen, die man nun _Oklahoma Territory_ benannte. *Territory* war die staatsrechtliche Bezeichnung für Gebiete, die noch nicht die Rechte und Pflichten eines Bundesstaates besaßen. Die Osthälfte des *Indian Territory* blieb den fünf Stämmen, die alle eine eigene Stammesregierung besaßen. Es kam zu einer Folge von spekulativen Landkäufen und auch zur Vereinnahmung des Westteils. Die Weißen drangen nun in das verbliebene Gebiet der *American natives* vor, einige pachteten von den Indianern Land, andere ließen sich einfach nieder und beanspruchten die von ihnen bebauten Ackerflächen. Wem an Grund und Boden was gehörte, wurde immer undurchsichtiger.

Hinzu kam die Gesetzlosigkeit der Gegend. Weiße Kriminelle, die sich dem Arm des Gesetzes entziehen wollten, flohen dorthin. Mit dem Stammesgesetz der Indianer waren sie nicht zu belangen, ausgeliefert werden konnten sie nicht. Die James-Brüder, die Dalton-Gang, die Doolins, Belle Starr und Cherokee Bill, der behauptete, schwarzes, weißes und indianisches Blut zu haben, tauchten auf und verblüfften ihre Nachbarn durch ihr friedfertiges Verhalten. Mit ihnen begann in Oklahoma eine Tradition, *outlaws* als Volkshelden anzusehen.

Die Auswirkungen der Rinderzucht und die Einwanderung von Weißen veränderte die unberührte Natur dieser Landschaft immer weiter. Meilenweit wurden Zäune gezogen, um das Vieh während der Winterstürme in einer bestimmten Gegend zu halten. Es entstanden sogenannte *dugouts* oder andere Unterkünfte für die Cowboys. Das Land wurde nicht selten überweidet.

Am 16. September 1893 wurde das *Indian Territory* endgültig für die Besiedlung durch die Weißen freigegeben. Zehntausende lieferten sich ein Wettrennen, jeder wollte sich als erster kostenloses Farmland sichern. Bis ins Frühjahr 1902 entstanden überall auf der Prärie im nordwestlichen Oklahoma schwarze Flecken. Bis zum Herbst war das Land mit ihnen übersät. Entstanden waren sie durch Menschenhand. Die *homesteader* begannen das alte Weideland der Prärie in Ackerland umzuwandeln. »Das wilde Land erobern« nannten sie es. Dazu wurden die Rinderherden zusammengetrieben. Mit der Viehzucht auf der

offenen Prärie war es vorbei. Für Chicago bedeutete dies das
langsame, aber sichere Ende der Schlachthöfe.

Die *homesteader* benutzten drei wirksame Waffen auf ihrem
Eroberungszug: Stacheldraht, Windmühle und Sodenpflug.
Aber was würde auf dem umgepflügten Land wachsen? Zuerst
wurde vor allem Mais angepflanzt, mit dem auch die Hühner
und das Milchvieh gefüttert wurden. Mit dem Ersten Weltkrieg
wuchs die Nachfrage nach Weizen, und immer größere Maschi-
nen wurden zur Aussaat und Ernte benutzt. Letztlich führte die
Einführung von ausgesätem Gras und Weizen – Pflanzen, die
Dürreperioden und Hitze nicht überstanden – zu der großen
Katastrophe der 30er Jahre.

Um Pflanzen kultivieren zu können, muß man die Erdoberfläche für den Aussaatvorgang aufwühlen. Dadurch wird die
normale geologische Verwitterung beschleunigt. Die fruchtbare
Oberflächenschicht der Erde, die sich in Jahrhunderten gebildet

hat, ist dem Zugriff durch Wind und Wasser schutzlos ausgeliefert. Erosion ist die Folge.

In den Vereinigten Staaten haben physikalische, ökonomische und soziale Umstände dazu geführt, daß sich die Erosion in einem Maße ausbreitete, die in der Geschichte ihresgleichen sucht. Physikalisch unterliegen drei Viertel des kontinentalen Landgebiets der USA in bestimmtem Umfang einem Erosionsvorgang. Indem der Mensch diese verwundbaren Landflächen bearbeitete, hinterließ er mit der Ausbreitung der Landwirtschaft eine breite Spur der Erosion.

Axt und Pflug der Pioniere griffen empfindlich in das Spiel der natürlichen Kräfte ein, die über lange Zeit fruchtbare Böden geschaffen hatten. Gleichzeitig bewegte sich die *frontier* von der Atlantikküste immer weiter in Richtung Westen, und die Pionierszüge samt einer wachsenden Besiedlung nahmen dem Boden seinen stabilisierenden Mantel aus Bäumen und Gräsern. Sogar die Böden in den Trockengebieten waren ursprünglich sehr fruchtbar gewesen, sie waren reich an Nitrogen und anderen Elementen, die für den Pflanzenwuchs wichtig sind. Die Fruchtbarkeit dieser halbdürren Böden war zunächst ein Segen, bald aber auch die Ursache für ihren schlimmsten Mißbrauch. In Jahren mit starken Regenfällen sind dort die Erträge so üppig, daß in folgenden Jahren mit durchschnittlichem Niederschlag die Farmer versucht sind, die Produktion zu erhöhen. Ein fataler Irrtum. Es führt nämlich häufig zu verheerenden Mißernten, wenn auf Jahre mit reichlichen oder auch nur durchschnittlichen Niederschlägen solche mit unterdurchschnittlichen Regenmengen folgen. Genau dies wurde Ende der 20er und während der 30er Jahre den damals ohnehin nicht sehr wohlhabenden Farmern in Oklahoma, spöttisch *Okies* genannt, zum Verhängnis. Ihr Land wurde heimgesucht von Staubstürmen in bisher unbekanntem Ausmaß. Hinzu kam, daß auch der Erdölboom, von dem die Gegend bis dahin profitiert hatte, zurückging. Schließlich war es für das gesamte Land die Zeit der großen Depression. Für viele *Okies* war die Landwirtschaft völlig unmöglich geworden, weil sich ihre Äcker in eine Staubwüste verwandelt hatten. Es kam zu einer gewaltigen Flüchtlingsbewegung in Richtung Kalifornien, das vielen als das Land erschien, in dem immer noch Milch und Honig fließen.

American Memories

»Ob Werbeschild oder Zapfsäulen-Globe, Roadside-Relikte aus der Auto-Urzeit, sie sind längst zu begehrten Collectables geworden und erzielen Höchstpreise auf dem Markt der Nostalgie.«

Bernd Polster, *Kino durch die Windschutzscheibe*

»Der Highway war ihr Zuhause und Bewegung ihre Ausdrucksform.«

John Steinbeck

Das Drama hatte gewissermaßen drei Akte: die Verarmung der kleinen Farmer in Oklahoma, die Probleme der Abwandernden (auf der Route 66 nach Westen) und die Verhältnisse in den kalifornischen Lagern. Man hat ausgerechnet, daß zwischen 1935 und 1938 300 000 bis 500 000 *Okies* in Kalifornien ankamen. Ironischerweise gab es sogar noch Regierungsprogramme, die diese Auswanderungsbewegung unterstützten. Washington zahlte den Landbesitzern, die auf ihrem Grund und Boden nichts mehr anbauten, Unterstützungsgelder und setzte somit Tausende von Pachtbauern und Erntearbeitern frei. In Kalifornien hingegen, einem reichen, von der Natur begünstigtem Staat, war die Abneigung gegen die unzähligen, wie die Heuschrecken einfallenden Menschen groß. Sie führte dazu, daß jene ausländischen Erntearbeiter, die aus China, Mexiko und den Philippinen stammten, mit den neu eingewanderten Habenichtsen konkurrieren mußten. In John Steinbecks großem amerikanischen Romanepos *Die Früchte des Zorns* kann man das nachlesen. Ein typisches *Okie*-Schicksal erlebte auch Woody Guthrie, der Folksänger, der mit seinem Song »This Land is your Land« auch jenseits des Atlantik berühmt wurde.

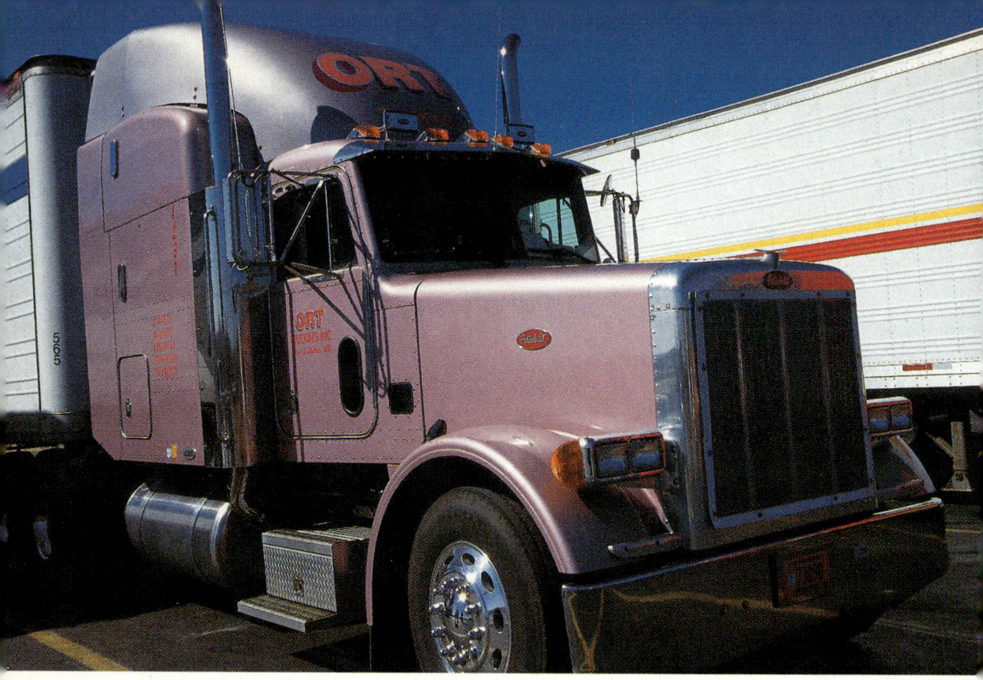
ORT
565

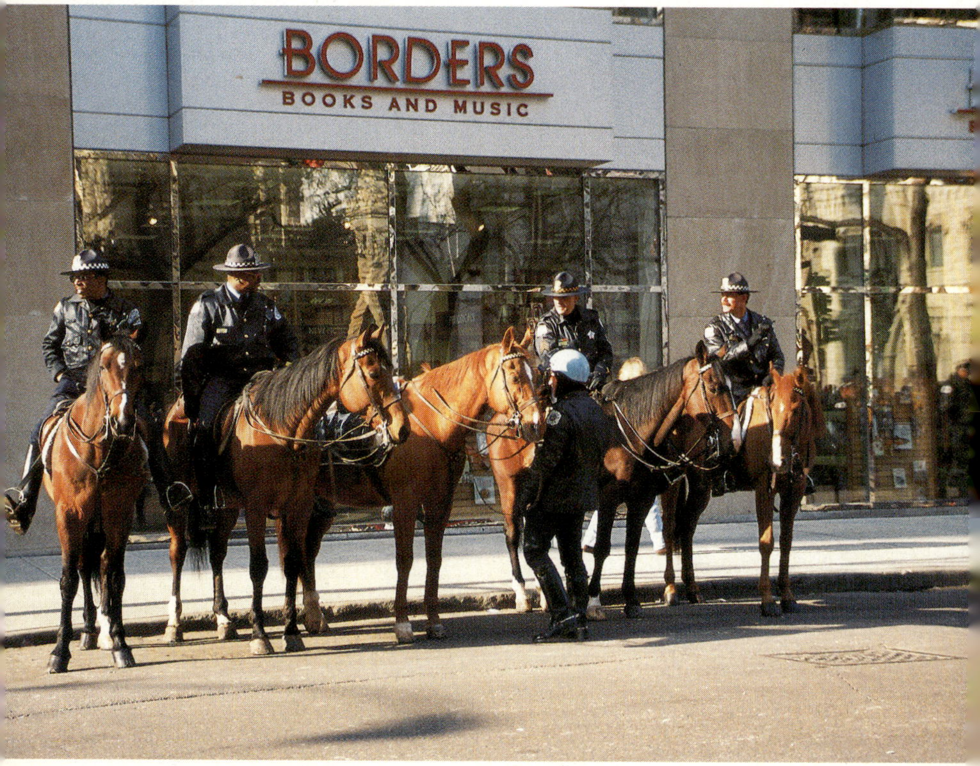
BORDERS
BOOKS AND MUSIC

Dies ist die typische Kleinstadtland-
schaft an der Route: Tankstellen,
Leuchtreklamen, Einkaufszentren und
Motels, natürlich mit Fernsehgerät
und Swimmingpool.

Links:
In einer Buchhandlung an der Michigan
Avenue in Chicago signiert ein beliebter
Sportler seine Memoiren. Wegen zu
großen Andrangs muß die berittene
Polizei den Zugang absperren.

Faszinierende Landschaft des Petrified Forest

16
Woody Guthrie:
Die Geschichte eines
amerikanischen
Folksängers

Woody Guthrie (1912 bis 1967), ›Folksänger und Liederdichter, Vagabund und Vorkämpfer für die Gewerkschaftsbewegung, ist mit seinem Lebensbericht und vielleicht mehr noch durch das Lied »*This land is your land, this land is my land, from California to the New York Island*« selbst schon zu einem Stück Folklore des 20. Jahrhunderts geworden. Niemand kennt die genaue Zahl der Lieder, die Woody Guthrie im Laufe seines Lebens geschrieben hat. Kenner vermuten, daß die Zahl 1000 nicht zu hoch gegriffen ist. Sein Freund, der bekannte amerikanische Publizist Studs Terkl, charakterisierte Woody einmal so: »... Ein zäher, hagerer, rotbraun windgegerbter Lockenkopf. Ein kleines Stück Leder. Ein Dichter und ein Spielmann auf Landstraßen, Bürgersteigen, in feuchten Güterwaggons, Schiffskombüsen, kalten Städten, heißen Wüsten, von Küste zu Küste. Ein amerikanischer Balladenschreiber. Dazu Zeitungsjunge, Schuhputzer, Spucknapfwäscher, Feldharker, Traubenpflücker, Zimmermannsgehilfe, Brunnenbohr-Assistent, Schildermaler und Straßensänger.« Bekannt geworden ist er nicht zuletzt auch durch die Verfilmung seiner Autobiographie *Bound for Glory*, in der er sein Leben bis zum Jahre 1942 aufgezeichnet hat. Guthrie fuhr während des Zweiten Weltkriegs in der amerikanischen Handelsmarine, später erkrankte er an »Huntingtons Chorea«, einer fortschreitenden Degeneration des Nervensystems, für die es damals noch kein Heilmittel gab. Das konnte ihn nicht davon abhalten, noch weiter Lieder zu schreiben, ja sogar noch aufzutreten. Er war das Idol des jungen Bob Dylan, und sein Sohn Arlo Guthrie wurde ebenfalls ein erfolgreicher Folksänger. Im nachfolgenden Text versucht Woody Guthrie zu beschreiben, wie er schon in seiner Kindheit die unterschiedlichen musikalischen Einflüsse des Schmelztiegels Amerika einatmete. Sein Stil ist klar der von den Poeten der Chicagoer Renaissance praktizierten Annäherung der Poesie an das gesprochene Wort verpflichtet. Er ist – und darin erinnert er an Vachel Lindsay – ein Sprechgesang, dessen Wortkaskaden in einer Übersetzung kaum adäquat nachzubilden sind. Andererseits vermittelt er ein lebendiges Bild von den Lebensumständen in Oklahoma zwischen dem Anfang unseres Jahrhunderts und der Zeit der großen Migration. Eine der auf dem Label Folkways erschienenen Platten mit Aufnahmen Woody Guthries trägt den Titel »*Talking Dustbowl*«. Eines der Lieder ist überschrieben »*Dustbowl Refugee*« und beginnt mit den Strophen:

> »I am a Dustbowl refugee.
> Just a Dustbowl refugee,
> From that Dustbowl to the Peachbowl
> Now the peaches are killing me.
>
> Cross the mountain to the sea,
> Come the wife and kids and me,
> It's a hard old dusty highway
> For a Dustbowl refugee.«

In *My Life* schreibt er: »Der Name meiner Mutter war Nora Belle Tanner, durch Heirat wurde sie Nora Belle Guthrie. Ihre Mutter wiederum war Mrs. Lee Tanner, eine der ersten Blockhaus-Schullehrerinnen in Okfuskee County, Oklahoma. In den Geschichten über das alte Schulhaus in der Flußsenke am Deep Fork spukte es von Wildkatzen, Panthern, Kojoten, übergroßen Wölfen und Berglöwen. Sie erzählen von den Kämpfen zwischen

Mensch und Tier bei der Besiedlung von Okfuskee County. Als ich geboren wurde, quollen Treibsand und Schlamm, der Wind blies heftig aus dem Osten, ein Blitz ließ das Dachgeschoß der Scheune zersplittern, inmitten schlangenschwänziger Zyklonen, Präriewolkenbrüchen, Monaten böser Dürre, die die Blätter austrocknete, inmitten von Waldbränden und Präriefeuern, die schneller zerstörten, als man aufbauen konnte; mitten im Kampf der Menschen gegen all diese Widrigkeiten wurde ich geboren – als drittes Kind unserer Familie, und ich hörte meine Mutter meinem Bruder Roy und meiner Schwester Clara vorsingen.

Mein Vater hieß Charles Edward Guthrie. Geboren wurde er in Belle County, Texas, im Land der Buscheichen und der kurzen Baumwolle. Sie nannten ihn Charlie, und er hatte Musik im Blut wie Mama.

Ich finde es gut, daß der Vater meiner Mutter, Lee Tanner, Ire war, und meine Großmutter, Misses Lee Tanner, Schottin. Meine Mutter brachte mir all die Lieder und Balladen bei, die sie von ihren Eltern kannte. Viele waren weder schottisch noch irisch, sondern mexikanisch oder spanisch, oder die Neger aus dem Süden hatten sie gemacht. Doch die Lieder, die ich um mich herum hörte, bargen noch viel mehr. Mein Vater Charlie liebte es, Geschichten zu erzählen, zu tanzen, zu trinken und mit den Indianern herumzuziehen. Er konnte ein paar Worte Creek und brachte mir ein wenig Chickasaw- oder Choctaw-, Cherokee-, Sioux-, Osage- oder Seminolen-Dialekt bei. Von einem hemdenzerreißenden Buben war mein Papa zu einem geraderausredenden Mann herangewachsen, einem trainierten Faustkämpfer in den Tagen, als die Namen von Jess Willard und Jack Dempsey gesungen wurden wie Lieder. Charlie wurde ein gerissener Händler, und gerissen mußte er sein, denn eigentlich war er Sänger. Er kam hinter der Theke hervor und hängte draußen ein Schild auf, das ihn als Grundstücksmakler auswies. Landbeleihungen, Prozente, Grundstücksbriefe und Rechte. Er war mehrere Jahre Schreiber beim County-Gericht, und in unserem Haus hing der Geruch von großen, in Leder gebundenen Büchern voller Gesetze. Die Gedichte, die er für uns auswendig hersagte, hatten den Pomp und die Würde eines wilden Pioniergesangs, meist angestimmt unter freiem Himmel. Pomp und Pathos legte er auch in seine Neger- und Indianer-Square-Tänze hinein und in seinen Blues. Er war Gitarren- und Banjospieler in einer Cowboyband, vielleicht auch bei zweien, gab dann aber das Musizieren auf diesen vom Teufel besessenen Instrumenten aus familiären Gründen auf. In dem neuen Sieben-Zimmer-Haus, das Lee und Mary Tanner auf ihrem Farmgrundstück bauten, war alles hübsch, neu und funkelnd. Mama hatte ein Klavier bekommen, ihre Geschwister besaßen eines der ersten Grammophone in dieser Gegend. Die Klänge der sogenannten zivilisierten Musik drangen zu den Stechpalmen entlang des Buckeye Creek, zu den Blättern der Sumach und zum junigrünen Mais vor der Tür des Tanner-Hauses. Die Schwarzen erfanden Lieder und sangen sie, während das neue Gebäude entstand. Die Indianer schlichen sich über versteckte Pfade, sangen und zischelten Segenssprüche und Verwünschungen auf den weißen Mann. Dies alles: Faustkämpfe, bei denen die Hemden Schweißflecken bekamen, Partys im Haus, Tanzveranstaltungen, *Outlaws* auf Ponys mit Schaum vor dem Maul, das Kreischen der eingefetteten Wagenräder, der Geruch der frisch eingeölten Federn an den Abzughähnen der Revolver, die ersten Leute, die das Öl herbeilockte, aus Osten, Westen, Süden und Norden, ihre Gier, ihre Enttäuschung, ihre Ängste: All das ergab das große Lied, das ich immer um mich herum hörte.

Die Braunkohlenbergwerke, die Bleistrich- und Zinkgruben um Henryetta waren nur siebzehn Meilen von meinem Heimatort Okemah entfernt, und ich hörte auch ihre Lieder.

Wir fuhren die sieben Meilen von Großmutters Farm in die Stadt, um dort Handel zu treiben, und ich stand auf den Bodenbrettern des zweirädrigen Wagens und hörte die Stimmen von Papa und Mama, wie sie einzeln und zusammen Kirchenlieder, Spirituals und Lieder zur Errettung unserer verlorenen und heimatlosen Seelen sangen. Die Farben dieser Lieder hießen: roter Mann, schwarzer Mann und weißes Volk.

Okemah war eine der musikalischsten, tanzwütigsten, trink-

freudigsten, gellendsten, redelustigsten, brüllendsten, schieß-
lustigsten, blutigsten und spielsüchtigsten, mit Waffe, Keule
und Rasiermesser um sich schlagenden Städte. Bald begann
der Ölboom. Und nun kamen Rechtsanwälte, Ärzte, Kaufleute,

American Memories

»Zu dieser Zeit des Jahres, wenn die großen Ernten in Kalifornien
reif sind, die schweren Trauben, die Pflaumen, die Äpfel und der
Salat und die rasch reifende Baumwolle, schwärmen Wanderarbei-
ter über unsere Straßen aus, Gruppen nomadisierender, von der
Armut gebeutelter Erntearbeiter, die vom Hunger und der Bedrohung, zu hungern, von Ernte zu Ernte getrieben werden, den Bundesstaat aufwärts und abwärts bis nach Oregon hinein und manche
sogar bis nach Washington. Aber es ist Kalifornien, das die Mehrzahl dieser neuen Zigeuner braucht. Es gibt wenigstens 150 000
heimatloser Wanderer, die Kalifornien durchstreifen, und das ist
eine Menschengruppe, groß genug, um von jedem in diesem Bundesstaat wichtig genommen zu werden.«

»Die Dürre im Mittelwesten hat die landwirtschaftliche Bevölkerung von Oklahoma, Nebraska und Teilen von Kansas und Texas
nach Westen getrieben. Ihre Ländereien sind zerstört, und sie
können nie zurück. Tausende von ihnen überschreiten die Grenzen in alten, ratternden Automobilen, verarmt und hungrig, hei-
matlos, und bereit, jeden Lohn zu akzeptieren, sofern sie nur sich
und ihre Kinder ernähren können. Dies ist ein neues Phänomen
unter den Wanderarbeitern, denn die Arbeiter aus dem Ausland
kamen ohne ihre Kinder und ließen alles, was mit ihrem alten
Leben zusammenhing, hinter sich.«

John Steinbeck,
The Harvest Gypsies – On the Road to the Grapes of Wrath

Prozentleute, Verleihleute, Rohrleger, Leute in schmuddeligen
Handschuhen, der Cowboy und der Cowman, der Geister- und
Voodooman, Madames für sie alle, Mädchen und Mätressen für
die Billard- und Dominohaie. Ich verkaufte Zeitungen, sang alle
Lieder, die ich aufschnappte. Ich lernte auf dem Bordstein steppen nach Melodien aus tragbaren Grammophonen. Und sang
für meine ersten schmuddeligen Pennies ›*Dream of the Miner's*

Child‹, ›Sinking of the Titanic‹, ›Drunkard's Dream‹, ›Sailor's Plea‹, ›Soldier's Sweetheart‹, ›It Was Sad When the Great Ship Went Down‹, ›Hindenburgh Disaster‹, ›Marie Fagin‹, ›Barbara Allen‹. Mein Vater traf die Neuankömmlinge, redete, handelte und baute uns ein Haus mit sechs Zimmern. Aber die Geschwindigkeit und die Eile, all das Hämmern und Schleifen, Dröhnen und Surren, das schwankende Gellen und nervöse Taumeln unserer kleinen Farmstadt, die in den Öl- und Goldrausch stürzte, wurde zuviel für die Nerven meiner Mutter. Sie fing an, traurige Lieder mit verlorener Stimme zu singen, starrte aus dem Fenster und schien mit dem Blick ihre Lieder zu verfolgen, wie sie fortgetragen wurden und verwehten. Und am Ende gingen alle Melodien in Moll über.

Ich höre Papa jetzt noch, wie er seine Indianer- und Negerlieder halb singt und halb spricht, während er die Straße herunterreitet und zu unserem Stacheldrahttor einbiegt. Ich höre, wie er seine Pferde ruft, und auch das klingt für mich wie ein Lied. Auch wenn er seine Schweine, die Sauen, Eber und Ferkel rief, war das wie ein Lied in der Luft. Und wenn die Mähre durchs Tor auf diese Weide geführt wurde, war das Wiehern und Lautgeben des Zuchthengstes so sanft wie das Lied sich paarender Tauben. Ich höre die Arbeiter Lieder machen über ihre Arbeit, während sie sich um die preisgekrönten Tiere kümmerten, und ich höre das Lied in der Stimme eines Mannes, der all das aufbaut, durch eifrigen Handel, und dann alles verliert durch irgendeinen Fehler, durch die Nachricht, die über den Fernschreiber kommt. Mein Vater erzählte mir, daß er der einzige Mann auf der Welt gewesen sei, der über dreißig Jahre lang täglich je ein Farmgrundstück verloren habe. All diese geschäftlichen Verluste schmerzten Mama, weil sie wußte, daß Papa darunter litt.

Ich lasse jetzt ein paar Jahre und ein paar Lieder aus und sage nur, daß es nicht besser wurde. Meine Schwester Clara starb bei der Explosion eines Kohleölofens. Später, ermüdet von solchem und anderem Mißgeschick, gaben die Nerven meiner Mutter nach wie eine überlastete Brücke. Mein Vater versuchte, wieder

103

ins Geschäft einzusteigen, aber er bekam keinen Fuß mehr auf den Boden.

Ich höre ihn singen, während er mich auf den Knien hielt, in einem unserer älteren und verkommeneren Häusern, und ich weiß dem Klang seiner Stimme nach, daß er nicht sang, damit er sich selbst gut fühlte, sondern nur, damit wir Kinder das Unglück vergaßen. Die Zeit und die Jahreszeiten vergingen, und wir sahen das Auto und den Arzt kommen und Mama ins staatliche Irrenhaus nach Norman in Oklahoma abholen. Dann fing unser Schuppenhaus Feuer. Dad wurde verletzt, und sie schickten ihn nach Texas auf eine Weizenfarm, wo er achtzehn Monate im Bett lag und von seiner Schwester gepflegt wurde.

Ich nahm die Straße unter meine Füße, ging nach Süden, nach Houston, Galveston, zum Golf und wieder zurück, nahm alle Arten von Jobs an, Feigen pflücken, Obsternte, Trauben pflücken, Holz schleppen, Aushilfe bei Zimmerleuten, im Zementwerk, beim Ölbohren. Ich hatte meine Harmonika bei mir und spielte bei Barbieren, an Schuhputzständen, am Eingang zum Zirkuszelt, vor Billardhallen, ich bewegte meine Knochen, tanzte, sang, spielte mit Negern, Indianern, Weißen, Farmern, Leuten aus der Stadt, Lastwagenfahrern, mit jeder Art von Sänger, die man sich vorstellen kann. Ich lernte alle Tricks auf Saiten und mit Musik. Wenn ich einmal ein Lied gehört hatte, konnte ich es auswendig spielen. Ich kam zurück, quer durch Texas, und steuerte die Weizenfarm an, wo sich mein Vater aufhielt.

Wenn dort jemand war, der kein Instrument spielte, so habe ich ihn nie zu Gesicht bekommen. Ich hörte Jeff, den Halbbruder meines Vaters, wie er seine kreischende Pantherfield spielte und seine andere Fiedel, die er einfach als ›Wildkatze in einem vergessenen Canyon‹ bezeichnete. Ich zog in die Ölstadt Pampa und fand einen Job in einem Geschäft. Der Boß besaß eine alte gesprungene Gitarre. Jeff wurde Hilfssheriff und lehrte mich die Akkorde auf der Gitarre greifen. Nach einer Weile fing ich an, mit ihm herumzuziehen, und spielte mich von Ranchhaustanz zu Farmhaustanz. Wir arbeiteten uns voran, bis wir auch innerhalb der Stadtgrenzen spielten, nämlich auf einem Bankett der Handelskammer. Wir spielten bei Rodeos, Jahrhundertfeiern, auf Messen, bei Paraden, auf Partys von Bankrotteuren, wir spielten mehrere Nächte und Tage in der Woche, nur um uns selbst zu hören. Es war um diese Zeit, als ich auch anfing zu singen. Ich schätze, es war Singen!

Jeff und Allene staffierten sich aus und machten zusammen eine Zauberschau auf. Das trieben wir mehrere Jahre, trieben uns in Landschulhäusern herum, bis der Dreck der ›Großen Ebenen‹ an den Rädern unseres Wagens klebte und wir mit einem leeren Benzintank und leerer Brieftasche festsaßen. Ein steifer *Norther* schleppte Sandstürme quer durch die Ölfelder, wo die hohen Bohrtürme aufragen in einem Ozean aus Weizen, wo das Vieh dasteht und wiederkäut und nachzudenken scheint, wie es denn zugegangen ist, daß die armen Familien um alles gebracht worden sind und nun über die alte krumme Straße nach Westen ins Nirgendwo davonmüssen.

Ich heiratete ein schönes irisches Mädchen, das Mary Jennings hieß, und wir lebten in dem klapprigen Ölstadtschuppen, bis wir nichts mehr anzuziehen, kein Geld, keine Lebensmittel, dafür aber zwei Kinder hatten, beides Mädchen, Sue und Teeny.

Ich nahm wieder die Straße unter die Sohlen, um einen Ort zu finen, wo wir unterkommen könnten. Ich trug in meinen Taschen Malerpinsel, und auf dem Rücken hatte ich meine Gitarre. Ich malte alle Arten von Ladenschildern, Plakaten, Show-Plakaten, Transparenten, Autokennzeichen. Das machte ich tagsüber. Abends spielte ich, meinen Hut vor mir, in einem alten Saloon. Ich ging nach Kalifornien. Mehrmals fuhr ich die Westküste hinauf und herunter, traf einen Cousin, Jack hieß er, und ein Rundfunkprogramm von fünfzehn Minuten verhalf uns zu so viel Ansehen, daß wir nun zwei Dollar für einen Auftritt von sechs Stunden verlangen konnten. Wenig später traf ich die Crissmann-Familie in irgendeiner Straße voller Rauch in Glendale. Roy und Mrs. Crissmann hatten zwei Töchter, Mary Ruth und ›Lefty Lou‹ aus dem alten Missouri. Sie war ein großes, dünngesichtiges Farmermädchen aus Missouri mit einer rauhrauchigen Stimme, und ich spielte meine Südstaaten-E-Gitarre, während ›Woody und Lefty Lou‹ sangen. In den zwei Jahren, in denen wir vor den Mikrophonen der KFVD-Radiostation auftraten, bekamen wir fast 20 000 Briefe. KFVD gehörte J. Frank Burke, und er managte den Wahlkampf, als Olsen Gouverneur wurde. Lefty Lou und ich begannen uns für Politik zu interessieren, und wir sangen dort unsere ersten selbstverfaßten politischen und religiösen Lieder. Ein vornehmer Agent nahm Lefty und mich unter Vertrag. Wir sollten bei XELO in Tia Juana auf der anderen Seite der Grenze auftreten. Ich sah die selbstgemachten Music-Boxes der mexikanischen Peones, die überall auf den Straßen spielten, und wir lernten eine Menge echter mexikanischer Volkslieder von ihnen.«

17
Die Märchen vom Wind

I

Nun ja, Wind kommt hier draußen in West-Texas schon manchmal auf. Meist kommt er, woher es ihm gerade paßt; aber der wirklich gute, starke Wind, der kommt hier aus dem Norden oder aus dem Süden. Das geschieht hier und da, und wenn es geschieht, dann geraten die Dinge in Bewegung.

Ich erinnere mich an die Zeit, als ich vor zwanzig Jahren hier draußen mit dem Jungen Wassermelonen setzte. Oder habe ich die Geschichte schon mal erzählt? Also, verstehen Sie, wir hatten gerade damit angefangen, Wassermelonen zu setzen, kurz nach Sonnenaufgang, und es wehte eine hübsche, sanfte, kleine Brise, fast wie eine Antwort auf das Gebet einer Jungfrau. Aber gegen Mittag fing die Sonne an, immer heißer auf uns herunterzubrennen, und sehr bald sehen wir so kleine Wirbel von Wind überall herumtosen, hier drüben auf der Prärie fetzen sie Gras ab und schleudern Sand in die Luft, bis es aussieht, als stünde die ganze verdammte Prärie in Flammen. Freilich, das, was aussah wie Rauchringe, war nur Sand, aber ein *Greenhorn* wäre bestimmt darauf verfallen, ein Gegenfeuer zu entfachen und die Feuerwehr zu alarmieren. Ich sag' Ihnen, auf Ehre, ich habe meinen lieben langen Tag nicht so viele kleine Wirbel zusammen gesehen, und dann plötzlich geschah etwas ganz Komisches.

Es schien so, als habe der Wind an Geschwindigkeit zugenommen, aber um diese Zeit fing er dann erst richtig zu blasen an. Nun, gegen ein Uhr, als die Sonne auf die Westseite der Dinge herüberwechselte, kam er aus dem Westen wie ein Ball aus der Hölle. Keine einzige Wolke irgendwo, nur der gute alte Westwind, der ostwärts über Texas im Nu hinwegwill, wenn nicht noch rascher. Da wir von Geschwindigkeit reden: Es waren da ein paar Windhunde, die auf dem nächsten Feld ein Kaninchen jagten. Sie hatten es gerade erwischt, und es hob seine Ohren, da packte es der Wind, und fort war es, ehe es die Hunde zu fassen bekamen.

Ich war mir bis zu diesem Tag nie ganz sicher darüber, warum hier auf den Prärien nichts wächst außer Büffelgras. Aber jetzt wurde mir klar, daß jede andere Pflanze, die hier überhaupt versuchen würde zu wachsen, glatt fortgeweht würde, ehe sie überhaupt Wurzeln schlagen und grünen könnte. Es gibt keine andere Pflanze, die den Nerv gehabt hätte, geradewegs unter dem Sand hervorzukriechen und zu wachsen, gleichgültig, ob es gestern geregnet hat oder vor einem Jahr.

Nun, um auf den besonderen Wind zurückzukommen, über den ich mich noch wundern muß: Da steckten wir nun Wassermelonen gegen ein Uhr mittags, und der Wind bläst die Hölle aus dem Westen herbei. Bis gegen zwei ging der Wind so hart und heftig, daß sich alles nach Osten bog, und wir mußten die Kerne zwanzig Zentimeter in den Boden stopfen, sonst wären sie auf der Stelle fortgeflogen.

Nun, der Wind wurde immer wilder und wilder, bis gegen drei Uhr tatsächlich die Sonne stillstand. Ich schwöre, Mister, ich hoffe, Sie glauben's, so war's. Ja, Mister, es gibt doch da in der Bibel die alte Geschichte über Josua, der Sonne und Mond läßt stillestehen. Der einzige Grund, weshalb der Mond nicht auch stillstand, ist der, daß er um diese Zeit noch nicht aufgegangen war.

Nun, ich mach' also weiter mit meinen Wassermelonenkernen und behalte die Sonne im Auge, die immer noch stillsteht, und wir einigten uns schließlich darauf, daß sie dann wenigstens drei

Stunden später untergegangen ist. Und Sie haben nie ein kränker aussehendes Wesen zu Gesicht bekommen als diese arme alte Sonne, Mister. Das verdammte Ding versuchte unterzugehen, das will ich meinen, versuchte es mit aller Macht, aber sie schaffte es einfach nicht. Sie blieb am Himmel, bis die Sterne herauskamen und sich reichlich erstaunt umsahen.

Der Wind fing dann endlich an nachzulassen, und der Hundestern zog auf und jagte die Sonne fort, hinter den Hügel, und dann war's zu dunkel, um noch weiter Melonen zu stecken, und wir machten uns heim, zum Abendessen. Aber ich habe nie mehr einen so kräftigen Wind getroffen wie diesen.

II

Wind? Wind? Haben Sie jemals den Wind wehen sehen? Fremder, ich glaube nicht, daß Sie schon sehr lange hier in dieser Gegend sind, nicht wahr? Lassen Sie sich mal einiges von dem erzählen, was der Wind hier schon alles angestellt hat, in dieser Gemeinde hier ...

Mister! Ich habe den Wind blasen hören, »nach Noten« könnte man sagen.

Ich denke da gerade an die Zeit, als es hier in der Gegend einen ganzen Sommer lang nicht geregnet hatte, und während eines guten Teils des zweiten Sommers regnete es auch nicht.

Die Landschaft war so trocken, daß die Kaninchenspuren, die Erdhörnchenfährten und die Wechsel der Kojoten in alle Himmelsrichtungen so deutlich verliefen, als habe irgend so ein Landvermesser, der gerade vom College kommt, auf dem Papier eine neue Eisenbahnstrecke gezeichnet, die vom Nordpol ins Nirgendwo verlaufen soll, sofern nur irgendein Idiot genug Geld aufbringt, um die Füllung des Wassertanks zu bezahlen, damit sie Dampf draufmachen und sich in Bewegung setzen kann.

Nun, Mister, zu dieser Zeit, an die ich denke, hat sich niemand, außer vielleicht ein *Greenhorn*, träumen lassen, daß es jemals wieder regnen werde. Und als ich da über mein Anwesen laufe und mich frage, ob genug Büffelgras bleiben wird, um das

Vieh durch noch so einen Winter zu bringen, schaue ich einmal kurz nach Westen, und so wahr, wie Schüsse fallen, blinzelt doch da eine kleine Wolke über die Westgrenze unseres Staates, die war nicht viel größer als eine Männerhand.

Ich tat einen Schnaufer und gab alle Hoffnung, daß es regnen werde, auf. Aber ich will Ihnen sagen, was geschah. Wie ich da auf den Schuppen zuschleiche, fängt der Wind an zu wehen. Nein, Mister, Sie haben's nicht richtig mitgekriegt, er kam nicht von der kleinen Wolke, die sich hinter dem Rand der Welt versteckte. Nein, Mister, dieser Wind blies aus der entgegengesetzten Richtung, und, Mister, wie er blies! Ehe ich noch zu dem Schuppen kam, warf ich so eine Art hilflosen Blick hinter mich, um mitzubekommen, was mit der armen kleinen Wolke geschehen werde, wenn der Wind sie traf.

Ich hatte nichts anderes erwartet, als daß die arme kleine Wolke Hals über Kopf von der Hölle bis zum Frühstück fortgetrieben worden wäre. Aber sie war gerade etwas höher gestiegen und segelte dahin, und der starke Wind verfehlte sie. Die kleine Wolke wurde größer und größer, sie segelte und wurde immer größer und kam näher und näher. Aber es war immer noch nichts, über das man hätte zweimal nachdenken müssen.

Und, Mister, gerade da machte ich einen großen Fehler. Mag übertrieben sein, wenn ich sage, daß er die Schuld daran trägt, wenn ich für den Rest meines Lebens ruiniert war, aber jedenfalls riß er ein beträchtliches Loch in mein zukünftiges Vermögen.

Der Gegenwind blies stärker und stärker. Die kleine Wolke plusterte sich auf und wurde schwarz und schwärzer und auch immer größer und kam geradewegs in unser Land gesegelt. Nun, der Wind konnte die Wolke nicht ducken, wie man ein Pferd runterkriegt, wenn man es zureitet, und was soll ich Ihnen sagen, der Wind machte kehrt, und er lief jetzt in der Richtung, in der auch die Wolke segelte.

Als das geschah, war die kleine Wolke so groß wie alles Land hier draußen, und schwärzer wurde sie auch noch jede Minute.

Erst schien es so, als würden die Hühnerställe und Schweineschuppen der schwarzen Wolke so einen ängstlichen Blick zuwerfen. Aber das dauerte nur ein Augenzwinkern, denn schon hatte sie etwas hinauf in den Himmel gerissen und fort waren sie. Ein regelrechter Strudel, in dem Bretter und Schindeln herumtrieben, bewegte sich über das Land. Dauerte nicht länger als eine Minute, und dann sah man komische Dinge. Eine Schindel hatte einen Baum getroffen, und das dünne Ende war zuerst hineingefahren, es war eine gute Schindel; aber sie steckte im Baum, und niemand bekam sie je wieder heraus. Zwei Bretter hatte es kreuzweise übereinander gedrückt, und eines hatte das andere genau in der Mitte durchbohrt. Sie ragten aus dem Boden wie der große Buchstabe X. Mein Windmühlenrad hatte es abgehoben, und die einzelnen Vorflügel waren mehr als eine Meile fortgetragen worden. Sie steckten in der Erde und hatten die Form des Buchstabens S. Die Erde war völlig ausgefranst, so, als habe

---

American Memories

Mythologien
»Mythologien sind Weisheiten über das Leben.
Davon lernen wir in der Schule nix.
Wir lernen Techniken.
Man vermittelt uns Informationen.«
Hans-Christian Kirsch,
Einem Bettler in den Hut (Poems Quarter Each)

---

jemand Zahnstocher herstellen wollen, sei aber nicht ganz zu Ende gekommen damit. Wo der Sturm über mein Feld hingegangen war und die Stengel der letzten Ernte noch standen, hatte er sie in Spiralen auf den Boden gekringelt wie Korkenzieherlocken. Alle meine Hennen hatte es mehr als eine Meile weit in die Prärie hinausgetragen, und als ich nach ihnen schaute, hatten sie alle keine Federn mehr. Der Sturm hatte sie ihnen abrasiert, und die Federn waren so heftig weitergeweht worden, daß sie meine Schweine getroffen hatten. Alle Schweine steckten auf der einen Seite voller Hühnerfedern. Scheint ihnen aber nicht weh getan zu haben.

Ein letzter Blick zum Himmel, ehe ich mich in meine Höhle

flüchte – und ich sah, wie die Nester meiner Bruthennen und mein Haus zu einem einzigen Gebräu zusammengequirlt wurden. Der Sheriff fand dann im nächsten County recht guten Eierlikör, in Kruken, und sorgfältig verkorkt. Es war davon die Rede, mich deswegen auf die Steuerliste derer zu setzen, die Schnaps brennen.

Tja, Mister, an jenem Tag hat der Wind geweht.

III

Da wir gerade über Wind reden, fällt mir ein, daß es Leute gibt, die sagen, man könne den Wind blasen sehen. Da muß ich an die Zeit denken, da der Wind hier draußen auf dem flachen Land im Westen so richtig blies. Häufig bin ich in die Stadt aufgebrochen, den Wind im Rücken, und derselbe Wind blies mir ins Gesicht, ehe ich noch die halbe Wegstrecke zurückgelegt hatte. Er kommt dann mit einem Knall zurück, und es sieht so aus, als wollte er jeglichen Grundbesitz bis ins nächste County hinübertragen. Bestimmt, Mister, ich bin heimgekommen, und meine gesamte Farm war auf der östlichen Grenzlinie meines Besitzes aufgestapelt, und als ich fortging, stand sie noch da, hübsch und friedlich, wie man es sich wünscht.

Mehr als einmal hab' ich den Wind ankommen sehen, und er schleppte entwurzelte Tumbleweeds mit, und es sah aus, als sollte es kein Ende haben mit dem Purzelbaumschlagen und Drehen und Rollen von Sachen durch die Luft, die größer waren als eine Waschhütte, und der Wind stapelte sie auf bis zur Höhe eines Schuppens oder eines Scheunendachs, wie es ihm gerade einkam.

Wenn zwei oder drei von uns an einem dieser windigen Tage zusammenstanden, schlossen wir Wetten ab, welche Tumbleweed als erste einen bestimmten Punkt im Gelände erreichen werde. Ist ein interessanter Sport. Die Alte Dame Glück und der Alte Herr Zufall müssen sich schon mächtig anstrengen, wenn du Sieger bleiben sollst.

Ein anderes Mal sah ich Rauch aufsteigen, in Richtung der Grenzen von Oklahoma. Das konnte nur eines bedeuten. Irgend-

*Manchmal wirklich durch Berg und Tal in die Unendlichkeit
zieht sich das Asphaltband der Mainroad Amerikas.*

einer, der dort lagerte, hatte das Feuer übergreifen lassen, und
nun brannte die Prärie. Es dauerte nicht lange, bis alles Wild, das
Beine hatte, angelaufen kam. Es hatte kein Ziel. Es rannte nur.
einfach vor dem Feuer weg.

Ein solches Präriefeuer ist ein sehr eindrucksvolles Bild, wenn
nichts auf dem Spiel steht und du todsicher sein kannst, daß es
nicht über deinen Feuergraben springt.

Es gibt Rauchwolken und Flammensäulen und Strudel von
Flammen und aufsteigenden Rauch, die sich winden und
buckeln und über das Land rasen mit einer Geschwindigkeit,
daß es dir schwindlig wird dabei.

Ich hab' bei solchen Feuern mehr als einmal die Zeit genommen und herausgefunden, daß sie mehr als eine Meile in der Minute zurückgelegt haben und das mit kaum mehr als einem vier-
ziger Wind im Rücken.

Zu der Zeit, an die ich denke, da gab's noch keine gepflügten
Brandgräben, und alles, was man tun konnte, war, anzuspannen
und eine Furche zu ziehen, einer von uns am Pflug, der andere
hinterdrein, und man versuchte, Gegenfeuer zu legen. Und

dann hab' ich gesehen, wie der Wind die Hitze über ein aufgepflügtes Erdstück von hundert Fuß Breite hinwegtrieb, und drüben brannte alles weiter wie Zunder, und das Wettrennen mit den Flammen begann von neuem.

Damals wurde alles vom Feuer fortgetrieben. Am nächsten Tag fanden wir die rauchenden Leiber von Vögeln und Kaninchen, und dann einen Kojoten, den das Feuer überholt hatte. Das war ein großartiger und schrecklicher Anblick, zu sehen, wie der wirbelnde Wind an einem Ende der Feuerlinie anfing und die brennenden Tumbleweeds ergriff und die Kuhfladen zu rollen begannen und kleine und große Strudel von Feuer vor der Front des Brandes tanzten und den Boden auf eine halbe Meile voraus ansteckten, ehe du auch nur die Augen zweimal zukneifen konntest. Und mehr als einmal in diesem Frühjahr hatte der verfluchte Wind, wenn ich in den Ort kam, alle Straßen fortgeweht. Verdammt will ich sein, wenn das nicht stimmt. Ja, Mister, das sind Tatsachen!

IV

Hab' ich euch je vom alten Dad Thornberg und den komischen Streichen erzählt, die ihm der Wind gespielt hat? Dad war einer von den Burschen, die nie für sich selbst aufkommen konnten, also machte er sich auf und suchte sich eine Frau, die ihn würde ernähren können. Dad und Mom Thornberg zogen eine ziemlich zahlreiche Familie auf, Mom tat die Arbeit, und Dad half ihr etwas dabei. Sie hatte so was wie ein Hotel und schaffte es, sich durchzuschlagen, bis die Kinder groß waren und sich selbst etwas verdienen konnten.

Schade für Mom, daß es nicht schon eher geschah, aber bald nachdem das letzte der Kinder aus dem Haus war, gab Dad seinen Geist auf. Mom behielt die Leiche mehrere Tage unter ihrem Dach, weil sie mit der Beerdigung warten wollte, bis die Kinder heimkämen. Endlich war der Tag da, an dem sie Dad auf den Friedhof bringen und die letzten seiner sterblichen Überreste unter die Erde bringen wollte. Nach all dem Singen und nachdem der Prediger das Sagen gehabt hatte, brachen sie zum Friedhof auf. Es sah aus, als sollte es ein Erfolg werden und als würden sie den alten Dad dorthin bringen, wo einem Motten und Diebe nichts anhaben können, aber als sie durch einen kleinen Hohlweg kamen, geriet eines der Räder in ein Feuerloch, und der Sarg schlug so fest auf dem Boden auf, daß er auf der Stelle aufsprang.

Freilich war jeder erschrocken und sah weg, und jeder wartete darauf, was der andere tun werde, ehe er selbst etwas unternahm. Die Minuten schleppten sich hin, und keiner regte sich, bis sie Dad rufen hörten. Wirklich, Mister. Und als sie sich umdrehten, kommt doch Dad daher, ordentlich angezogen, zum erstenmal in seinem ganzen Leben und zum erstenmal nach seinem Tod. Und er sieht sie stark verwundert an.

Freilich wollte Dad wissen, wo sie mit ihm hinwollten, denn er hatte den Sarg nicht gesehen, der im Graben lag. Und die mußten ihm erklären, sie hätten gedacht, er sei tot, und jetzt seien sie unterwegs, um einen Arzt aufzutreiben.

Die Wahrheit ist: Dad war tot gewesen, aber als der Sarg aufbrach und die starke gesunde Luft der Prärie ihm entgegenschlug, füllten sich seine Lungen, und da wäre jeder, ob er nun Dad Thornberg hieß oder nicht, wieder zum Leben erweckt worden.

Ein paar Jahre später kam Dad noch einmal mit knapper Not davon. Der Wind fing wieder einmal sehr launisch an zu wehen, und Dad ging in die Scheune, um Eier zu suchen, wie er das ein dutzendmal am Tag tat.

Da bemerkte er, daß die Brise etwas steifer wehte als gewöhnlich. Um genau zu sein – er dachte sich nicht viel dabei. Es war über lange Zeit warm und trocken gewesen, und niemand rechnete mit einem Sturm vor kommendem Jahr zur Zeit des Pflügens.

So machte er sich an seine leichte Hausarbeit und freute sich auf das gute Essen, das Mom bald fertig haben würde. Unterdessen war der Wind stärker geworden, und wenn jemand auch nur einen Blick auf die Prärie geworfen haben würde, wäre ihm klargeworden, daß er im Angstloch am besten aufgehoben gewesen wäre, und er wäre dorthin gelaufen, so, wie man auf eine Bank rennt, wenn ein Wechsel fällig wird.

Endlich kam der Wind mit aller Macht. Er wirbelte und drehte sich und blies alles über den Haufen. Dad stand mitten auf dem Hof und fand nicht einmal mehr Zeit, um zu schreien, ehe ihn der Sturm flach gegen die Wand der Scheune preßte. Und da stand der arme Dad nun, flach hingedrückt wie ein Stück Papier, ohne eine Möglichkeit, davonzukommen.

Der Wind hörte ebenso rasch wieder auf zu wehen, wie er aufgekommen war, und Mom kroch aus dem Angstloch heraus und sah als erstes nach, was mit Dad geschehen war. Sie wußte sich nicht anders zu helfen, als einen Rechen zu nehmen und Dad von der Scheunenwand abzukratzen. Das gelang ihr schließlich auch, und sie fuhr sorgenvoll mit Dad, den sie auf einen Schubkarren geladen hatte, dem Haus entgegen.

Nun, Mister, ich will für ewig und alle Zeiten ein Lügner genannt werden, wenn nicht gerade in diesem Moment der Wind wieder zu blasen begann und so stark wehte, daß er Dad aus dem Schubkarren hob und ihn in seine natürliche Gestalt zurückpreßte. Ja, Mister, so war das.

Noch 'ne Frage. Ob Dad nie gestorben ist? Noch nicht. Er lebt immer noch. Er ist in dieser Minute mehr als hundert Jahre alt und wird euch diese Geschichte Wort für Wort bestätigen, so wie ich sie euch erzählt habe, wenn ihr ihm nur ein bißchen Zeit laßt, sich darauf zu besinnen, was er alles erlebt hat.

V

Nun ja, diese Märchen, die Sie da erzählt haben, waren wirklich recht interessant, und ich schätze, wenn so ein gemeiner kleiner Wind ankäme und das Dach meines Hauses abdecken würde, würde mich das auch ganz schön aufregen.

Aber ehrlich, Mister, Sie haben den Wind nie blasen sehen, wenn Sie gerade erst hergekommen sind. Lassen Sie sich das gesagt sein.

Lassen Sie mich eine Geschichte erzählen. Vielleicht werden Sie dann begreifen, wie der Wind zu blasen pflegte, als diese Prärien hier noch jung waren und es nichts als Wölfe und Indianer gab, die hier herumstromerten und jaulten.

Sehen Sie diesen alten *dugout* dort drüben, zwei Meilen von hier? Nun, mir fallen da gerade ein paar Späße ein, die sich der Wind mit diesem alten *dugout* dort erlaubt hat. Freilich, damals war es ein neues Haus, und einer dieser ewig fröhlichen Tölpel von irgendwo östlich von Abilene hauste dort mit einer Kuh, ein paar Hühnern, einer Frau und ein paar flachsblonden Kindern.

Jedes Jahr hatte er eine Ernte, die gerade ausreichte, um seine Familie durchzubringen, bis es wieder Zeit war, es abermals mit der Aussaat zu versuchen. Dann kam trockenes Wetter oder Hagel, oder ein Präriefeuer brannte alles nieder, und der arme Bursche brauchte Unterstützung vom County oder von der Familie seiner Frau oder von sonstwem. Jemand mußte ihm einfach unter die Arme greifen.

Zu dieser Zeit, an die ich denke, bestanden wieder einmal recht gute Aussichten, etwas mehr zu ernten, als er gerade brauchte, um nicht zu verhungern. Buchweizen und Mais standen Mitte August nicht schlecht, und der Boden hatte auch noch genügend Feuchtigkeit bis zur Ernte, ohne daß noch Regen hätte fallen müssen. Da fing es an, heiß zu werden. Tag für Tag wurde es wärmer. Und die Oberflächen der Äcker trockneten immer mehr aus. Wir machten uns keine Sorgen, denn der Boden ist sandig, und die Ernten halten lange Zeiten der Dürre aus, ohne daß sie Schaden nehmen. Aber diesmal war es anders, und nach ein paar Tagen heller heißer Sonne wachte das Wetter auf und schien entschlossen zu sein, etwas zu unternehmen.

An dem Tag, an den ich denke, stieg die Sonne klar hoch wie ein Pfiff und war heiß wie die Angeln an der Tür zur Verdammung. Um zehn Uhr hatte sich das Vieh schon ins Dickicht verkrochen und sah sich nach der Schattenseite des Hügels oder sonst nach einer Stelle um, an der es der Hitze und den Fliegen entkommen konnte.

Gegen zwei Uhr am Nachmittag begannen die kleinen Wirbelwinde zu spielen und sich über die Ebenen zu tollen, und sie wurden immer größer und größer. Ich war zu beschäftigt, um mich weiter um das Wetter zu kümmern, aber gegen fünf merkte ich, daß sich etwas Böses zusammenbraute.

Gewiß, ich sah eine kleine Wolke, so groß wie eine Männerfaust, über den Rand der Prärie stromern, aber daran war nichts Ungewöhnliches. Ich wünschte, ich hätte genauer darüber nachgedacht, denn dann wären wir besser auf das vorbereitet gewesen, was sich dann schneller abspielte, als ich vernünftigerweise erzählen kann. Es dauerte nicht lange, da hörte ich einen tiefen, rumpelnden Ton, noch ziemlich weit fort, aber er wurde lauter und lauter und kam näher. Endlich war er so laut, daß ich den Kopf aus dem Fenster steckte, um zu sehen, was das für ein Wind war. Was ich sah, reichte mir, aber es war noch längst nicht alles, was ich an diesem Tag zu sehen bekommen sollte. Nein, Mister!

Da kam diese kleine Wolke über den Himmel gezischt, als wolle sie in weniger als keiner Zeit sonstwohin. Der Wind schlug an der Ecke meines Zaunes ein, und ich sage Ihnen, mein Zaun rollte sich regelrecht ein, und die Drahtknoten schlugen in die Hauswand ein wie Geschosse. Dann drehte der Wind auf mein Haus zu, aber er änderte gleich wieder die Richtung und sprang meinen Schuppen an, wo, wie es das Glück wollte, ich meine Geräte stehen hatte. Er blies den Schuppen einfach fort und verknäulte die Gerätschaften zu einem unentwirrbaren Durcheinander. Er verfehlte mein Haus nur knapp, aber sein trichterförmiger Schwanz bekam meinen Schornstein zu fassen, drehte ihn halb herum und blies meine Wetterfahne mit dem tänzelnden Pony einfach fort.

Das nächste Gebäude am Weg war ein *dugout* des Grünschnabels. Es ragte halb aus dem Boden heraus und war aus Fichtenbohlen und an der Luft getrockneten Ziegeln gebaut worden. Da gab es nicht viel, was dem Wind Widerstand entgegengesetzt hätte, aber – Sie glauben es mir oder Sie glauben es mir nicht – der verwünschte Wind fuhr um das Haus herum, kroch zur Türschwelle hinein und riß es einfach auseinander. Töpfe und

Kessel, Pfannen und Bütten und Kisten, die sie als Stühle benutzten, kamen aus dem *dugout,* als würden sie auf einer Flutwelle dahertreiben, und fort waren sie mit dem Wind. Der einzige Gegenstand, der stehen blieb, war das Zuckerfaß, in dem sie das Mehl aufbewahrten, aber der Wind schüttete das Mehl im Nu aus. Und dabei gab es ein Geräusch wie von einer heulenden Dampfpfeife.

Das nächste Haus, das der Wind schlug, lag zwei Meilen weiter entfernt ... ein Nachbar von Old Dad Thornberg, einer dieser ruhelosen alten Knochen, die ständig nur ans Jagen und Fischen denken. Es waren dreißig Meilen und mehr bis zum Beaver, aber dieser alte Schandkerl grub jeden Tag nach Köderwürmern, nur um seine Frau zu ärgern, wie es schien. An diesem Tag hatte er ziemlich Glück gehabt, und in seiner Büchse waren mehr Würmer als gewöhnlich. Nun, Mister, was meinen Sie wohl, was der Wind mit der Büchse voll Würmer gemacht hat?

Gar nichts, außer daß er die Büchse leerte und sie mit einem Knall durch die Fensterscheibe hieb. Das klang, als habe jemand ein Gewehr abgefeuert. Es blies dann die Würmer geradewegs auf den Mühlstein, und nach mehr als einer Stunde fanden wir sie. Die Köpfe hingen auf der einen Seite des Mühlsteins herab, die Schwänze auf der anderen Seite, und alle Würmer lebten noch und zappelten. Nein, Mister, nein, nie mehr in meinem Leben habe ich einen solchen Wind gesehen seither. Ich bin 79 Jahre alt und fühle mich noch ganz rüstig. Tut mir leid, daß ich nicht noch eine Weile mit Ihnen plaudern kann, denn es gäbe noch viel zu erzählen über diese gesunden, herumkariolenden Winde auf den Prärien.

119

18
Canyon, Texas
Panhandle

1968 kam ich zum erstenmal mit einem Stipendium in die USA und hatte Gelegenheit, mein bis dahin doch ziemlich illusionäres Amerikabild durch Erfahrungen in der Wirklichkeit zu korrigieren. Ich schrieb damals an einem Buch mit dem Titel »Das schwarze Amerika«, eine Sozialgeschichte der amerikanischen Schwarzen. Ich fand damals, dergleichen könne man nicht vom Schreibtisch aus erledigen. Meine Reise hatte in Washington begonnen, und meine gründlichen Gastgeber hatten mein Außen- und Innenleben auf einem Fragebogen mit mindestens 100 Fragen festgehalten. Da ich mich schon immer für Folklore interessierte, stand ein Besuch in Canyon, Texas, mit auf meinem Reiseprogramm. Dort nämlich befindet sich ein Museum, das die Erinnerung an die große Zeit der Cowboys und Cattle-Trails wachhalten soll. Im Jahr 1996 trafen wir es mustergültig ausgestattet an. Eine echte Konkurrenz zu dem freilich noch größer und reicher beschickten Museum des Wilden Westens (der *Hall of Fame*) in Oklahoma City, das sich unter anderem rühmen kann, seinen Besuchern den gesamten Nachlaß von John Wayne zu zeigen. Aber zurück ins Jahr 1968, nach Canyon. Ich landete auf dem nächstgelegenen Flughafen, nämlich in Amarillo. Er war damals noch klein, provisorisch, und ich fühlte mich bei der Landung an gewisse entlegene Flugplätze in der afrikanischen Savanne oder in den Steppen Zentralasiens erinnert. Nun war es üblich und hilfreich, daß den *specialist,* der Amerika bereiste, an jedem Ort, an dem er vom Himmel fiel, ein Art Pate erwartete, freiwillige Helfer des fernen Gastgebers in Washington, die freundlicherweise die Aufgabe übernommen hatten, dem Fremden die Sehenswürdigkeiten des Ortes und die Lebensart der Region nahezubringen.

Ich werde die folgende Szene nie vergessen: Ich durchschritt, meinen Koffer in der Hand, den Ausgang vom Raum der Gepäckausgabe – nein, Laufbänder gab es in Canyon 1968 bestimmt noch nicht! Also, ich betrat die Lobby, und aus dem Pulk der dort wartenden Personen näherte sich mir ein nicht weiter auffälliger, untersetzter Mann, in tadellosem dunklen Anzug und einem weißen Stetson-Hut, aber auch das ist in Texas Panhandle eigentlich nichts Aufsehenerregendes. Der so Bekleidete trat vor mich hin und sagte, nachdem er einen Blick auf eine Fotografie geworfen hatte, die er in der Hand hielt: »*You are Mister Kirsch, I presume* (Sie sind Herr Kirsch, nehme ich an)!«

»*Yes, indeed*«, antwortete ich. Und darauf er wieder: »*Well, Mister Kirsch, we have a saying here in Amarillo: Never did a nigger see the sun go down – goodbye, Mister Kirsch!*« (Wir haben eine Redensart hier in Amarillo: Nie wird ein Nigger bei uns die Sonne untergehen sehen.) Er lupfte seinen Stetson, machte auf dem Absatz kehrt und verschwand. Und da stand ich nun. Um fünf Uhr nachmittags, bei 30 Grad im Schatten, in dem eindrucksvollen Flughafengebäude von Amarillo, Texas. Wie war das alles möglich? Nun, auf jenem Fragebogen, von dem jeder Pate eine Kopie erhielt, war natürlich auch zu lesen gewesen, daß ich mich für die Probleme des »schwarzen Amerika« interessierte. Und mein Pate hatte ja die Aufgabe, mich mit dem regionalen Lebensgefühl seiner Heimat vertraut zu machen. Das hatte er auf der Stelle erledigt. In Washington anzurufen und dort zu fragen, was ich nun eigentlich tun solle, war wegen der Zeitdifferenz nicht sehr sinnvoll. Ich nahm mir also ein Taxi, fuhr nach Canyon und mietete dort ein Zimmer in einem Motel. Der Raum hatte eine Vordertür und eine Hintertür. Nachdem ich mich einen Moment lang in meinem Zimmer umgesehen

Panhandle, d.h. Pfannenstiel, nennt man jenen an diesen Haushaltsartikel gemahnenden Teil von Texas, der nach Oklahoma hineinragt. Eine staubige Gegend. Hier sind die Rednecks daheim.

hatte, hörte ich einen merkwürdigen, mir bis dahin völlig unbekannten Laut. Es klang wie ein Heulen oder Jaulen, und ich konnte mir einfach nicht vorstellen, wer oder was dieses Geräusch erzeugte. Ich ging in die Richtung, aus der es heranzudringen schien, kam an die Hintertür und öffnete sie. Und da bot sich mir ein Bild, das ich nie vergessen werde. In einem Abstand von ein paar hundert Metern saßen im Halbkreis sechs, sieben Kojoten und heulten den Mond an, der an einem blassen Abendhimmel stand. Nun doch etwas verschreckt von der gespenstischen Szene, die mir einen gewissen Symbolcharakter zu haben schien, schloß ich eilig die Tür wieder und ging duschen.

Mein Aufenthalt unter den Rinderbaronen in Texas Panhandle nahm dann aber doch noch eine gute Wendung. Etwa eine halbe Stunde später klopfte es, und es erschien ein großer, schwergewichtiger Mann, von dem sich herausstellte, daß er an der Universität von Canyon – tatsächlich gab es damals in

123

American Memories

Talking about Vietnam –
Todesanzeige für 2000 Indianerponys

»›Fliegen Sie Braniff-Airlines! Sie werden entzückt sein vom aufmerksamen Service unserer Gesellschaft. Unsere Stewardessen führen Ihnen unterwegs die neueste Pariser Mode vor. Im Gegensatz zu anderen inneramerikanischen Fluglinien, die ihre Passagiere auf 8000 Meter Höhe der Langweile und trüben Gedanken überlassen, unterhält Sie auf unseren Linien der Co-Pilot mit Informationen über Land und Leute, über die Sie so rasch hinweggleiten.‹ – Was wahr ist ... So beim Flug auf der Strecke von Amarillo nach Santa Fe im Sommer 1968, auf der irgendwann unten der Palo Duro-Canyon bei klarem Wetter zu sehen ist.

›Dort‹, sagte der Lautsprecher, ›wohnte einst ein großer, wilder Indianerstamm, der riesige Pferdeherden besaß. Die US-Armee erhielt den Befehl, die Bergschlucht zu befrieden. Da man der Indianer nicht habhaft werden konnte, die sich heimtückisch vor den Soldaten in Höhlen versteckt hatten, trieb man die 2000 Ponys des Stammes zusammen und zerschmetterte allen Tieren mit Gewehrkolben den Schädel.

Nach der Verwesung des Pferdefleisches und dem langsamen Hungertod der in den Höhlen versteckten Indianer blieb dort unten an jenem Abhang ein hoher Knochenhaufen zurück. Die Farmer erkannten bald den Wert dieser Hinterlassenschaft. Sie zermalmten die Knochen zu Knochenmehl, mit dem sie noch jahrzehntelang ihre Felder düngten. So breiteten sich Fruchtbarkeit, Zivilisation und Fortschritt auch in diesem entlegenen Landesteil aus. Und nun, Ladies and Gentlemen, erlauben wir uns, Ihnen eine kleine Erfrischung zu reichen. Sollten Sie jemals wieder in die Gegend von Canyon, Texas, kommen, so vergessen Sie nicht, das berühmte Heimatspiel zu besuchen, das jedes Jahr zur Sommerzeit vor der großartigen Naturkulisse des Palo Duro-Canyons in Szene gesetzt wird. Lassen auch Sie sich mitreißen von den packenden Bildern aus der glorreichen Vergangenheit unseres Staates: Texas forever!‹«

Hans-Christian Kirsch,
Ich, Urs Dickerhof Undsoweiter

Canyon so etwas – Soziologie lehrte. Er war ein Holländer, in Indonesien aufgewachsen, mit einer Amerikanerin verheiratet, und lebte auf einer kleinen Ranch etwas außerhalb des Ortes, nicht weit von jenen gewaltigen Rinderpferchs entfernt, die es zumindest damals in dieser Gegend noch gab. Neben seiner Tätigkeit an der Universität züchtete er *Apaloosa-Ponys,* eine indianische Pferderasse. Er hatte im Rotary-Club von Canyon von dem freundlichen Empfang durch meinen Paten, gleich ihm Rotary-Mitglied, gehört, und war nun erschienen, um mich auf seine Ranch einzuladen. »Denn«, sagte er, »inzwischen wissen die, wo Sie wohnen. Und wenn Sie hierbleiben, in diesem Motel, riskieren Sie durchaus, daß die nachts kommen, Sie aus dem Bett holen und teeren und federn.«

»Wer sind ›die‹?« fragte ich. Mir klang das alles ziemlich unwahrscheinlich. »Wissen Sie«, sagte er, »darüber möchte ich mich nicht genauer auslassen. Seien Sie vernünftig. Es hat keinen Zweck, sich mit denen anzulegen.« »Ich verstehe«, sagte ich. »Schließlich komme ich aus Deutschland. Auch dort gibt es immer noch Rassisten.«

Wir haben dann meinen Paten doch noch ein bißchen geärgert. Zwei Tage später hat mich der Professor zum Lunch in den Rotary-Club mitgenommen. Ehe man sich zu Tisch setzte, grüßte man, indem man die rechte Hand aufs Herz legte, die amerikanische Fahne. Beim Verzehr von Hühnerbrüsten wurden dann die neuesten Börsennachrichten verlesen. Mein Pate war auch da – und recht erstaunt, daß ich zum Ehren-Rotarier des Clubs in Canyon ernannt wurde. Leider habe ich die Nadel, die mir damals überreicht wurde, inzwischen verloren. Und glauben Sie mir: Heute ist in Canyon alles ganz anders!

19
Cowboys: Ein Klischee oder Wie alles begann

Cowboys haben mich immer interessiert. Mag sein, daß das damit zusammenhängt, daß ich als Kind und Jugendlicher im östlichen Teil von Deutschland aufgewachsen bin, wo in Schule und Gesellschaft alles Amerikanische tabuisiert war. Und was immer man gegen den Paten in Canyon, Texas, sagen will: Im dortigen Museum konnte man sich schon 1968 authentisch über die Cowboys und das große Treiben von Texas nach Kansas informieren. Natürlich kennen wir alle das Klischee des Cowboys aus den Wildwest-Filmen oder von gewissen Wildwest-Malern, deren Bilder im 20. Jahrhundert dann sehr wertvoll wurden. Aber die Geschichte der Cattle-Trails und der Männer, die auf ihnen ritten, ist in Wirklichkeit manchmal sogar noch aufregender verlaufen, als die uns von Hollywood angebotenen Abziehbildchen weismachen wollen. Das Problem war eigentlich ganz einfach: Im Südwesten, vor allem in Texas, gab es massenweise *Longhorns.* In den wachsenden Städten des Ostens und Nordostens bestand eine zunehmende Nachfrage nach Steaks. Es wäre müßig gewesen, darauf zu warten, bis die Schienenstränge auch den entlegensten Winkel von Texas erreicht hätten. Bis dahin konnten Jahrzehnte vergehen. Man mußte die Rinderherden zu den Endpunkten der Eisenbahnlinien treiben. Dann konnte man sie in Güterwagen rasch und billig in den Osten bringen. Es sah schlecht aus für die Rancher in Texas, denn über der Frage der Sklavenhaltung kam es damals zwischen den Nord- und den Südstaaten zum Bürgerkrieg. In den fünf Kriegsjahren kam das Viehgeschäft nahezu völlig zum Erliegen. Zwar mußten die Armeen verpflegt werden, aber das Kriegsministerium war nicht der Ansicht, daß Rindfleisch für die Soldaten besonders bekömmlich sei. Bis in die 70er Jahre des vorigen Jahrhunderts waren die USA kein Land, in dem viel Rindfleisch gegessen wurde.

Der Norden züchtete Schweine. Die Fleischindustrie, mit einem Auge auf Armeeaufträge schielend, paßte sich der Vorliebe für Schweinefleisch an. Das Rind geriet in Vergessenheit. Es war die Ära des Specks, des Schweinebauches, des gesalzenen *porc* und des Schinkens.

American Memories

»Buffalo Bill ist hin,
der zu reiten pflegte
auf einem wasserglatt-silbernen Hengst.
Und runterholte einszweidreivierfünf
Taubenebenmalso
Herrje
Wie gefällt dir dein blauäugiger Knabe ...«

E. E. Cummings

Im Süden stand es nicht viel anders. Lange vor dem Krieg hatten die Texaner versucht, Rinderherden am unteren Mississippi überzusetzen. Man hatte auch probiert, die Tiere schwimmend über den großen Fluß zu bringen. Aber viele Tiere waren ertrunken, andere waren von der Strömung erfaßt und fortgetrieben worden.

Als die Südstaaten immer mehr in Bedrängnis gerieten, lebten die Truppen der Konföderierten am Mississippi von Mais, und nur ab und zu gelang es ihnen, eine kleinere Herde texanischen Viehs in ihre Lager zu holen, denn auf dem Fluß patrouillierten die Kanonenboote der Yankees. Mit dem Fall der den Unterlauf des Mississippi beherrschenden Festung Vicksburgh hörten

*Die große Zeit der Cowboys ist längst vorbei, aber von den
Statussymbolen dieses Berufsstandes geht immer noch Magie und Romantik
aus. In solchem Schuhwerk verwandelt sich jeder in einen Cowboy.
Das ist die Magie des Westens.*

129

auch diese Lieferungen auf. Die Nordstaaten beherrschten nun alle Handelswege nach Südwesten. Die Rancher in Texas hofften auf friedlichere Zeiten, doch als dann der Frieden kam, stellte sich heraus, daß sie übler dran waren als zuvor.

Es gab jetzt Millionen von *Longhorn*-Rindern, die wild auf den Ebenen im Süden von Texas umherstreiften. Viele trugen nicht einmal ein Brandzeichen, weil sich kaum noch jemand die Mühe machte, die Herden von Zeit zu Zeit einzufangen. Rinder waren so gut wie wertlos. Tausende wurden jährlich geschlachtet, aber nur, um Häute und Talg zu gewinnen. Leder war die Hauptfracht der Schiffe, die die texanischen Häfen Indianola und Corpus Christi verließen.

Bestenfalls brachte eine Rinderhaut drei Dollar, oft sogar weniger. Die einzigen Märkte für Schlachtvieh im Süden waren New Orleans und Mobile, und dort herrschte Überangebot. Texanisches Vieh wurde nach Kalifornien hinübergetrieben, als dort 1849 der Goldrausch einsetzte. Aber nach 1853 hatte das spanische Vieh diesen Markt erobert.

Eine Vorstellung vom *Longhorn*-Rinderbestand in Texas erhält man, wenn man sich die Steuerprotokolle des Jahres 1867 anschaut, in denen insgesamt sechs Millionen Rinder ausgewiesen werden. Da man sicher sein kann, daß kein Rancher, der 10 000 Stück Vieh oder mehr besaß – und das waren nicht wenige – seinen vollen Bestand bei der Steuerbehörde anmeldete, läßt sich schätzen, daß die tatsächliche Zahl eher bei zehn als bei sechs Millionen lag.

Verzweifelt hielt man in Texas nach neuen Absatzmöglichkeiten Ausschau.

Zunächst begann man auf der Shawnee-Trail über den Red River bei Colberts-Ferry durch die *Indian Nations* Herden nach Baxter Springs in Kansas zu treiben. Das war die Route, auf der die Postkutschen verkehrten. Aber Kansas war Yankee-Land, und böse schrieb der auf seiten der Südstaaten stehende *Dallas Herold:* »Zweitausend Stück Rinder gingen heute in den Norden ab als Nahrungsmittel zu unseren Nachbarn, die für die Abschaffung der Sklaverei plädieren. Hoffen wir, daß sie sich an dieser Diät aus den Südstaaten nicht ihre empfindlichen Mägen verderben.«

Die sogenannten zivilisierten Indianerstämme in den *Nations*, besonderes die Cherokee und die Creek, bewiesen, daß sie mit den Gewohnheiten ihrer weißen Nachbarn bestens vertraut waren. Für das Recht, Herden durch ihre Gebiete zu treiben, forderten sie von den Ranchern Wegzoll, der in Rindern zu entrichten war. Wenn die texanischen Cowboys sich der Grenzlinie von Missouri und Kansas näherten, hatten sie mit neuen Schwierigkeiten zu rechnen. Dort lagen Banden bewaffneter Raufbolde, die während des Bürgerkriegs in den Guerilla-Verbänden Quantrills für die Konföderation des Südens gekämpft hatten und die nun von Rinderdiebstahl oder erpreßten Zollgeldern lebten.

American Memories

»Liiber Her,
Wir haben bei diesem Roundup 800 Kelber gebrannt, wir ham Heu gemacht und die Kartoffelernte is ordentlich.
Der Typ, den Si im andern Camp zum Boß gemacht haben, is frech geworden. Wir mußten ihn erschießen. Sonst gibt's nicht Neues seit Si vort sind.
Ihr ergäbener Jim.«

Stan Hoig, *The Humor of the American Cowboy*

Die texanischen Treibermannschaften sahen sich oft einer zehnfachen Übermacht gegenüber, und da sie kein Bargeld besaßen, blieb ihnen nichts anderes übrig, als zuzusehen, wie diese Banditen 50 oder 100 Tiere aus ihrer Herde holten und davontrieben. Dabei hatten diese Buschklepper formal auch noch das Gesetz auf ihrer Seite, denn 1861 war im Staat Missouri eine Verordnung erlassen worden, nach der es verboten war, krankes Vieh, und das bedeutete damals für die Bürger dieses Staates texanisches Vieh, nach Missouri einzuführen. Es wurde sogar den Eisenbahngesellschaften untersagt, Vieh aus Texas zu transportieren; all dies mit dem Hinweis auf die großen Epidemien, die

131

1855 und 1856 ausbrachen, als zum erstenmal Vieh aus dem Süden nach Missouri gekommen war.

Die Farmer von Missouri waren überzeugt: Wo *Longhorns* vorbeikamen oder weideten, sterbe des heimische Kurzhorn-Vieh.

Es dauerte 35 Jahre, ehe das amerikanische Landwirtschaftsministerium der wahren Ursache dieses geheimnisvollen Viehsterbens auf die Spur kam. Der Erreger der Epidemien waren Zecken, gegen die die *Longhorns* immun waren. Es fiel vom Beinfell der texanischen Rinder ab, wartete, bis es sich in der Haut einer Kuh der in Missouri heimischen Rasse einnisten konnte, legte dort seine Eier ab und infizierte nach und nach die ganze Herde, die dann an Fieber erkrankte.

Die Texaner aber drängten nach Norden. Nur auf diesem Weg konnten sie sich einen Zugang zu den Absatzmärkten im Osten erschließen, zumal sich nun, vom nördlichen Mississippi her, die Eisenbahnlinien in den Wilden Westen vorzuschieben begannen. Nachdem sich herausgestellt hatte, daß in Missouri kein Durchkommen war, versuchten es die Cowboys weiter westlich. Sie trieben ihre Herden durch das östliche Kansas nach Norden, bis sie die Hannibal- und St. Joe-Eisenbahnlinie erreichten, die die Rinder durch Missouri nach Quincy in Illinois transportierte. Aber auch dieser Weg wurde bald versperrt. Im Jahre 1861 wurde das Territorium Kansas zum Staat der Union. Auf Drängen der Farmer in den östlichen Countys, die fürchteten, das texanische Vieh würde ihre Ernte zertrampeln und das spanische Fieber einschleppen, wurde im Kongreß des Bundesstaates ein Anti-Texas-Rinder-Gesetz verabschiedet. 1865 wurde dieses Gesetz zwar widerrufen, bald jedoch traten neue, noch striktere Bestimmungen in Kraft, doch bezogen sich diese nur auf die östlichen Countys des Bundesstaates. Alles Land westlich der Stadt Topeka war von diesen Verordnungen ausgenommen, weil man es für unbrauchbar, dürr und deshalb zur dichten Besiedlung für ungeeignet hielt.

So war die Situation im Frühjahr des Jahres 1865. Aber große Veränderungen standen bevor. Nach drei Jahren des Wartens sollte nun endlich das US-Gesetz aus dem Jahre 1862 verwirklicht werden, das den Bau einer Eisenbahn- und Telegrafen-Linie vom Missouri River zum Pazifik vorsah. Kurz davor waren drei große Eisenbahngesellschaften gegründet worden: Die *Union Pacific*, die *Central Pacific* und die *Kansas Pacific*. Allen drei Unternehmungen war großzügig Land zur Verfügung gestellt worden, um den Ausbau der Strecken rasch voranzutreiben.

Die geplante Bahnverbindung sollte von Junction City an der Westgrenze des Staates Missouri zwischen dem Salin River und dem Smoky Hill River durch Kansas nach Nordwesten verlaufen und dann bis Denver in Colorado weitergeführt werden, um so den Anschluß an die von Westen nach Osten vorstoßende Linie der *Union Pacific* herzustellen.

20
Die erste Cattle-Trail endet in Abilene

Man muß sich all diese Hindernisse und Schwierigkeiten vergegenwärtigen, um das Ausmaß der Erfolgsstory, aber auch den Wagemut und Erfindergeist jener Männer zu begreifen, der ebenso zu den Eigenschaften der Texaner Rancher gehört wie ihre rüde Hemdsärmligkeit. Denn aus ihren Reihen stammten die meisten Cowboys. Den Einfall allerdings hatte ein junger Mann, der in diesen Jahren mit seinen Brüdern eine Firma für Viehhandel betrieb. Sein Name: Joseph McCoy. »Sein Traum und seine Entschlußkraft«, so schreibt Harry Sinclair Drago in seinem Buch über die Geschichte der Rinderstädte, »sollte die Landkarte von Kansas und das Gesicht dieses Staates verändern, Jesse Chisholm und seine Chisholm-Trail dem Vergessen entreißen und die Taschen der Rinderzüchter in Texas mit Millionen von Dollars füllen.«

McCoy war nach Kansas gereist und sah sich dort um. In Junction City besuchte er einige der führenden Geschäftsleute der Stadt mit der Absicht, von ihnen Land zu erwerben, auf dem er einen großen Viehhof und die übrigen Gebäude, die man für einen Rindermarkt braucht, bauen wollte. Aber man wurde sich nicht handelseinig. Nach diesem Besuch stand für McCoy fest, daß er seinen Viehmarkt auf den großen Prärien errichten würde. Man mußte nur noch weiter nach Westen, ins dünn besiedelte Land gehen. Dort würden Grund und Boden billiger sein.

135

Vorerst kehrte er nach St. Louis zurück, um mit den Direktoren der *Kansas Pacific* über günstige Frachtraten und Unterstützung seiner Pläne zu verhandeln.

In abgerissenen Kleidern betrat er das Büro der Gesellschaft. Er sprach von seinen Plänen in dem ungezogenen Tonfall der Grenzer. Und er sah noch sehr jung aus. Die Präsidenten und Aufsichtsratsmitglieder konnten sich nicht klar darüber werden, was sie von diesem jungen Mann halten sollten. Andererseits winkten der Eisenbahngesellschaft gute Geschäfte, wenn dieser Joe McCoy verwirklichte, was er vorhatte.

»Hören Sie, junger Freund«, sagte einer der Direktoren, »um den Abtransport der Rinder durch Kansas nach Osten brauchen Sie sich nun wirklich keine Sorgen zu machen. Fracht nach Osten … danach suchen wir ja gerade. Und falls Sie jemanden finden, der Ihnen das Geld gibt, um die Viehhöfe zu bauen, so wird unsere Gesellschaft selbstverständlich gern bereit sein, die Weichen und die Abstellgleise, die für eine solche Anlage notwendig sind, auf eigene Rechnung hinzustellen.«

Der Transport durch Kansas war also gesichert. Nun aber mußte McCoy noch mit den Herren von der *Missouri-Pacific-Linie,* die die Anschlußstrecke nach St. Louis betrieb, einig werden.

Dort aber warf man ihn kurzerhand hinaus. Man hielt ihn für einen Hochstapler, der kein einziges Rind besitze.

Zornig, aber keineswegs entmutigt, verhandelte McCoy nun mit den Frachtagenten der Hannibal- und St. Joe-Eisenbahnlinie, und innerhalb von zwölf Stunden kam es hier zum Abschluß eines Vertrages, der den Viehtransport zwischen dem Missouri River und Chicago zu annehmbaren Frachtsätzen sicherstellte.

Nach einem kurzen Abstecher zu seinen Brüdern in Illinois, auf dem sich Joe die finanzielle Hilfe seiner Familie sicherte, konnte er nun endlich daran gehen, einen Ort in Kansas zu suchen, der für die Haltung und den Verkauf sowie für die Verladung des Viehs günstig schien. Von Junction City aus ritt McCoy entlang der neuverlegten Eisenbahn nach Westen. Er kam nach Salomon City, und dies schien ihm der rechte Ort zu

Relikte aus der guten alten Zeit, die freilich ihre Härten und Strapazen hatte, säumen heute zwecks Erzeugung der nötigen Nostalgie den Straßenrand.

sein. Aber die Bürger dieses Städtchens wollten von seinen Plänen nichts wissen. Die Vorstellung, daß ihre Gemeinde zu einem Tummelplatz der texanischen Cowboys werden könnte, schien ihnen nicht eben verlockend. In Salina, dem nächsten Ort, erging es McCoy nicht besser. Was blieb ihm anderes übrig: Er mußte zurück nach Abilene, das die Eisenbahn im März dieses Jahres erreicht hatte.

Abilene im Jahr 1867 war ein kleines gottverlassenes Nest, das aus einem Dutzend schäbiger Blockhütten bestand. Die meisten Häuser hatten nicht einmal ein ordentliches Dach, sondern waren mit Lehm abgedeckt. Trotz des wenig erfreulichen Eindrucks, den die Siedlung auf ihn machte, schien McCoy dies doch der rechte Platz für seinen Viehhof. Die Grundstückspreise waren niedrig. Es erhob niemand Einspruch, zumal die Einwohnerschaft überhaupt nur aus rund dreißig Menschen bestand. Auch die weitere Umgebung war unbesiedelt, aber es gab Wasserstellen, und der Graswuchs auf den Prärien war üppig.

Sofort erwarb Joe ein großes Stück Land im Osten der Stadt und ein kleines Grundstück für ein Haus im Norden. Zusammen mit dem Ingenieur Tim Hersey legte er die Bauplätze für die Viehhöfe, ein Bürohaus und ein Hotel fest.

American Memories

»Ein betrunkener Cowboy forderte eines Abends ein Mädchen zum Tanz auf. Sie gab ihm einen Korb, und er erklärte ihr, wohin sie sich scheren solle. Der Bruder des Mädchens war auch auf dem Tanz, und sie lief zu ihm und erzählte ihm von der Beleidigung. Der Bruder griff sich den Cowboy und verlangte, er solle sich bei seiner Schwester entschuldigen. Der Bruder war groß und stark, und der Cowboy schon leicht betrunken. Er war bereit, sich als ein Gentleman zu erweisen. ›Ich nehme alles zurück‹, sagte er zu dem Mädchen, als er sie fand. ›Du brauchst dich nicht zum Teufel zu scheren, dein Bruder hat was anderes mit dir vor.‹«

N. Howard (Jack) Thorp, *Pardner of the Wind*

In seinem Erinnerungsbuch *Historische Skizzen aus der Zeit des Viehhandels* berichtet McCoy von den technischen Schwierigkeiten, denen er sich gegenübersah, ehe mit dem Bau dieser Einrichtungen begonnen werden konnte. In Abilene gab es weder Baumaterial noch Arbeitskräfte. Alles mußte herbeigeschafft werden. Seine Pläne kamen dem Versuch gleich, am Ende der Welt eine Stadt aus dem Erdboden zu stampfen. Aber er schaffte es. »Innerhalb von sechzig Tagen, gerechnet vom 1. Juli, standen ein Viehhof, der 3000 Rinder aufnehmen konnte, ein paar große Fairbanks-Wagen, eine Scheune und ein Geschäftsgebäude; auch ein dreistöckiges Hotel war nahezu fertiggestellt. Wenn man sich daran erinnert, in wie kurzer Zeit dies bewerkstelligt wurde, wird man zugeben müssen, daß hier Energie und entschlossener Wille am Werke waren.«

Schauen wir uns doch einen Augenblick in dieser kleinen Gemeinde um, in deren Straßen bald das Trappeln von Tausenden von *Longhorn*-Rindern zu hören sein sollte. Ein Augenzeuge berichtete:»Von Anfang an gab es zwei Abilene, das der gottesfürchtigen Pioniere, die es gegründet hatten, und das andere der Texaner, die diesen Ort bald überrannten und ihm ein anderes Gesicht gaben. Mitten durch dieses Dorf lief der Mud Creek, der eine Meile südwärts in den Smoky Hill River mündet. Am Westufer dieses Baches stand das Haus von Tim Hersey, das einzige mit Schindeln gedeckte Gebäude.« Dieser Tim Hersey hielt nicht viel von Religion, aber eine andere Einwohnerin, Misses Hersey, war eine ergebene Methodistin. Sie hatte der Gemeinde sogar zu ihrem Namen verholfen, den sie im neuen Testament Lukas I, Vers 3, gefunden hatte. Mit McCoy sollte bald Leben in dieses entlegene Nest kommen, in das auch der Eisenbahnanschluß bisher keine neuen Siedler gelockt hatte. Doch noch war es nicht soweit.

Joe McCoy war ungeduldig. Das Jahr war zur Hälfte herum. Wenn er bis zum nächsten Frühjahr warten mußte, bis die ersten Herden von Texas heraufkamen, würden die Leute, die Geld in seinen großen Plan investiert hatten, skeptisch werden. Auch war es durchaus denkbar, daß bis dahin schon jemand anderes, weiter im Süden von Kansas, auf einen ähnlichen Einfall gekommen war. Um überhaupt wenigstens ein paar Herden in Abilene zum Verkauf anbieten zu können, hatte McCoy einen erfahrenen Wildwest-Kenner, William Sugg, ins Indianerterritorium geschickt, in der Hoffnung, daß dieser vielleicht Cowboys begegnen würde, die Rinder am Canadian River weideten. Sugg traf drei Rancher aus dem Norden, die eine Herde *Longhorns* aus Texas gekauft hatten, und dies war das erste Vieh, das in Abilene auf den Markt kam. McCoy war zufrieden. Das war ein Anfang. Er schickte drei Männer aus, die auf den Ranchs in Texas einen guten Namen hatten. Sie sollten unter den Viehzüchtern Mundpropaganda machen und ihnen einschärfen, es gebe auf dem ganzen Weg gutes Gras und Wasserstellen, und er zahle 15 Dollar für jedes Rindvieh, das im verkaufsfähigen Zustand in Abilene ankomme. Von diesem Ausspruch könnte die Redensart herrühren, die später unter den Cowboys beliebt war: Die ganze Kunst beim Rinderhandel bestehe darin, ein Fünf-Dollar-Rind aus Texas für fünfzehn Dollar in Kansas zu verkaufen.

McCoy scheint einen ausgezeichneten Sinn für das gehabt zu haben, was man heute *public relations* nennt. Die zweite, größere Herde, die in Abilene ankam, bestand aus 2000 *Longhorn*-Rindern, die drei Viehhändler aus Kalifornien zur Pazifikküste hatten treiben wollen. Als sie von dem neuen, näher gelegenen Markt in Abilene hörten, der nur 30 Meilen von ihrem Lager entfernt war, zogen sie es natürlich vor, ihre Tiere schon in Kansas zu verkaufen.

Obwohl das meiste Vieh, das in diesem Jahr Abilene erreichte, vom weiten Weg ziemlich dürr war, erzielte sein Verkauf in der ersten kurzen Saison des Jahres 1876 insgesamt eine halbe Million Dollar. Nur die Cowboys waren unzufrieden. In der kleinen Stadt, die nun immerhin schon 100 Einwohner zählte, war nichts los. Es gab keine Tanzhallen, keine Spielhöllen, nur billigen Whisky.

Doch das sollte sich schon im nächsten Frühjahr ändern. Jeder Zug aus dem Osten brachte ganze Wagenladungen düster dreinblickender Männer, Wirte und Glücksspieler, Revolverschützen und zwielichtiger Burschen mit. Andere Städte in Missouri und Kansas unternahmen alle Anstrengungen, um etwas von dem Goldregen abzubekommen, der mit den texanischen Rindern auf Abilene fiel. Verlassen wir hier, da die Saga der Rinderstädte in Kansas und ihrer Blütezeit erst beginnt, ihre Viehhöfe und Saloons, um zu schildern, wie sich das Leben eines Cowboys auf der Ranch und auf den Trails nach Norden tatsächlich abspielte.

21
Leben auf der Ranch –
Leben auf der Trail

»Wer den Cowboy begreifen will, ohne den Wilden Westen aus eigener Erfahrung zu kennen, tut gut daran, zunächst alles zu vergessen, was er bisher über Cowboys gehört hat«, schreibt ein amerikanischer Historiker.

Das Bild, das sich die Menschen in Europa, aber auch im amerikanischen Osten von Ranchern und Cowboys machen, ist nicht selten geprägt durch das, was man in Western-Romanen liest und Wildwest-Filmen sieht. Hier werden die Männer des großen Treibens fast immer in Heldenrollen bei spannenden Aktionen dargestellt. Nach all dem fällt es schwer, einen Cowboy als jemanden zu begreifen, der vor allem harte Arbeit zu verrichten hatte.

Dem Cowboy selbst erging es kaum anders, denn wer sich als junger Mann für diesen Beruf entschied, den lockte meist die Ungebundenheit, das freiere Leben im Sattel, die unbekannte Ferne oder, wie er meinte, leicht zu verdienendes Geld.

Daß schwere Arbeit, Routine und Strapazen das Vergnügen bei weitem überwog, stellte sich meist erst später heraus. Ich will deshalb versuchen, dem Bild der Illusionen ein Bild der Wirklichkeit gegenüberzustellen. Die Gesamtheit der Arbeiter auf einer Ranch bezeichnete man in Texas allgemein als *outfit,* und diese Männer lebten und arbeiteten zwischen dem 15. April und dem 1. Dezember eines Jahres fast ausschließlich auf der Weide.

Bei einer solchen Mannschaft befand sich ein *chuck-wagon*, ein Planwagen mit Proviant, Bettzeug und Zelten, in dessen Windschatten über dem offenen Feuer das Essen gekocht wurde. Ein zweites Fahrzeug, der *hoodlom-wagon*, führte das Wasserfaß, das Brennholz und die Brandzeichen mit. Die *remouda*, eine Gruppe von Pferden, die man auf die Weide und zum Treiben mitnahm, und der *horse-wrangler*, also der Mann, der für die Ersatzpferde zuständig ist, reisten immer mit der Mannschaft. Diese bestand aus dem *wagon-boss*, gewöhnlich war dies der Vorarbeiter der Ranch, dem Koch, dem *hoodlom*-Kutscher, dem *horse-wrangler*, dem *straw-boss*, der wichtigsten Autorität nach dem *wagon-boss*, und acht bis zwölf einfachen Cowboys. Über die Tüchtigkeit und Wirksamkeit eines *outfit* entschieden die in ihm beschäftigten Menschen und die Pferde. Kenner sagen, daß in vielen Fällen die Pferde sogar wichtiger gewesen seien als die Menschen. Und man saß und arbeitete im Sattel. Ein Cowboy erzählt: »Unsere Jungen, die harte, gute Arbeit tun, zucken nicht mit der Wimper, wenn sie einmal 24 Stunden nicht vom Pferd herunterkommen. Aber man verlangt von ihnen auch nicht, daß sie zu Fuß ein Stück Ackerland pflügen. Damit darf man uns nicht kommen. Jede Arbeit, die wir zu Fuß ausführen müßten, ist uns verhaßt.« Jeder Cowboy hat bei seiner Arbeit gewöhnlich acht bis vierzehn Pferde bei sich, und es sind ausgezeichnete Pferde. Ständig wird man von den Männern Klagen hören, daß es keine guten Pferde mehr gebe. Jeder dieser Männer, die darüber maulen, würde aber wütend protestieren, wenn man der Mannschaft eines der überzähligen Pferde wegnähme. Die Pferde werden von der Ranch zur Verfügung gestellt, aber sie sind so etwas wie Werkzeuge und gehen mit der Zeit in das persönliche Eigentum der Cowboys über. Die meisten Vorarbeiter erlauben es nicht, daß die Männer ihre Pferde untereinander tauschen oder verkaufen.

Jedes Pferd hatte einen Namen, und jeder Mann einer *outfit* kannte jedes Pferd bei Namen. Bei den um die 500 Pferden, die es auf einer größeren Ranch gab, war das schon eine ganz beachtliche Gedächtnisleistung. Es kam vor, daß Cowboys ihre Pferde grausam behandelten. Aber solche Männer blieben Zugvögel. Es gibt ein altes Rancher-Sprichwort, das besagt, zwischen Schulter und Hüfte gehöre jedes Pferd seinem Reiter, und nur der Rest gehöre den Ranchern. Wer ein Pferd auf den Kopf schlug, wer ihm falsch die Sporen gab, mußte mit Lohnabzügen rechnen. Der Hauptgesprächsstoff unter den Cowboys waren ihre Pferde. Alle Sattelpferde einer Mannschaft zusammen genommen bildeten, wie gesagt, die *remouda* unter Aufsicht des *horse-wranglers*. Meist war das ein Junge, der auf diesem Posten seine ersten Erfahrungen als Cowboy sammelte. Der *wrangler* mußte jedes Tier genau kennen, alle Namen wissen und mit einem Blick entscheiden können, ob in einer Koppel von 120 bis 150 Pferden eines der Tiere fehlte. Der Zureiter oder *bronc-buster* benannte die Pferde gewöhnlich nach Kennzeichen oder Eigenarten, die er an ihnen wahrnahm. Ein *bronc* ist ein Pferd, das erst kürzlich zugeritten worden ist oder gerade zugeritten wird. *Outlaws* wurden jene Pferde genannt, die sich trotz aller Anstrengungen nicht zureiten ließen. Sie wurden der *scalawag*-Koppel zugeschlagen, in der man all die Pferde hielt, die für die Arbeit nicht zu gebrauchen waren.

Ein Cowboypferd war so abgerichtet, daß es stand, wenn die Zügel herabhingen. Dazu scheint die Furcht, in die Zügel zu treten und dann zu stürzen, die Tiere davon abgehalten zu haben, sich in diesem Fall zu bewegen. Die Gründe für diese Art der Abrichtung der Tiere ist einleuchtend. Zum einen mußten die Cowboys oft Arbeiten verrichten, bei dem sie rasch aus dem Sattel gehen und etwas tun mußten, zum anderen findet sich draußen in dem meist baumlosen offenen Gelände auf der Prärie selten etwas, wo man die Tiere anbinden kann.

Die gebräuchlichste Gangart, in der ein Cowboy auf der Weide oder beim Ritt über Land sein Pferd laufen ließ, war der *jiggle*, eine Art Foxtrott-Schritt, mit dem man etwa fünf Meilen in der Stunde zurücklegte. Für das Zusammentreiben der Rinder mußte man freilich schneller reiten. Man ließ dann die Tiere galoppieren. Nach texanischem Gesetz war es zumindest in der Endphase der Rinderzucht im großen Stil verboten, eine Pistole zu tragen. Manchmal hatten die Reiter eine Winchester-Büchse bei sich für den Fall, daß die Herde von Kojoten oder Wölfen belästigt wurde.

In den Jahren der großen Rinderzüge von Texas nach Kansas folgte der Aufbruch meist auf das Frühjahrs-*roundup*, und für die weite Reise wurden nur die besten und zuverlässigsten Cowboys der Ranch mitgenommen. Wie es auf einem solchen Zug über die Chisholm-Trail zuging, berichtet der Cowboy Bill Poge, der es in seinem späteren Leben noch zum Richter und Kongreßabgeordneten brachte: »Gegen Ende März 1874 versammelte sich die Mannschaft auf der alten Jackson Ranch am Bullhide Creek. Wir waren acht Cowboys, ein Koch, ein Pferdeknecht und der Boß.

Unsere Herde bestand aus 3000 Stieren und Kühen, die von den verschiedenen Ranchern der Umgebung Mr. Juvenall übergeben worden waren, wobei jeder an die 50 Stück Vieh eingebracht hatte. Wir mußten die Rinder auf den oft weit entfernt liegenden Ranchs abholen, und dann versahen wir sie für den Weg mit einem gemeinsamen Brandzeichen. Auf ihren Hinterbacken wurde ein Apfel eingebrannt. All dies dauerte vier Tage und war harte Arbeit.

Während dieser Zeit ließen wir die Rinder nachts stets in einem Pferch, und nur am Tag durften sie frei weiden. Das Wetter war gut, und unsere Pferde waren ausgeruht. Am Morgen des 1. April brachen wir endlich zur Chisholm-Trail auf. Unser Boß war Ben Juvenall, ein Bruder des Besitzers. Der Koch hieß Dave und war ein Neger.

Jeder Cowboy besaß fünf Reitpferde. Darüber hinaus aber führten wir in unserer *remouda* noch ein paar Ponys mehr mit, denn es stellte sich manchmal erst unterwegs heraus, daß das eine oder andere Tier ersetzt werden mußte. Der Koch kutschierte den *chuck-wagon*, der mit zwei Joch Ochsen bespannt war. Da wir in dieser Gegend nicht befürchten mußten, auf Zäune zu stoßen, schlugen wir genau die Richtung nach Norden ein, um bei Bosque auf die alte Rindertrail nach Kansas zu treffen. Ich wurde als *pointer* eingeteilt. Das ist der Reiter unter den Cowboys, der die Reiserichtung anzugeben hat. Während des

Ein auf der Route 66 berühmt-berüchtigter Sheriff. Eben hat er sein edles Roß »Trigger« im Mietstall untergestellt. Auf geht's zur Happy hour!

Zuges sind die Tiere meist über ein Gebiet von etwa einer Meile und mehr verstreut, und je ein Mann reitet auf jeder Seite der Herde, und zwei bilden das Schlußlicht. Der *pointer* muß darauf achten, daß das Leittier die gewünschte Richtung hält, dann folgen die anderen Rinder gewissermaßen von allein nach. Die

145

Cowboys an den Flanken der Herde haben darauf zu achten, daß kein fremdes Tier sich anschließt und daß die Tiere der eigenen Herde sich auf der Prärie nicht zu weit zerstreuen.

Zu mittag machten wir meist an einer Wasserstelle Rast. Der *chuck-wagon* hielt irgendwo in der Nähe. Die Herde verteilte sich und graste. Die Hälfte der Mannschaft hielt Wache, während die andere zum Wagen zurückritt, um dort zu essen. Diese Mittagspause dauerte etwa eine Stunde.

Die Ersatzpferde werden in einer besonderen Herde gehalten, für sie ist der Pferdejunge zuständig. Um Mittag wird die Pferdeherde nahe an den *chuck-wagon* herangetrieben und mit einem Seil umgeben, damit die Tiere nicht fortlaufen können. Dann kommt ein Cowboy nach dem anderen und holt sich ein frisches Pferd. Wir wechselten gewöhnlich unsere Pferde dreimal am Tage, nämlich morgens, mittags und abends. Beim Essen und auch beim Schlafen muß jeder Cowboy sein Pferd mit einer Leine nahe bei sich anbinden, damit er jederzeit aufsitzen kann.

Sobald die erste Schicht gegessen und sich frische Pferde geholt hat, reitet sie zur Herde zurück und löst ihre Kameraden ab. Dann kommt die zweite Schicht zum *chuck-wagon,* und wehe dem Koch, wenn die Brotfladen kalt geworden oder die Portionen zu klein sind, was schon mal vorkommt, wenn ein zufälliger Gast mit durchgefüttert werden muß oder der Appetit der ersten Gruppe zu groß gewesen ist. Bis beide Schichten gegessen haben, ist es gewöhnlich zwei Uhr, dann nimmt die Herde ihren Marsch nach Norden wieder auf.

Ein guter *trailboss* wird immer darauf achten, daß die Rinder jeden Schritt in die Richtung tun, in der er zu reisen wünscht. Oft verliert man viel Zeit durch einzelne Tiere, die zu grasen beginnen und dabei zurückbleiben.

Gewöhnlich legt die Herde bei jedem Treiben fünf bis sechs Meilen zurück. Man kommt also an einem Tag zehn bis zwölf Meilen voran. Sobald es zu dunkeln beginnt, werden die Tiere zusammengetrieben, bis sie so dicht beieinander stehen, daß sie sich niederlegen. Die Wache übernimmt nun die erste Schicht, zu der gewöhnlich ein Viertel aller Männer eingeteilt wird. Im Laufe einer Nacht werden die Wachen drei- bis viermal ausgewechselt.

In der Nacht muß man die Tiere wie folgt behandeln: Die Wachen reiten außen um die Herde herum und achten darauf, daß widerspenstige Tiere nicht ausbrechen. Meist legen sich die Rinder ohne weiteres nieder, denn sie sind müde, nur wenn sie noch hungrig oder durstig sind oder der Untergrund nicht weich genug ist, werden sie unruhig. Deshalb suchen wir immer eine flache, üppig mit Gras bewachsene Fläche aus, und der Boß muß beurteilen, ob sie groß genug ist. Sind die Tiere ruhig ge-

---

American Memories

»Der alte Wagon-Cook pflegte den Neulingen immer sein Rezept auf die Nase zu binden, wie man einen richtigen Cowboy-Kaffee zubereite. Mit dem Ausdruck, als verrate er das größte Geheimnis, pflegte er zu sagen: ›Also, da nimmst du zwei Pfund Kaffee und genug Wasser, damit er naß wird. Dann kochst du das zwei Stunden und schmeißt ein Hufeisen rein. Wenn es nicht versinkt, ist der Kaffee o. k.‹«

Ramon F. Adams,
Western Words: A Dictionary of the Range, Cow Camp and Trail

---

worden, so reiten die Jungen ins Lager zurück und holen sich frische Pferde für die Nacht. Gewöhnlich hält sich jeder Cowboy seine besten Pferde für die Nachtwache zurück. Wir nennen sie »*nighthorses*«, Nachtpferde. Ein solches Tier soll ruhig gehen und einen sicheren Schritt haben, denn in der Dunkelheit muß es instinktiv Unebenheiten im Boden wahrnehmen können.

Nach dem Abendessen haut sich ein jeder gleich aufs Ohr. Die Cowboys schlafen meist zu zweit unter einer Decke, denn viel Bettzeug gibt es nicht, und wenn man zeitig im Frühjahr reist, kann es in den Nächten oft bitter kalt werden. Im Sommer dann muß man sich nicht mehr aneinander wärmen, und ein jeder nimmt sich seinen Sattel als Kopfkissen. Mehr braucht ein Cowboy nicht, um gut zu schlafen.

Die Pflichten eines *trailboss'* sind so zahlreich wie die eines Kapitäns auf einem Dampfschiff. Man erwartet von ihm, daß er vom Viehtreiben mehr versteht als jeder andere Cowboy in der Mannschaft. In erster Linie hat er dafür zu sorgen, daß stets genügend Verpflegung und Proviant vorhanden ist, denn nichts ärgert den Cowboy mehr, als wenn am Essen gespart werden muß. Der *trailboss* muß sich auch darum kümmern, daß die Männer regelmäßig ihre Pferde wechseln. Er muß jedem in der Mannschaft seine Arbeit zuweisen, er muß wissen, welches der beste Mann für diese oder jene Tätigkeit ist. Am Morgen muß er als erster auf den Beinen sein und die anderen wecken. Er muß sich darum kümmern, daß die Rinder rechtzeitig von ihrem Schlafplatz aufgetrieben werden. Er muß darauf achten, daß sie richtig grasen. Er muß die Zeit des Aufbruchs bestimmen und muß auf der Trail vorausreiten und erkunden, wie weit die nächste Wasserstelle entfernt liegt.

Bei all diesen Aufgaben muß er viele Meilen in einem raschen Tempo reiten. Er muß dem *chuck-wagon* einen Platz anweisen und darauf sehen, daß der Koch im Lager nichts vergißt, muß die Rinder alle paar Tage zählen, um festzustellen, ob auch keines der Tiere verlorengegangen ist. Er muß auch auf die Pferdeherde achten, und schließlich und endlich muß er in der Lage sein, Streitigkeiten und Meinungsverschiedenheiten in der Mannschaft zu schlichten, was bei dem schroffen Wesen der meisten Cowboys wahrlich keine leichte Aufgabe ist. Dies alles ist nur ein kleiner Teil seiner Pflichten, und der Erfolg eines Treibens hängt hauptsächlich von ihm ab. Der zweitwichtigste Mann ist der Koch. Neben seiner eigentlichen Arbeit obliegt es ihm, alle Ausrüstungsgegenstände und das Gepäck zu verwahren. Er muß Hinz und Kunz jederzeit Auskunft geben können, wo nun diese Patronen und jene Fußfesseln wieder hingekommen sind oder wo der Kasten steht, den einer der Jungen vor zwei Wochen auf einem Lagerplatz achtlos irgendwohin geworfen hat.

Ist das Frühstück nicht rechtzeitig fertig, so wird sich der Koch die Flüche des *trailboss'* und der Cowboys gefallen lassen

Eine fast echte Geisterstadt im Wilden Südwesten.
Selbst Showdowns kann man hier bestellen.

müssen, und es fragt dann niemand danach, ob es vielleicht beim Anzünden des Feuers Schwierigkeiten gab, weil es regnete. Hungrige und halbverschlafene Männer sind meist nicht sehr einsichtig. Der Koch muß geduldiger sein als Hiob und jeden Schabernack, den man mit ihm treibt, hinnehmen.

Die Reiter schließlich sollten Männer mit einem klaren Kopf, einem sicheren Urteilsvermögen und großer Geschicklichkeit im Gebrauch des Lassos sein. Die Verpflegung besteht gewöhnlich aus Mehlfladen, Speck, Melasse, Reis und Bohnen und – dies ist fast das Wichtigste – aus Kaffee. Einen Cowboy, der nicht gern und viel Kaffee getrunken hätte, gibt es nicht. Und ein guter, starker Kaffee muß es sein. Man sagt, daß bei einem richtigen Cowboy-Kaffee ein Hufeisen nicht sinken dürfe, wenn man es hineinwirft. Es mag vielleicht manchen erstaunen, aber auf einem rechten Treiben war es nicht erlaubt, Karten zu spielen. Unser *trailboss* sagte immer: ›Ein Kartenspiel und ein Zelt – das bedeutet nur Ärger und Zeitverschwendung. Ihr würdet

149

Karten spielen, statt nach dem Vieh zu schauen; und hättet ihr ein Zelt mit, so würdet ihr im Schatten faulenzen, statt auf die Herde zu achten.‹ Doch am 1. April überquerten wir den Bosque und setzten darauf unsere Reise nach Norden fort. Mit den Rindern gab es zuerst viel Ärger. Da sie erst vor kurzem und von verschiedenen Ranchs zusammengetrieben worden waren, führten sie sich noch recht wild und ungebärdig auf. Wenigstens mit dem Wetter hatten wir Glück, und ohne besondere Vorkommnisse erreichten wir Childers Creek in Bosque County, wo die alte Trail beginnt.

So eine Trail, müssen Sie wissen, war ein Streifen Land, 150 bis 200 Meter breit, auf dem der Boden von Tausenden von Rindern, die damals jedes Jahr nach Norden trotteten, festgetrampelt war.

Am 4. April kam ein Kälteeinbruch, wie ich ihn um diese Jahreszeit nie zuvor und nie mehr später erlebt habe. Ein eisiger Nordwind ließ jeden Grashalm gefrieren. Es kam zu einer Panik, und etwa die Hälfte unserer Rinder ging uns durch. Ein Teil der Mannschaft setzte den Tieren nach und verirrte sich in der Dunkelheit, aber am nächsten Morgen fanden sich die Männer wieder ein. Dicht aneinandergedrängt hockten sie ganz in der Nähe des *chuck-wagons*.

Das ist so ein Trick. Eine Panik hat keiner gern, und manch einer versucht sich dann von der schweren Arbeit zu drücken und redet sich später damit heraus, er habe sich eben verirrt. Aber man kann wetten, daß sich diese Drückeberger spätestens zum Frühstück wieder einfinden. Diese Nacht zerrte an unser aller Nerven, und mehrmals habe ich mir gewünscht, ich wäre Farmer geworden. Am Morgen war der Lagerplatz des Viehs mit einer ganzen Anzahl Rinder bedeckt, die nicht mehr aufstanden. Sie waren erfroren. Der *trailboss* schien das nicht weiter tragisch zu nehmen. Er sagte, mit solchen Verlusten müssen man eben rechnen. Eine Woche lang folgten wir dem Lauf des Nolan River, wir überquerten dann den Trinity an der Einmündung des Silver Creek, etwa acht Meilen nördlich von Fort Worth. Unser Boß kannte jeden Fußbreit des Landes, durch das wir zogen. Nun mußten wir über den Red River.

Hier sah ich zum erstenmal, wie man Rinder schwimmend durch einen Fluß bringt. Die Herde wird dicht zusammengetrieben. Die Cowboys treiben von hinten an, so daß die Rinder vorn einfach ins Wasser waten und dann schwimmen müssen. Der *pointer* bleibt auf seinem Pferd nahe dem Leittier und muß dafür sorgen, daß die Herde auf dem direkten Weg dem anderen Ufer entgegenschwimmt und nicht abgetrieben wird. Das ist eine gefährliche Aufgabe, denn manche Pferde haben es an sich, plötzlich nicht mehr schwimmen zu wollen. Mitten im Fluß sacken sie weg und ersaufen. Und was die Cowboys angeht, so können die meisten überhaupt nicht schwimmen und verlassen sich auf ihre Pferde. Für unsern *chuck-wagon* bauten wir ein Floß, ein ziemlich wackliges Fahrzeug, und mein Pferd schien mir da immer noch sicherer. An der Red River-Station trafen wir zum erstenmal mit den Vieh-Inspektoren zusammen. Die Rancher aus dem nördlichen Texas haben diese Männer angestellt, um jedes Stück Vieh aus der Herde herausholen zu lassen, das unterwegs zugelaufen ist. Es läßt sich denken, daß es dabei auch zu heftigen Auseinandersetzungen kommt, denn die Inspektoren nehmen so viel Vieh wie nur möglich. Andererseits nehmen es die Cowboys auch nicht so genau, das heißt, sie haben nichts dagegen, wenn ein paar Rinder mitgehen, die nicht zur Herde gehören. Wenn ein Rind zwei oder drei Tage mit der Herde zieht und nicht zurückbleibt, zeichnet man es mit dem Trailzeichen, und damit ist es gewissermaßen adoptiert. Was, anders betrachtet, eine freundliche Umschreibung für Diebstahl ist.

An der Red River-Station gibt es einen Laden, in dem man seinen Proviant ergänzt. Sie verkaufen einem dort alles, was zur Ausrüstung einer Cowboymannschaft gehört ... Die Preise sind gesalzen. Da es aber das letzte Geschäft war, das am Weg lag, bis hinauf nach Kansas, wurde unser Wagen vollgepackt.«

Verlassen wir hier die Herde. Sie hat noch etwa die Hälfte des Weges bis hinauf nach Abilene vor sich. Aber sie ist nun, da wir uns von ihr verabschieden, auf ihrem Zug in den Norden etwa an dem Punkt angelangt, den wir, im Bus in südlicher Richtung fahrend, überschreiten. In meinen Erinnerungen an die Fahrt über die Route 66 im Jahre 1996 tauchen die Bilder kleiner Ortschaften auf, deren *mainstreet* auch heute noch die Kulisse für einen Cowboyfilm abgeben könnten. Und dann ist da die Erinnerung an all die unbeschreiblichen Restaurants und Bars am Straßenrand, mit ihren bunten, neonbeleuchteten Schriftzeichen vor der Tür, und als Museumsrelikt einer jener alten zerkrachten Lastwagen, mit denen die *Okies* in den 30er Jahren nach Kalifornien unterwegs waren. Irgendwann, wenn man die Weiten jenes Pfannenstiels durchmessen hat, mit dem das nördliche Texas sich in den Bundesstaat Oklahoma hineinschiebt, überkommt einen plötzlich ein Gefühl des Südländischen. Langsam, aber sicher wird selbst hier auf der Route der spanisch-mexikanische Kultureinfluß stärker spürbar. Die kulturelle Route, auf der die Spanier in den Südwesten der heutigen USA eindrangen, ist das Tal des Rio Grande. Über diesen Fluß ließe sich auch eine ganze Saga schreiben. Im übernächsten Kapitel will ich wenigstens skizzenhaft versuchen, das große Abenteuer der spanischen Eroberungszüge in das alte Indianerland und den Zusammenstoß zwischen den das Kreuz hoch erhebenden Konquistadoren und den Goldsuchern in ihrem Gefolge mit den uralten Kulturen der *American natives* in dieser Gegend zu beschreiben. Zuvor aber machen wir noch einen Stop auf der Cadillac-Ranch.

22
Die Cadillac-Ranch

Wir hatten in Canyon das Wildwestmuseum besucht und fuhren nun in Richtung Rio Grande. Draußen zog eine sonnenverbrannte Graslandschaft vorbei. Dann, plötzlich, auf der grauen Wiese, eine Reihe von Cadillacs, die mit ihren Hecks wie pickende Hühner in den Himmel ragten. Selbst Bruce Springsteen hat diesen merkwürdigen Anblick für würdig befunden, in einem seiner Songtexte erwähnt zu werden: »I am gonna pack my car / and I'm gonna pack my aunt / I'm gonna take them down to the Cadillac-ranch.«

Es war der Spaßvogel dieser Gegend, Stanley Marsh III, der sich dieses amerikanische Stonehenge ausgedacht hat und es bei der »Architekturkommune Ameisenfarm« 1974 in Auftrag gab. Auf die Frage, was er und die Designer sich bei diesem merkwürdigen Monument denn gedacht hätten, sagt er:

»Für viele, die hier vorbeikommen, bietet der Anblick der Autos einfach eine Art komische Erleichterung nach den endlos dürren Weiten des flachen Landes, durch das sie zuvor Stunde um Stunde gefahren sind. Für andere stellt sich vielleicht die Assoziation zu einem Traum ihrer Teenager-Jahre her. Damals, in den 40ern und 50ern, wollte doch jeder 15-, 16jährige einen Cadillac und neben sich ein blondhaariges Mädchen haben. Das war die Nachkriegsgeneration, die mit den Titelbildern der *Saturday Evening Post* und dem alten Ike als Präsidenten heranwuchs. Und die wollten *glamour*. Glamour war gleichbedeutend mit Hollywood, mit den Filmen, die sie am Wochenende sahen, mit dem Vergnügen, sich am Strand auszutoben, mit Marylin Monroe und Las Vegas. Um überall dorthin zu kommen, brauchte man solch einen Wagen. Er war der amerikanische Traum. Der Cadillac war das Auto schlechthin. Wenn man keinen Cadillac fuhr, hatte das Gründe. Und als der Traum dann immer raffinierter wurde, wurde auch die Innenausstattung des Cadillac raffinierter. Man konnte die Klimaanlage rauf- und runterschieben und sich einen Radiosender per Fußdruck reinholen. Bei mir war das nicht anders.

American Memories

Bei einem Gerichtsverfahren in einem Mordfall im Oklahoma-Territory schlief einer der Rechtsanwälte, ein starker Trinker, während einer Sitzung am Nachmittag ein. Als er schließlich auch noch zu schnarchen begann, unterbrach der Richter die Verhandlung, und man versuchte, ihn aufzuwecken. Aber das gelang nicht. Der Richter warf einen Blick auf den Schlafenden und fragte dann die übrigen im Gerichtssaal anwesenden Männer: »Gentlemen, was sollen wir jetzt mit ihm machen?« Der Verteidiger stand auf und sagte: »Ich beantrage, daß das Gericht ihn in die Flasche zurückgießt.« »Beschlossen«, sagte der Richter und schwang seinen Hammer.

Mody C. Boatwright

Von dem ersten Geld, das ich selbst verdient habe, machte ich eine Anzahlung auf einen Cadillac.«

Daß es sich Stanley heute leisten kann, gleich eine ganze Reihe von Cadillacs »in den Sand zu setzen«, liegt daran, daß er die Hand auf eine Menge Geld legen kann. Geerbt hat er ein Vermögen, das aus der Ausbeutung der Natur-Gasvorräte der Gegend stammt. Dann hat er die Tochter eines Rinderbarons geheiratet und sein Geld in ein Vertriebssystem für Gedenkmünzen zur *Bar-Mizwa*, der jüdischen »Konfirmation«, und in eine ganze Kette von Fernsehstationen in Texas investiert. Dennoch pflegen wohlhabende Geschäftsleute im Staate des einsamen

Kunstwerk, Provokation der Autonarren, Protzgeste eines stinkreichen
Texaners – die Cadillac-Ranch ist von allem etwas.

Sterns gewöhnlich ihr Geld dann doch nicht in so »kranken«
Scherzen anzulegen, wie Stanley Marsh III das getan hat. Es ist
nicht der einzige *practical joke*, den er sich in den letzten Jahren
ausgedacht hat. Er hat sich zum *US Professional Fun-Champion*
ausrufen lassen. In den 60er Jahren gelangte er auf die »Liste der
ausgemachten Feinde des Weißen Hauses«, indem er für ein Museum moderner Dekadenz einen Anbau vorschlug, um die Gar-
derobe von Pat Nixon auszustellen. 1970 besuchte er in einem
roten Frack das Ringermatch von Dory Funk, einem anderen
Sohn der Stadt Amarillo und dessen geschätzten, aber unterlie-
genden Gegner. Zu einem Essen mit japanischen Geschäftsleu-
ten lud er ausschließlich Texaner ein, die alle größer waren als
sechs Fuß vier Inch (Gardemaß). Als der ehemalige Gouverneur
von Texas, John Conally, sich in einem Prozeß wegen Beste-
chung verantworten mußte, flogen Stanley und seine Freunde
nach Washington und demonstrierten vor dem Gerichtsgebäude
in Cowboy-Anzügen. Um ihrem Outfit auch die notwendige

155

Authentizität zu verleihen, hatten sie vorher ihre Stiefel in eine mitgeführte Kiste voll echtem texanischen Kuhdung versenkt. Seinem als Haustier gehaltenem Schwein ließ Marsh III Flügel auftätowieren. Sein Anwesen trägt in Anspielung auf den englischen Kinderbuchklassiker *Wind in den Weiden* den Namen »*Toad* (Kröte)-*Hall*«. Den Gastank seiner Ranch ließ er in eine Campbell-Suppendose verwandeln, in seinem Büro wird bei Konferenzen der Lunch auf einem Bärenfell statt auf einem Tischtuch serviert, und er trägt einen Anzug mit demselben gescheckten Muster, mit dem auch sein Bürostuhl überzogen ist. Sein Kunstverständnis faßt er in dem Satz zusammen: »All meine Projekte dienen der Theorie, daß die beste Kunst gut und völlig wertlos ist. Man sollte einen Kunstgegenstand weder verkaufen noch bewegen können. Er sollte einfach da sein.«

Als die Ameisenfarm-Kommune im Mai 1974 nach Amarillo kam, durchforstete sie zunächst einmal alle Schrottplätze nach ausrangierten Cadillacs. Für den 49er *Caddie* mußten sie am meisten hinblättern, der 57er war am schwersten zu beschaffen. Dann liehen sich die drei Spaßmacher-Architekten auf Stanleys Ranch Spaten, hoben auf der Prärie entsprechende Löcher aus, füllten Beton hinein und senkten dann die alten Autos ab. Die Cadillacs stehen in chronologischer Ordnung, und zwar von 1949 bis 1963. Daß sie inzwischen von inspirierten Besuchern mit Grafitti versehen worden sind, findet Marsh III völlig in Ordnung.

Es gibt keine Hinweisschilder, es gibt keinen Parkplatz: In alter Scout-Manier, nach einem Trampelpfad Ausschau haltend, muß man sich seinen Weg suchen, um dann beim ersten Blick unter Umständen zu meinen, man habe eine Massenkarambolage vor sich. Irgendwie hat das als Statussymbol Auto in texanischer Erde verankerte Monument etwas von dem Humor eines Mark Twain. Und freilich gibt es in Texas nicht wenige Leute, denen diese Art von Hippie-Spaß ein Dorn im Auge ist, und die alles tun, um den schlechten Ruf des Stifters noch weiter zu fördern. Aber wie gesagt: Stanley Marsh III ist wohlhabend!

23
Der Rio Grande und die Spanier

Im südlichen Texas, in New Mexico und Arizona ist ein starker kultureller Einfluß Spaniens auch heute nicht zu übersehen und zu überhören. Es gibt Orte nahe der mexikanischen Grenze, in denen Spanisch gewissermaßen Landessprache ist. Man macht sich als Tourist häufig nicht klar, daß beispielsweise Texas eine Zeitlang unabhängig war und erst relativ spät in die USA aufgenommen wurde. Auch New Mexico und Arizona, nachdem sie ab 1863 den Status eines *Territory* hatten, wurden erst 1912 als Bundesstaaten endgültig in das Staatsgebiet der USA integriert. Der große kulturelle Wanderweg, auf dem sich freilich auch das machtpolitisch bedingte Vordringen der Spanier in dieser Region vollzog, ist das Tal des Rio Grande. Man streift es, wenn man von Colorado, also westlich der Route 66 und der südlichen Vorberge der Rocky Mountains, durch die Wüsten des nördlichen New Mexico und über die *continental divide* nach Albuquerque fährt. Auf der Route 66, die der heutigen Interstate 40 in etwa entspricht, kommt man von Amarillo, geradewegs nach Westen fahrend, in dieses Gebiet. Während die Gegend des nordöstlichen Texas zumindest im Sommer trist-graue Steppe ist – der jedem Karl May-Leser aus seiner Jugend her bekannte, von den frühen Einwanderern gefürchtete *Llano Estacado* –, gleicht das Tal des Rio Grande einem grünen Garten. Sichtbar ist es schon von weitem, spätestens von den ockerfarbenen und rötlich eingefärbten Höhen der Gebirgskämme herab. Und man kann sich gut vorstellen, wie verlockend seine verschwenderische Pracht auf die aus Mexiko vordringenden Spanier gewirkt haben mag.

Columbus' Entdeckung der Karibik – und besonders das Gold und die Perlen, die er gefunden hatte – zog eine Folge von weiteren Vorstößen und neuen Begehrlichkeiten nach sich. In nicht weniger als fünfzig Jahren erkundeten die spanischen Seeleute die Küsten von Nord- und Südamerika, von Newfoundland bis Oregon.

Juan Ponce de Leon, der Eroberer Puerto Ricos, war der erste Spanier, der Teile der heutigen USA sah. Im März 1513 sichtete er ein sandiges Stück Küste mit dichtem tropischen Urwald im Hintergrund, das er nach Pascua Florida, dem spanischen Osterfest, Florida nannte.

Die Nachrichten von den Siegen Cortés' in Mexiko und den Schätzen, die er gefunden hatte, veranlaßten andere Spanier, nach Gold und reichen Städten weiter im Norden zu suchen.

Naváez wurde zuletzt in einem lecken Boot auf dem Meer treibend im Golf von Mexiko gesehen. Einer seiner Männer jedoch, Cabeza de Vaca, gelangte zu Fuß, quer durch das nördliche Texas, ins nordwestliche Mexiko. De Soto entdeckte den Mississippi und ertrank in dessen Fluten. Der Spanier Coronado drang 1540 ins mittlere Tal des Rio Grande vor. Später erreichte er die Zuñi-Dörfer in Arizona und die großen Ebenen des mittleren Kansas. Andere Spanier sahen den Grand Canyon und die Mündung des Colorado.

1598 bekamen die indianischen Dörfer der Pueblo am Rio Grande die starke Hand des spanischen Imperialismus zu spüren.

Als die Spanier den heutigen Südwesten der USA betraten, lebten dort, wie wir heute durch archäologische Funde wissen, um die 100 000 Indianer, die vierzig verschiedenen Nationen angehörten.

Die ersten Tierknochen und Speerspitzen, die man in New Mexico entdeckte, sind schätzungsweise 12 000 Jahre alt und zeugen mit stummer Eloquenz von den frühesten Einwohnern dieser Gegend, den Paläo-Indianern. Sie sind die Nachfahren jener Menschen, die vor 30 000 Jahren über die Bering-Straße von Asien kamen. Auf der Jagd nach Mammuts und Riesenbüffeln durchwanderten sie nach und nach den amerikanischen Kontinent. Etwa um 8000 vor Christus wichen die Gletscher der letzten Eiszeit immer weiter nach Norden zurück, und Wüste breitete sich im Südwesten aus. Die Indianer gingen dazu über, Kleinwild zu jagen. Von Mexiko her wurden frühe Formen der Landwirtschaft vermittelt. Bis um 600 nach Christus erlebte die Gegend vier recht unterschiedliche kulturelle Epochen – die der Anasazi, der Hakataya, Mogollon und der Hohokam. Die Hohokam hatten ein umfangreiches Bewässerungssystem angelegt, das später von den europäischen Einwanderern bis ins 19. Jahrhundert hinein benutzt wurde. Die Anasazi, die in den heutigen Pueblo-Dörfern lebenden Indianer, bauten Gebäude mit zahlreichen Räumen auf Vorsprünge oder Grotten in den Abhängen der Gebirge und der Canyons. Das bekannteste Bauwerk dieser Art ist das auf der Mesa Verde (wörtlich: grüner Tisch; Mesa, abgeleitet vom spanischen Wort für Tisch, ist im Südwesten der USA die Bezeichnung für einen Tafelberg). Es liegt nicht direkt an der Route 66, aber man kann es mit dem Auto, am besten von Albuquerque aus via Farmington, in einem zweitägigen Ausflug erreichen.

Im 13. Jahrhundert bedrohten Dürre-Perioden die in diesen erstaunlichen Siedlungen lebenden Menschen. Sie wanderten nach Süden und ließen sich am mittleren Rio Grande nieder, brachten aber dorthin ihre Hausform, das viereckige Gebäude aus luftgetrockneten Ziegeln mit, das die Spanier, als sie auf der Suche nach Gold in diese Gegend vorstießen, *pueblo* nannten. Daher erhielten diese Indianerdörfer von den Europäern den Namen Pueblos. Im Norden aber, in den Gebieten der Anasazi, wanderten nun, aus Nordwesten kommend, nomadische Stämme ein, die einen athabaskischen Dialekt sprachen, der uns heute verrät, daß sie nahezu durch ganz Amerika gezogen sein müssen und ehemals im südöstlichen Kanada ansässig gewesen waren. Sie teilten sich mit der Zeit in die verschiedenen Stämme der

Nation der Apachen auf, von denen einer wiederum die Navajo sind.

Auf ihrem Vormarsch in den Südwesten stießen die Spanier also auf indianische Bevölkerungsgruppen, die in ihrer Kultur und Sprache sehr unterschiedlich waren. Einige von ihnen wurden *Rancheria*-Indianer genannt und betrieben, weit verstreut über die Gegend, Landwirtschaft. Andere, wie die Pueblo, hatten entlang des Rio Grande kleinstadtähnliche Siedlungen angelegt und gingen ebenfalls der Landwirtschaft nach. Auf den vom Colorado bewässerten Hochebenen lebten die Apachen, die Uten und die Comanchen noch als Sammler und Jäger in Tipis und primitiven Unterständen.

Die Eroberung und Kolonisierung von New Mexico begann unter Juan de Onate, der jeden Widerstand gegen seine Absichten gnadenlos unterdrückte. 1598 errichteten die Spanier die erste Provinzhauptstadt nahe dem heutigen indianischen Dorf Española.

Zuvor waren kleinere Expeditionen in diese Gegend vorgestoßen, aber es war der reiche und einflußreiche Onate, der sich den offiziellen Auftrag sicherte, das Land zu kolonisieren und dort Beamte einzusetzen. Seine Streitmacht war eindrucksvoll. Sie bestand aus 400 Mann, von denen 130 ihre Familien mitbrachten, 83 Karren mit Gepäck und 7000 Stück Vieh.

Als er das Dorf Caypa am Rio Grande erreichte, benannte es Onate in San Juan um. Eine Kirche wurde gebaut, Kolonisten ließen sich im Ort nieder. Acht Franziskaner schwärmten aus, um die anderen Pueblo-Dörfer zu missionieren. Acoma, hoch auf dem Felsen Acuco gelegen, verweigerte den Spaniern den Treueeid. Im Januar wurde der Spanier Zaldivar mit dem Auftrag losgeschickt, es zu unterwerfen. Nach dreitägigen Kämpfen mit hohen Verlusten ergaben sich die Indianer und boten Mais und Decken als Zeichen des Friedens an. Zaldivar weigerte sich, diese Geschenke anzunehmen, und sperrte zahlreiche Krieger in das Kiwa, den unterirdischen Versammlungsraum des Dorfes, in dem gewöhnlich religiöse Zeremonien abgehalten werden. (Die Indianer dieser Gegend stellen sich die menschliche

Taos, eines der Pueblos, besteht aus dem indianischen Dorf und der Ansiedlung der Weißen, in der unter anderem D. H. Lawrence schöne Tage verbrachte und seine »verbotenen« Gemälde zurückließ.

Entwicklungsgeschichte, also die Evolution, als einen Aufstieg durch verschiedene Welten vor. Im Grunde genommen befindet sich im Kiwa der Punkt, an dem der Aufstieg in die jetzige Welt erfolgt ist.)

Die Spanier töteten ihre Gefangenen und warfen sie über die Klippen. Übrig blieben siebzig Männer, fünfhundert Frauen und Kinder. Sie wurden nach Santo-Domingo-Pueblo gebracht, um dort abgeurteilt zu werden. Man befand sie für schuldig, elf Spanier und zwei Indianer im Dienst der Spanier getötet zu haben. Alle Männer wurden zu fünfundzwanzig Jahren Zwangsarbeit verurteilt, und man hackte ihnen einen Fuß ab. Bei den Frauen und Kindern erkannte man gnädig auf zwanzig Jahre Zwangsarbeit. Zwei Hopi, die man zufällig mitgefangen hatte, bekamen die rechte Hand abgehackt, und dann schickte man sie zur Abschreckung heim.

Villagra, dessen episches Gedicht »Die Geschichte von Neu-Mexiko« 1610 in Spanien erschien, feierte diese Ereignisse als große Heldentaten. Er selbst brachte sechzig gefangene Mädchen zum Vizekönig nach Mexiko.

1607 hatte der spanische Gouverneur Pedro de Peralta angeordnet, am Ufer des Santa Fe-Rivers eine neue Stadt zu errichten, Villa Real de Santa Fe genannt, die ab 1610 zur offiziellen Hauptstadt der spanischen Provinz New Mexico erhoben wurde. An dieser Stelle hatte zuvor ein indianisches Dorf mit Namen Ogape oder Kuapoge gelegen, das um 1425 von den Indianern aufgegeben worden war. Ursprünglich lebten im spanischen Santa Fe gerade mal eine Handvoll Kolonisten, Soldaten, Verwaltungsbeamte und Priester mit ihren mexikanischen Dienern. Mexico City, die nächste größere Stadt, war fast 1700 Meilen entfernt.

Innerhalb von zwei Jahren hatten die Spanier das neuentdeckte Gebiet fest in der Hand.

Der Mönch Benavides berichtete, daß fünfzig Mönche den über 60 000 Indianern, die in neunzig Dörfern lebten, das Christentum predigten. Er selbst gründete im Santa Clara-Pueblo eine Kirche und versuchte von dort aus die Bekehrung der als Nomaden lebenden Apachen. Mit ihren Überfällen hatten sie kurz zuvor die Aufgabe des Pueblo Jemez erzwungen.

Das Dorf Acoma leistete den Spaniern erbitterten Widerstand. Seine Einwohner verbrachten die ganze Nacht mit Tänzen, sie brüllten, zischten und forderten die spanischen Soldaten zum Kampf heraus. Obwohl der hoch auf einer Mesa gelegene Ort gegen Angriffe feindlicher Indianerstämme gut geschützt war, konnte er den Feuerwaffen der Spanier auf die Dauer nicht standhalten.

Die übrigen Indianerdörfer in New Mexico kapitulierten friedlich, und die Franziskaner konnten mit der »Ernte der Seelen« beginnen.

Die traditionelle Route von Mexiko in die heutigen Four Corners – jenes Gebiet, in dem die US-Bundesstaaten New Mexico, Arizona, Utah und Colorado aneinander grenzen – war der *Camino Real*, die Königliche Hauptstraße. Sie führte von El Paso del Norte den Rio Grande hinauf, durch die Piro-Dörfer von

Socorro und Senucu zu einer neuen Siedlung, die zu Ehren des Vizekönigs von Mexiko »Albuquerque« genannt worden war. Dann bog sie nach Nordosten ab zur Hauptstadt des Gebiets, der Villa Real de la Santa Fe de San Francisco, und führte von dort schließlich nordwärts nach Don Fernando de Taos, das man nahe dem alten Dorf San Geronimo de Taos gegründet hatte. Durch den östlichen Teil der heutigen Four Corners, im fruchtbaren Tal des Rio Grande, zog sich bald eine dünne Kette spanischer Siedlungen.

Im Westen lag das wilde Gebirgsplateau. Wenn die Spanier dorthin vordrangen, so von der südlichen Grenze aus, nämlich von Albuquerque nach Westen, zu den indianischen Siedlungen von Aguna, Ácoma und Zuñi, dann nach Norden und Westen zu den indianischen Dörfern der Hopi auf den Tafelbergen, in die Mitte das gewaltigen leeren Plateaus, das im Westen durch den Grand Canyon und im Norden durch die Rocky Mountains begrenzt wird.

Die bauwütigen Spanier nahmen den Indianern nicht nur ihr Land weg, um Dörfer und Haziendas zu errichten, sie ließen sie auch als Zwangsarbeiter für sich schuften. Die gemeinsame Sprache zwischen den Angehörigen der verschiedenen Indianerstämme wurde das Spanische. Die heiligen Kiwas – jene Bauwerke, in denen die Dorfbewohner sich bei Zeremonien versammeln – erinnerten die Spanier an freistehende Öfen, in denen die Indianer ihr Brot backten, deswegen nannten sie sie *estufas*. Kleider, Handwerke, Haushaltsgegenstände, Flüsse, Gebirge, Pflanzen und Tiere – alles bekam neue Namen, deren sich die neuen Herren bedienten, während die indianischen Worte den Zeremonien und dem privaten Gebrauch vorbehalten blieben.

So auch in den Pueblos an den Grenzen im Osten und Süden. Hinter der spanischen Fassade konnten die Indianer ihren eigenen Glauben bewahren. Es ist bezeichnend, daß es in der ganzen Provinz keine christlichen Zentren gab, die mit der Kette der franziskanischen Missionen an der Küste Kaliforniens und den Missionen des Paters Kino in Sonora und im südlichen Arizona zu vergleichen gewesen wären.

Die Hopi duldeten bis 1700 überhaupt keine Kirchen oder Kapellen auf ihrem Territorium. Das Dorf Awatobi wurde von anderen Hopi-Dörfern angegriffen, weil es sich gegenüber den Franziskanern als zu freundlich gezeigt hatte. Sechs Jahre später kam ein Franziskaner-Padre nach Oraibi, bot Geschenke an, aber man hieß ihn auf der Stelle wieder gehen.

American Memories

»Es scheint mir wichtig, hier wiederzugeben, was dieser indianische Bote, den mir Esteban, der schwarze Negersklave aus Marokko, geschickt hatte, über dieses Land erzählte. Er sagt und bleibt dabei, daß in dieser ersten Provinz sieben sehr große Städte liegen, alle unter einem Herrscher, mit großen Häusern aus Stein und Mörtel. Die kleineren Häuser sind ein Stockwerk hoch, mit Terrassen darüber, andere haben zwei oder drei Stockwerke. Das Haus des Herrschers soll gar vier Stockwerke hoch sein. Diese Häuser sind alle in ordentlicher Art miteinander verbunden. Er sagte auch, daß die Eingänge zu den besten Häusern viele Verzierungen aus Schildpatt haben, welches dort im Überfluß vorkommt, und daß die Leute in diesen Städten wohl gekleidet sind.«

Fray Marcos de Niza

(Originaltext der ersten Berichte über die sieben Städte von Cibola, die angeblich goldene Dächer haben sollten. Die Nachricht führte dazu, daß sich die Spanier unter Coronado von Mexico-City auf den Marsch nach Norden machten.)

Die Pueblos litten unter der Willkür der spanischen Herrschaft. Grundsätzlich mieden sie Gewalt, doch der Zustand wurde immer unerträglicher. 1680 erhoben sich unter der Führung des Schamanen Popé aus Oke Owinge (San-Juan-Pueblo, zwei Meilen nördlich von Española am Zusammenfluß des Rio Grande und des Rio Chama) bis auf eine alle indianischen Siedlungen. Selbst die entfernt liegenden Hopi-Dörfer schlossen sich der Revolte an. Die Spanier wurden aus Santa Fe vertrieben, und es vergingen 14 Jahre, ehe sie ihre Provinz New Mexico erneut eroberten. 1694 hatte der neue Gouverneur Diego de

Vargas die Situation wieder so weit unter Kontrolle, daß er in der Stadt eine Kirche errichten lassen konnte. Einziges Zugeständnis: Die katholischen Priester durften die indianischen Riten in den Pueblo-Dörfern nicht mehr unterdrücken.

Von den 33 Mönchen in der Provinz waren 21 bei der Revolte getötet worden. Jetzt unternahm man einen neuen Versuch, die Hopi zu missionieren.

Noch heute findet man bei den Festen der Pueblos indianische Tänze und christlichen Heiligenglauben bunt vermischt.

Um das Jahr 1800 belief sich die spanisch sprechende Bevölkerung, Siedler und Mestizen, auf etwa 20 000 Menschen. Mit dem Verfall der spanischen Macht in Europa löste sich auch das spanische Kolonialreich in der Neuen Welt auf. 1821 erklärte Mexiko seine Unabhängigkeit, beanspruchte aber die spanischen Besitzungen im Südwesten. Die mexikanische Herrschaft dauerte 25 Jahre und endete mit einem Eroberungskrieg der USA 1848.

Um diese Zeit entstand die Santa-Fe-Trail, die über fast tausend Meilen von Old Franklin, Missouri, nach Santa Fe führte. Sie stellte den ersten großen Weg in den Westen dar und wurde schon zwei Jahrzehnte vor der Errichtung der Oregon-Trail benutzt. Ein gewisser William Becknell führte eine kleine Karawane 1821 über diese Route. Er spekulierte darauf, daß amerikanische Waren im isolierten New Mexico guten Absatz finden würden. Sein Gespür hatte ihn nicht getrogen. Bald war ein ziemlich regelmäßiger Zug von *prairie-schooners* auf dieser Strecke unterwegs. Trotz der Schwierigkeiten, die sich durch die klimatischen Bedingungen und die Angriffe der Comanchen, Kiowa und Apachen ergaben, flossen bald jährlich Waren im Wert von einer Million Dollar über die neue Trail. Die Unternehmer waren nicht nur *Anglos*, sondern auch Ureinwohner aus New Mexico, die nun eine Verkehrsverbindung aufbauten, die vom östlichen Missouri nach Chihuahua in Mexiko verlief, entlang dem alten *Camino Real*. Die beiden Handelsstrecken, der Santa-Fe-Trail und der *Camino Real*, trafen sich in Santa Fe,

165

das damit zum wichtigsten Handelszentrum zwischen dem Mississippi und den Märkten in Zentral-Mexiko wurde.

Während des Sezessionskrieges schloß sich der südliche Teil des New Mexico-Territoriums, das von Texanern beherrscht wurde, den Südstaaten an. Bald aber wurden Truppen der Union in die Gegend verlegt, da die Indianer in das entstandene Machtvakuum vorzustoßen begannen. Besonders die Navajo, die sich auf den Hochebenen Arizonas und im Canyon de Chelly, also in den von den Anasazi aufgegebenen Gebieten, niedergelassen hatten, waren wegen ihrer Raubzüge berüchtigt. Man muß dazu wissen, daß es in Amerika bis zum Eintreffen der Spanier keine Pferde gab. Pferde wurden von den Spaniern mit in die Neue Welt gebracht. Die Indianer mußten sie striegeln und füttern, wurde aber ein Indianer auf dem Rücken eines Pferdes angetroffen, so wurde er von den Spaniern mit dem Abhacken einer Hand bestraft. Dennoch breiteten sich die Pferde sehr rasch bis in die großen Ebenen zu den Stämmen der Büffeljäger aus, deren Lebensgewohnheiten sich dadurch grundsätzlich veränderten, da sie nun die Pferde bei der Büffeljagd einsetzen und sie als Zugtiere für ihre Schleppschlitten benutzen konnten.

In den 70er Jahren des 19. Jahrhunderts verlagerte sich der Konflikt zwischen Weißen und Indianern in dieser Gegend von New Mexico nach Arizona in das von den heiligen Bergen umgebene Stammland der Navajo. Wir aber fahren nun in die vielleicht schönste Stadt des amerikanischen Südwestens, nach Santa Fe.

24
Santa Fe
und das Kunsthandwerk
der Indianer

Santa Fe ist heute eine Stadt von 60 000 Einwohnern, am Fuße des Sangre des Christo-Gebirges gelegen. Der besondere Charakter der Stadt hat sich über die letzten 40 Jahre hin dadurch erhalten, daß alle Bauten im Pueblo-Stil ausgeführt werden müssen. Den einzigen Stilbruch stellt die neogotische Kathedrale St. Francis dar, deren Bau der aus Frankreich stammende Erzbischof Jean Baptiste Lamy 1875 plante. Ihre Türme blieben unvollendet. Lamy erlebte die Fertigstellung des ursprünglich weit großzügiger geplanten Bauwerks nicht mehr. Dessen Entstehung war zudem von der Affäre des aus Frankreich bestellten Baumeisters mit der Ehefrau des bischöflichen Neffen überschattet. Man sagt heute, daß der später immerhin mit einem Denkmal geehrte Kirchenmann die Mentalität des Südwestens nie recht verstanden habe. Beispielsweise versuchte er die in den Dörfern um Santa Fe bestehenden Laienbruderschaften, die eigene Kapellen oder Clubhäuser besaßen, aufzulösen. Hervorgegangen aus der indianischen Gemeinschaftstradition der Pueblo-Indianer, haben sie die versuchte Unterdrückung überlebt. Ein besonders schönes Beispiel für ihre kleinen Kirchen findet man am Rand der Ortschaft Abiquiu am Rio Chama, in der die Malerin Georgia O'Keeffe ihre letzten Lebensjahre verbrachte. Lamy (1814 bis 1888) gilt als das Vorbild zur Romangestalt des Jean Marie Latour in Willa Cathers Roman *Der Tod kommt zum*

Erzbischof, ein Buch, das jedem Santa-Fe-Besucher als historische Einstimmung zu empfehlen ist. Lamys Statue steht seit dem Jahr 1915 vor dem Hauptportal. Zentrum der Stadt ist die Plaza mit dem alten Gouverneurspalast, der unter anderem auch dadurch literarischen Ruhm gewann, daß in seinen Räumen Gouverneur Lew Wallace, General im Bürgerkrieg, später dann Rechtsanwalt, Politiker, Philosoph, Musiker und schließlich Bestsellerautor, den erfolgreichen Historienroman *Ben Hur* verfaßte. Zudem war er es, der sich als Richter mit einem der berüchtigsten *outlaws* des Westens, mit Billy the Kid, auseinanderzusetzen hatte, mit jenem ebenso grausamen wie kaltblütigen jungen Mann, dessen bizarre Persönlichkeit später sogar Jorge Luis Borges faszinierte und über den es zahllose Wildwestromane gibt. (Ich empfehle Robert M. Utley, *Billy the Kid, a Short and Violent Life*, University of Nebraska Press, Lincoln und London, 1989, und N. Scott Momadays *The Ancient Child, A Novel*, Doubleday 1989, in dem auf eigenwillige Weise die Lebensgeschichte The Kids mit indianischen Mythen überblendet wird. Momaday stellt seinem Roman als Motto ein Zitat von Borges voran: »Denn Mythos steht am Beginn der Literatur, stellt aber auch ihr Ende dar.«) Billy the Kid und der ihn zur Strecke bringende Pat Garrett wurden noch die Helden eines sehenswerten Films, in dem auch Bob Dylan in einer kleinen, von ihm höchst witzig gestalteten Rolle mitwirkte. Tatsächlich handelt es sich bei der Auseinandersetzung, die Billy the Kid schließlich zum Verhängnis wurde, um den Konflikt zweier rivalisierender Gruppen von Ranchern im Lincoln County.

Was Santa Fe neben seiner Architektur für den Touristen so reizvoll macht, ist die für amerikanische Verhältnisse relativ weit zurückreichende kulturelle Tradition und ihr Ruf als Stadt der Künste. Von dem Bestseller schreibenden Gouverneur war schon die Rede. Als nächsten müßte man vielleicht D. H. Lawrence nennen, der 1922 auf Einladung einer Bewunderin, der reichen Amerikanerin Mable Dodge Sterne, mit seiner Frau Frieda aus Australien nach Santa Fe kam. Ihn faszinierten Stadt und Umgebung wegen des besonderen Lichtes. Die sinnliche

Schönheit veranlaßte Lawrence, von einem »Tanz des Lichts und der Schatten in Sante Fe« zu sprechen. Die Landschaft besitzt in der Tat eine magische Wirkung. Die Verbindung einer hochgelegenen Wüste mit einem alpinen Paradies, wo Flieder, Stockrosen, Pinien, Fichten und Wacholder wachsen, scheint seltsam paradox. Es ist ein Ort, an dem Espen im Herbst die Gebirgshänge in ein goldenes Licht tauchen und im Winter ein klarer blauer Himmel einen fast erschreckenden Kontrast zu der Schneedecke bildet.

Oft mit Shangri-La, dem Schauplatz des Romans *Lost Horizon* von James Hilton (deutsch: »Der verlorene Horizont«) verglichen, hat sich Santa Fe die Liebe und Achtung so unterschiedlicher Künstlerpersönlichkeiten wie Georgia O'Keeffe, Willa Cather und Tony Hillerman erworben. Beim ersten Anblick der Landschaft schrieb D. H. Lawrence: »Ich denke, New Mexico war für mich die größte Erfahrung der Welt draußen, die ich je gemacht habe. (…) In dem Augenblick, in dem ich den funkelnden, stolzen Morgenglanz hoch über den Wüsten von Santa Fe sah, ist der Zeiger in der Uhr meiner Seele einen Augenblick stehengeblieben, und ich merkte auf.«

Lawrence hat allerdings die längste Zeit seines Aufenthaltes im Südwesten 1922 in Taos zugebracht, einem Indianerdorf mit damals insgesamt 2000 Einwohnern, von denen 600 Indianer waren. In einem Brief an seine Schwägerin Else bezeichnet Lawrence den Ort als »einen Haufen erdfarbener, übereinandergestapelter Kisten«. Es wurde zum Schauplatz einer der vielen Ehedramen zwischen ihm und Frieda Richthofen, ausführlich beschrieben und analysiert von Branda Maddox in *The Married Man. A Life of D. H. Lawrence*, seit einem Jahr auch in deutscher Übersetzung vorliegend.

Noch heute sind in Taos jene Gemälde von Lawrence ausgestellt, die zu seinen Lebzeiten in England, da unter Pornographieverdacht, nicht gezeigt werden durften. Ehrlich gesagt: sie sind künstlerisch eher enttäuschend. Sehenswert hingegen ist das Mabel Dodge Luhan House. Hier versammelte die mit dem Pueblo-Indianer Tony Luhan verheiratete Mabel Dodge, eine

Art amerikanische Madame de Staël, Berühmtheiten um sich. Mabel galt als das lebendige Symbol der »*New Woman*«, der emanzipierten Frau. Auf ihrem schönen Besitztum waren außer Lawrence, der sich im Badezimmer mit Malereien verewigte, auch Willa Cather, Thomas Wolfe und die Malerin Georgia O'Keeffe zu Gast.

Taos besteht heute eigentlich aus zwei Ortsteilen – der Stadt der Weißen und dem auch arg zur Touristenattraktion verkommenen indianischen Pueblo. Das Indianerdorf zu besuchen heißt, mit dem Dilemma konfrontiert zu werden, vor dem die *American natives* des Südwestens stehen: Armut und Tatenlosigkeit akzeptieren oder zur folkloristischen Touristenattraktion werden.

Im selben Jahr wie D. H. Lawrence kam auch der Physiker J. Robert Oppenheimer nach Santa Fe. Oppenheimer, den seine Eltern aus gesundheitlichen Gründen in eine damals tatsächlich noch in der Wildnis gelegene Landschule gesteckt hatten, unternahm 1922 eine Rucksacktour durch den Südwesten. Er verliebte sich in die braunen Hügel der Mesas und die dürren Canyons, in denen Pappeln (spanisch: Los Alamos) ihre Schatten warfen. Später etablierte er an dem Ort dieses Namens in der Nähe von Albuquerque und Santa Fe jenes Team von Wissenschaftlern, das die Atombombe entwickelte, und leitete es zusammen mit General Leslie Groves. Man beschlagnahmte dazu einfach die dort seit 25 Jahren bestehende Los Alamos Ranch School und stampfte auf einem von tiefen Schluchten umgebenen und somit gut abzuriegelnden Areal Laboratorien und Wohnstätten aus dem Boden. Anreiseort (damals noch mit der Eisenbahn) für die Kolonie der Forscher und Tüftler war Santa Fe, wo die Sicherheitsüberprüfung stattfand. Wer nach Los Alamos berufen wurde, verwandelte sich, wie es Oppenheimer genannt hat, in ein Geisterwesen; auch die nächsten Angehörigen wußten nicht mehr über seinen Aufenthalt und sein Tun als eine Postfachadresse in Santa Fe. Getestet wurde die erste Atombombe dann im Süden New Mexicos auf der sogenannten »White Sands Missile Range«, in der Nachbarschaft der Reserva-

Unter dem altehrwürdigen Gouverneurspalast bieten die Indianer ihr Kunsthandwerk an und werden von den Touristen wie Museumsgegenstände angestarrt und abgelichtet.

tion der Mescalero Apachen. Auch diese Gegend und ihre besondere Atmosphäre hat in den letzten Jahren amerikanische Autoren inspiriert. Michael McGarrity, der eben im Begriff steht, die von Tony Hillerman begründete Tradition des South Western Krimis fortzusetzen, läßt seinen »Mystery«-Roman *Tularosa* eben in diesem militärischen Sperrgebiet spielen.

Wer sich für das grausige Instrument menschlichen Selbstvernichtungswillens interessiert, sollte sich das inzwischen in Albuquerque eingerichtete Museum ansehen. (Noch bessere Abschreckung und Warnung vor dem leichtsinnigen Umgang mit allen von Menschen erdachten technischen Möglichkeiten liefert freilich ein Besuch an den Stätten der Opfer in Hiroshima und Nagasaki.) Los Alamos hat heute mit seinen 18 000 Einwohnern das anziehende Ambiente einer Universitätsstadt. Um es mit den in Amerika so beliebten Rekordzahlen auszudrücken: mehr als 53 Prozent seiner Einwohner über 25 Jahren besitzen ein *bachelor's degree*. Der Prozentsatz der Arbeitslosen war 1996 mit 1,6 Prozent geradezu phantastisch niedrig. Die Verbindung zur University of California besteht weiter fort. 1949 wurde Los Alamos New Mexicos 32. und kleinstes County. Immer noch ist das Alamos National Laboratory der Hauptarbeitgeber der

---

American Memories

Ein Missionar reiste mit dem Auto von Gallup nach Albuquerque. Unterwegs nahm er einen Indianer mit,
der zu Fuß in die Stadt unterwegs war. Der Missionar war sich darüber im klaren, daß während der Autofahrt der Indianer ihm zuhören mußte, und also ließ er eine Predigt ab.
»Ist dir klar«, sagte er, »daß du zu einem Ort unterwegs bist, an dem es vor Sündern nur so wimmelt?«
Der Indianer nickte.
»Und wo das Böse hinter jeder Straßenecke lauert?«
Wieder ein Nicken.
»Und wo es sündhafte Frauen gibt, die ein verruchtes Leben führen?«
Wieder ein Lächeln und noch ein Nicken.
»Und daß kein anständiger Mensch dorthin geht?«
Vielleicht kann ich ihn bekehren, dachte der Missionar, und so holte er zum letzten Schlag aus und sagte: »Und weißt du auch, wie man diesen Ort nennt?«
Der Indianer schaute dem Missionar in die Augen und sagte dann: »Albuquerque.«

Vine Deloria, jr., *Custer Died for Your Sins*

---

nun »offenen Stadt«, und weiterhin wird in den Laboratorien am Rand der malerischen Wildnis auch Atomforschung betrieben.

Einen Eindruck vom Leben und Treiben in dieser Gespensterkolonie während der letzten Jahre des Zweiten Weltkriegs vermittelt der 1997 veröffentlichte Roman von Joseph Kanon, *Los Alamos*, der in diesem Herbst schon in deutscher Übersetzung erscheint.

Ebenfalls mit der Stadt Santa Fe und ihrer Umgebung verbunden sind Leben und Werk der bereits erwähnten amerikani-

schen Schrifstellerin Willa Cather (1873 bis 1947), die die Kritik
heute in eine Reihe mit Faulkner, Fitzgerald und Hemingway
stellt. Geboren ist sie in Backcreek Valley im nördlichen Virginia, kam aber mit ihrer Familie 1883 in die baumlose Ebene von
Nebraska. Ihr erster Roman *O Pioneers* erzählt davon, wie Pioniere die Great Divine, die Wasserscheide der Flüsse zwischen
Atlantik und Pazifik, überschritten und das Grasland in ein Muster »viereckiger Weizen- und Maisfelder, hell und dunkel, dunkel und hell« verwandelten. Aufgewachsen in der Kleinstadt Red
Cloud, dann zum Studium in Lincoln, Nebraska, an der neu ge-
gründeten »Universität der Prärien«, kam sie 1915 – damals unternahm man solche Ausflüge noch mit Pferdewagen – zum ersten Mal in die Four Corners und besuchte dort Mesa Verde.
Zehn Jahre später verarbeitete sie die Eindrücke dieser Reise im
Roman *The Professor's House* (1925). Aus den beiden Cowboys
Richard Wetherill und Charly Mason, die auf der Suche nach
einem Rind die gewaltigen Ruinen entdeckten, wurde der Held
ihres Romans *Tom Outland*. 1925 und 1926 unternahm Willa Cather längere Reisen durch New Mexico, aber schon zehn Jahre
zuvor war sie zu Pferd bis hinauf nach Taos geritten und hatte
die Pueblo-Dörfer im Española-Tal besucht. Nun war es Santa
Fe, das sie anzog. Sie las über den französischen Priester Jean
Baptiste Lamy (1814 bis 1888), sah seine Statue vor der Kathedrale in Santa Fe, und daraus wurde dann 1927 ihr vielleicht bekanntester Roman *Death Comes for the Archbishop*. Aus der historischen Gestalt Lamys, die sie mit ihren Phantasien verwob, entwickelte sie die Romangestalt des Jean-Marie Latour. Noch
heute kann man in Santa Fes ältestem Missionsgebäude jene
Glocke hören, die auch Lamy alias Latour gehört haben muß.
Sie wurde 1356 in Spanien gegossen. Aber der Roman spielt in
den 40er Jahren des 19. Jahrhunderts und ist die Geschichte
eines katholischen Priesters, der den Glauben der Indianer respektiert. Als die Indianer von Taos 1847 wieder einmal revoltie-
ren und den neuen amerikanischen Gouverneur skalpieren, ver-
mutet Latour, daß ein Priester, dessen leidenschaftlichen Charakter er kennt, sie dazu angestiftet haben könnte. Hier vermi-

schen sich Fiktion und Geschichte. Die Neumexikaner spanischen Ursprungs betrachten eben jenen Beschuldigten, Padre Antonio José Martinez (1793 bis 1867), als einen »kulturbringenden« Helden, denn er richtete die ersten Schulen in dieser Gegend ein und ließ die ersten Schulbücher drucken. Mit Lamy, dem Franzosen, einem orthodoxen Asketen, der sich mit der Atmosphäre dieses Landes schwertat, geriet er in Konflikt. Andererseits war es Lamy, der die Kathedrale baute, deren Türme unvollendet blieben. Cathers Romanheld Latour verbrachte die letzten Jahre seines Lebens in einem kleinen Haus auf dem Lande, nahe Tesuque. Er züchtete Aprikosen und Kirschen, während die Kathedrale in Santa Fe wuchs. Fünfzehn Meilen südlich von Santa Fe hatte man in einem Steinbruch jenes ockerfarbene Baumaterial gefunden, das heute, bestrahlt von der Sonne, wie Gold glänzt.

Aber zurück ins heutige Santa Fe. In einem Seitenflügel des Gouverneurspalastes ist das *Museum of Indian Arts and Culture* untergebracht. Nicht weit davon entfernt, ebenfalls noch an der viereckigen Plaza gelegen, findet man das *Museum of Fine Arts*, in dem zeitgenössische Künstler des Südwestens gezeigt werden. Schließlich vermittelt das Hauptgebäude des Gouverneurspalastes eine ungefähre Vorstellung, in welcher Atmosphäre *Ben Hur* entstanden sein mag. Der Santa-Fe-Indianermarkt, auf dem vor allem indianische Kunsthandwerker ausstellen, findet in der dritten Augustwoche statt. Die Oper von Santa Fe, etwas außerhalb des Ortes gelegen, hat einen weit über den Südwesten hinausreichenden guten Ruf.

Die beiden wichtigsten Museen aber – das *Wheelwright Museum of American Indians* und das *Museum of International Folkart* – liegen an der Old-Santa-Fe-Trail am Stadtrand, sind aber mit öffentlichen Verkehrsmitteln oder mit einem Spaziergang von der Canyon Road, der Straße der Galerien her, leicht zu erreichen.

Schließlich assoziiert man mit Santa Fe und den bizarr-exotischen Landschaften seiner Umgebung die Gemälde Georgia O'Keeffes (1887 bis 1986), die während der letzten Jahrzehnte

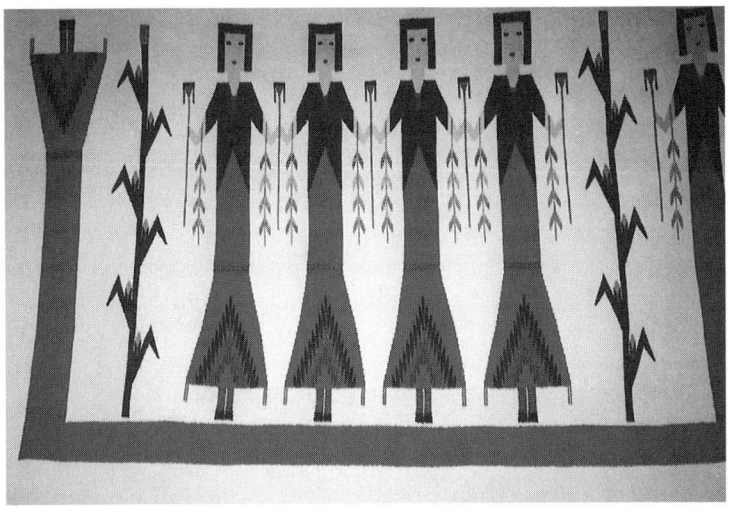

Die Pueblos, aber auch die Navajo-Indianer sind u.a. berühmt für ihre prächtigen Webarbeiten, in die nicht selten symbolische Muster und Gestalten auf die mythologischen Überlieferungen der Stämme hinweisen.

ihres Lebens in der Umgebung von Santa Fe im Indianerdorf Abiquiu und auf der nicht weit davon entfernt gelegenen Ghost-Ranch gelebt hat. Georgia O'Keeffes Name ist wiederum eng mit dem des berühmten Fotografen Alfred Stieglitz (1864 bis 1946) verbunden, der zunächst so etwas wie ihr Lehrer und Mentor war und den sie 1924 schließlich heiratete. 1929 kam Georgia O'Keeffe zum erstenmal nach New Mexico, nach Taos. 1934 schließlich verbrachte sie zusammen mit Stieglitz einen Sommer auf der Ghost-Ranch, zwölf Meilen nördlich von Abiquiu. Die Beziehung zwischen den beiden ist auch die stürmische, nicht konfliktfreie Geschichte einer hochbegabten Künstlerin und ihres wesentlich älteren Mentors – als sie sich 1908 trafen, war sie zwanzig, er vierundvierzig. 1940 kaufte die O'Keeffe das Haus auf der Ghost-Ranch. 1945 baute sie sich ein Haus in Abiquiu als Atelier um und lebte ab 1946 bis zu ihrem Tode 1986 dort und in Santa Fe. Ihre Gemälde *Red Hills* und *Pedernals* sind zu Ikonen der Landschaft New Mexicos geworden. Man fand bisher nur einige wenige ihrer Bilder im Kunstmuseum in Santa Fe an der Plaza. Ab Juni 1997 werden vierzig ihrer Gemälde, Aquarelle und Skulpturen im *Georgia O'Keeffe Museum* in der 217 Johnson Street zu sehen sein.

Ein besonderes Ereignis ist die Fiesta von Santa Fe, die jedes Jahr im September gefeiert wird. Sie wird jeweils mit einem Umzug durch die Stadt an einem Freitagmorgen eröffnet, aber für die meisten Besucher ist die Verbrennung des *Zozobra*, der mit brennbaren Materialien gefüllten Puppe in Gestalt eines alten Mannes, in Fort Marci's Park unweit der Plaza der eigentliche Höhepunkt dieses Ereignisses.

Man kann durch Santa Fe schwerlich spazieren – und hier ist vor allem die Canyon Road, die Straße der Galerien und Kunsthandwerker, dem Besucher zu empfehlen –, ohne mit den Erzeugnissen indianischen Kunsthandwerks konfrontiert zu werden, die inzwischen freilich von höchst unterschiedlicher Qualität sind. Da sind zunächst einmal die eindrucksvollen Muster indianischer Teppiche.

Gemäß indianischer Mythologie war es die Spinnenfrau, die die Navajo-Frauen im Weben unterwies. Sie war es, die ihnen sagte, wie man einen Webrahmen baut. Die Kreuzbalken wurden aus Bändern von Himmel und Erde gemacht, die Kette aus Sonnenstrahlen, die Weberlade aus dem Lichtkreis der Sonne, der Kamm aus weißen Muscheln, die vier Spindeln aus dem Zickzack des Blitzes. Es ist bezeichnend für das Weltbild der Indianer, daß selbst ein handwerkliches Gerät aus Teilen der Natur entsteht.

Die ersten Weber waren die Anasazi, die an einem aufrecht stehenden Webrahmen ab 800 nach Christus Baumwolle, Yuccafasern und Federn verwebten. Jedenfalls stammen die ersten Stücke, die die Archäologen fanden, etwa aus dieser Zeit. Auf sie folgten die *Dineh*, »das Volk«. Navajo oder Navaho ist die spanische beziehungsweise amerikanische Version des Namens. Die Historiker nehmen an, daß die Navajo, deren alte und heutige Gewebe bei Sammlern sehr begehrt sind, das Weben von den Pueblo-Indianern lernten.

Tatsächlich wird der aufrecht stehende Webrahmen immer

noch benutzt. Man bezeichnet ihn aber heute gewöhnlich als den Navajo-Webstuhl. Weil Webarbeiten bei den Pueblo hauptsächlich für die Zeremonien hergestellt werden, wurden sie nie so bekannt wie die Navajo-Läufer und -Decken, die schon als Tauschwaren bei anderen Stämmen und den Spaniern begehrt waren.

Für die Navajo war Weben ein wichtiger Vorgang ihrer Existenz, eine rituelle Tätigkeit, verbunden mit einem Gebet an den Kosmos, mit der Bitte um Harmonie und das Gleichgewicht der Elemente.

Von Generation zu Generation als ein »Weg des Seins« betrachtet, war das Weben mit Mythologie und Religion der Indianer eng verbunden. Gemäß einer der vielen Überlieferungen wird, wenn ein Navajo-Mädchen zur Welt kommt, ein Spinnennetz auf den Händen und Armen des Babys zerrieben, damit es später einmal gut und mühelos webt.

Die Navajo webten traditionsgemäß in ihre Textilien stets einen Pfad, der aus dem Muster herausführte, weil sie fürchteten, daß die Seele des Webers sonst darin eingesperrt werde. Von Fremden wird dieser Pfad oder die »Geisterlinie«, die von der Mitte aus zum Rand führt, oft für einen Webfehler gehalten. Tatsächlich aber steht dahinter die Vorstellung, Geist, Seele und Energie könnten sonst im Webstück wie in einer Falle eingesperrt zurückbleiben.

Als die Spanier in den Südwesten kamen, brachten sie ihre eigenen, inzwischen tief verwurzelten Traditionen mit. Und die rauhe Wolle ihrer Churro-Schafe wurden von den Navajo-Weberinnen rasch angenommen.

Dieses neue Material bot in Verbindung mit einer neuen Webtechnik (horizontaler Rahmen und mit durch Tritten bewegliche Schäfte) ganz neue gestalterische Möglichkeiten. Diese Webart wurde als »Rio-Grande-Stil« bekannt, da ihre Muster sich in den kleinen Dörfern entlang des Rio Grande bei den Pueblo entwickelten. Die Spanier hatten ihre jahrhundertealten Traditionen aus der Alten Welt mitgebracht. So kommt es, daß sich in den Indianertextilien sogar alte maurische Muster wiederfinden.

177

Anders als auf dem aufrecht stehenden Webstuhl, wie ihn die Navajo zunächst benutzten, ließen sich auf dem horizontalen Webrahmen leicht Stücke von nahezu endloser Länge herstellen. Dies stellte einen großen wirtschaftlichen Fortschritt dar, denn zu dieser Zeit war das Weben, neben der Schafzucht, das Hauptgewerbe im Tal des Rio Grande. Allerdings blieben bis 1802 die hispanischen Gewebe im Vergleich zu den in Mexiko gefertigten Stücken eher primitiv.

Der Webmeister Ignacio Bazan und sein Bruder Juan wurden von Neu-Spanien (Mexiko) in das Tal des Rio Grande entsandt, um dort ein Lehrlingssystem aufzubauen. Bald, nachdem sie ihre Tätigkeit aufgenommen hatten, entwickelte sich ein neues Webmuster, das der kunstvollen *saltillo serape,* einer Decke, die traditionsgemäß von den spanischen Bauern getragen wurde und nicht zuletzt zum Symbol des Mexikanischen Unabhängigkeitskrieges von 1821 wurde.

Das Saltillo-Muster eines Rhombus, das indianischen Ursprungs war, kam zu dem traditionellen Band und den Streifen als Muster der Decken hinzu. *Palmitas* (Blätter) oder *manitos* (kleine Hände), Rhomben oder die Form eines Stundenglases tauchten nun auf dem mittleren Streifen auf. Sie gaben den alten Mustern einen kühnen, neuen visuellen Rhythmus, der sich bis zum Ende des 19. Jahrhunderts in den Webarbeiten sowohl von hispanischen wie auch von Navajo-Weberinnen wiederfindet.

Die Navajo wurden so perfekt in diesem eigentlich spanischen Stil, daß auch ihre Decken wegen ihrer hohen technischen Qualität und Dichte sehr geschätzt wurden.

Navajo-Decken, die zwischen Mitte des 17. und Mitte des 19. Jahrhunderts entstanden sind, bezeichnet man als Webwaren der klassischen Periode. Typisch sind hier die gestreiften Decken, die heute *chief blankets* (Häuptlingsdecke) genannt werden. Trotz ihres Namens kennzeichneten sie nicht immer als Kleidungsstück den Status des Häuptlings. Gleichwohl wurden sie über 85 Jahre bis heute mit immer mehr Mustern und Farben verziert.

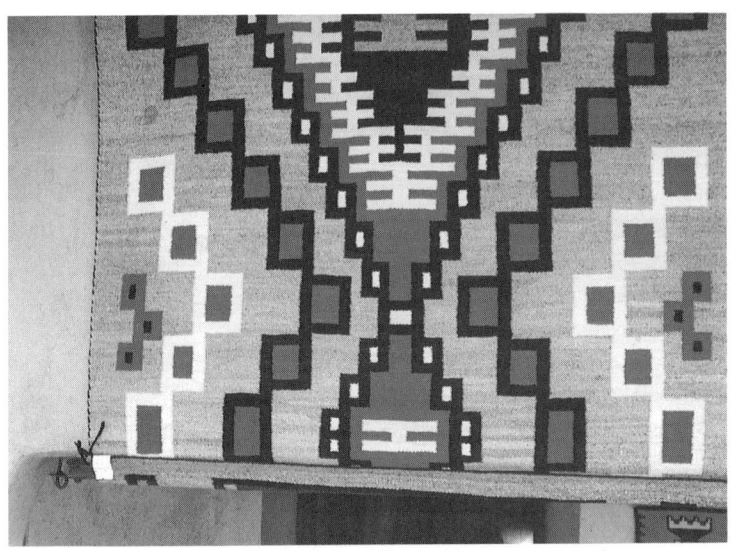

Chamayó, eines der Pueblos zwischen Santa Fe und Taos, ist besonders für seine farbenprächtigen Teppiche berühmt.

179

Einen Verfall erlitt die Webkunst der *American natives* im Südwesten vorübergehend durch die Einführung der Anilin-Farben. Erst in den 30er Jahren dieses Jahrhunderts kehrten die Weberinnen und Weber zu traditionellen Farbtechniken zurück. Bis dahin benutzte man als Motive vor allem geschichtliche Ereignisse im Südwesten während der Verfallszeit. 1879 etwa war die Eisenbahnstrecke bis in diese Gegend verlängert worden, und 1882 verlegte die *Southern Pacific* ihre Gleise durch die Four Corners. Auf einigen Indianerdecken dieser Zeit sieht man Eisenbahnlokomotiven, doch haben diese nicht runde, sondern viereckige Räder.

Das Schlüsselwort für die ästhetische Gestaltung der Webarbeiten und ein grundlegender Begriff der Navajo-Philosophie ist *hózhó,* was ungefähr mit Balance oder Harmonie zu übersetzen wäre. *Hózhó* bedeutet aber nicht absolute Symmetrie, und wer nach Vollkommenheit sucht, würde den Begriff falsch verstehen. Perfekte Symmetrie, so sagte mir eine indianische Weberin, verhalte sich zu der Vorstellung der Navajo von der Welt wie ein wohlgepflegter Rasen eines Vorstadthauses zur unkultivierten Natur. »Es mag den Menschen nach solch gediegener Ordnung verlangen, aber sie findet sich nicht auf dieser Erde mit ihren Disteln und ihrem Unkraut noch im Himmel mit seinen Sonnenflecken und Meteorschwärmen.« Symmetrie sei etwas, was die Händler verlangten und die weißen Käufer oft suchten. Viele Weber würden diesen Wünschen entsprechen, aber die statische Wiederholung durch Symmetrie sei nicht das, was mit *hózhó* gemeint sei.

Bei einem sorgfältigen Blick auf einen der *rugs* von heute wird man manchmal auf kleine Variationen am Rand einer Decke aufmerksam, die allzu leicht als ein Fehler in einem sonst ausgezeichneten Stücke gedeutet werden könnten. Tatsächlich aber spielt sich da etwas ganz anderes, durchaus Gewolltes ab, nämlich die Wiedergabe eines Tagesrhythmus. Sonnenaufgang und Sonnenuntergang balancieren den Tagesablauf und verhalten sich doch nicht genau symmetrisch zueinander. Jener schmale Strang am Rand eines bestimmten Webstücks, der von einem

Fremden als Fehler angesehen wurde, signalisiert Vorahnung des kommenden und Nachklang des vergangenen Sonnenlichts an jedem Tag, den Unterschied eines jeden Tages vom anderen, der verschiedener Lebensschicksale, auch wenn diese parallel verlaufen, symbolisiert die Art und Weise, in der sich Männer und Frauen voneinander unterscheiden und sich dennoch in ihrem Wert gleichen. *Hózhó* oder Harmonie ergibt sich aus den Beobachtungen der Realität, die die Weberin auf ihr Gewebe überträgt.

American Memories

»Während des Vietnam-Krieges gab es angeblich eine Umfrage, die besagte, daß nur etwa fünfzehn Prozent der Indianer der Meinung seien, die Amerikaner sollten sich aus Vietnam zurückziehen. Fünfundachtzig Prozent hingegen meinten, sie sollten sich aus Amerika zurückziehen.«

In Unterhaltungen mit Indianern 1968

Bei einer Unterhaltung mit Weberinnen stellt sich heraus, wie sie alle versuchen, Natur in ihre *rugs* hineinzuweben. Die Schwierigkeit beim Verständnis solcher Äußerungen ergibt sich dadurch, daß kein bestimmtes Wort für Natur in unseren Sinn in der Sprache der Navajo existiert. Statt dessen wird dieser Tatbestand in einem Hinweis der Weberinnen auf die immer fortbestehende Beziehung zwischen »Mutter Erde« und »Vater Himmel« ausgedrückt, auf die Aktivitäten, die sich innerhalb der vier heiligen Gebirge abspielen, auf das Kommen und Vergehen von Licht am Morgen und Abend. Jeder Teppich ist ein Tag, sagte einer der Alten, der von seiner Großmutter vieles von deren Wissen mitbekommen hat.

Wenn der Faden auf halbem Weg die aufgezogene Kette kreuzt, so eine andere Weberin, sei in jedem Textil symbolisch eine männliche und eine weibliche Hälfte vorhanden. Die beiden Hälften des Gewebes stellen so Harmonie her, indem sie miteinander Gleichgewicht halten, aber nicht identisch sind. Die Erste Frau (die weibliche Schöpfungsgottheit) tat im

Grunde nichts anders, als daß sie bei der Schöpfung der ersten Menschenwesen darauf achtete, daß sich Männer und Frauen in der Anatomie ergänzen und es zugleich so einrichtete, daß diese bei der Zeugung von Nachkommen einander Lust spenden.

Nach traditioneller Vorstellung der Navajo heißt in absoluter Symmetrie weben, den Fortschritt der Sonne am Tageshimmel und damit den sich stets fortsetzenden Tanz zu mißachten beziehungsweise dessen Verlauf zu unterbrechen.

Asymmetrie zu einem Extrem zu treiben hieße jedoch, eine kosmische Komponente mit einer anderen schroff zusammenstoßen zu lassen, was bedeutet, ein zerstörerisches Ungleichgewicht herzustellen – oder den Lauf der Sonne umzukehren, das Werk der Schöpfung aufzuheben. Genau das hätten der Erste Mann und die Erste Frau fast getan, als sie über die neu geschaffene Sexualität in Streit gerieten. Dadurch, daß ihnen zunächst die Weisheit der Balance abging, da sie sich trennten und jeder für sich sexuelle Befriedigung suchte, kamen Monster in die Welt. Ehe sie sich wieder versöhnten, mußten sie lernen, die ihnen innewohnenden Unterschiede zu akzeptieren.

Der Kojote aber praktizierte den Mißbrauch der Sexualität und schaffte Unordnung, in dem er den Unterschied zwischen seiner vierbeinigen Spezies und dem aufrecht gehenden Mädchen mit den fünf Fingern ausnutzte.

Eine gute Weberin beachtet *hózhó*, indem sie in die großen Muster kleine Unterschiede einfließen läßt, ohne daß diese die Balance des Gesamtzusammenhangs aufheben. Die feinen Abweichungen stellen einen visuellen Rhythmus ähnlich dem der zyklischen Variationen bei Sandmalereien und den bewußten Variationen in den Gebeten und Gesängen her.

In der natürlichen Ordnung der Dinge kommt dieses Streben nach *hózhó* nie zu einem Ende.

Es ist ablesbar in den Zyklen der Tage und Monate, in Jahreszeiten und Jahren, in den Geschichten vom Absurden, den Heimsuchungen, der Rettung und der Wiederkehr, im alltäglichen Rhythmus des Lebens jeder Person, beginnend mit der Geburt und sich fortsetzend bis zum Tod.

Solche Vorstellungen finden ihren Weg in den *rug,* abstrahiert und repräsentativ durch das, was eine von der Tradition geprägte Weberin denkt und manchmal auch ausspricht, indem sie teilhat an einer Kultur, deren Weltsicht komplex ist und gesättigt mit tiefer, achtunggebietender Weisheit.

Der zweite Bereich des Kunsthandwerks im amerikanischen Südwesten, der erneut an Bedeutung gewonnen hat, ist die Keramik. Die frühen Stücke, die sich in den Siedlungen der Anasazi finden, stehen heute unter gesetzlichem Schutz, was sie freilich nicht vor Habgier verschont. Der Schriftsteller Hillerman hat dies zu einem tragenden Motiv in mehreren seiner Krimis gemacht. Die Wiederbelebung indianischer Keramik in unserem Jahrhundert vollzog sich allerdings vor allem in den Pueblo- und Hopi-Dörfern. San Ildefonso (dem die Reisegruppe der Buchhändlerinnen und Buchhändler 1996 auch einen Besuch abstattete) ist die Heimat von Maria Martinez, der wahrscheinlich bekanntesten indianischen Keramikerin, die 1980 starb. Sie war es, die mit dem Schwarz-auf-Schwarz-Stil ihrer Gefäße das Dorf weltweit berühmt machte. Heute setzt Tony Da die Tradition seiner Großmutter fort, während in Santa Clara Künstlerinnen wie Margret Tafoya (Bärentatzen-Motiv) und Jody Fowell berühmt geworden sind. Das Sammeln indianischer Keramik hat sich inzwischen zu einem kostspieligen Hobby amerikanischer Millionäre entwickelt. Das gleiche gilt etwa ab den 50er Jahren unseres Jahrhunderts für den Silberschmuck der Navajo und Hopi, von dem man ehemals die besten Stücke in den Handelsposten bekam. Heute bieten supermarktähnliche Andenkenläden zweifellos fabrikmäßig hergestellte Massenware. Echte, hochwertige Stücke zu erschwinglichen Preisen sind schwer aufzutreiben. Der Sammler wird nach ungewöhnlichen alten Stücken Ausschau halten oder aber sich unter den Arbeiten einiger zeitgenössischer Silberschmiede und Juweliere umsehen, die neue Formen und Muster in den traditionellen Kanon einfügen. Ähnliches wie für die Silberarbeiten – die indianischen Nationen der Four Corners lernten die Technik von den Spaniern – gilt für die sogenannten *Kachinas.* Während es noch vor dreißig Jahren fast unmöglich war, diese Abbilder von heiligen Wesen überhaupt zu bekommen, ist inzwischen eine Massenproduktion für Touristen angelaufen, die den ursprünglichen Sinn dieser zwischen Mensch, Tier und Pflanze changierenden Plastiken aus Pappelholz auf zynische Weise konterkariert. Den heiligen Wesen und ihren Abbildern und damit den spirituellen Vorstellungen der indianischen Nationen der Four Corners habe ich ein eigenes Kapitel gewidmet.

25
Frijoles, Tortillas, Enchilladas, Tamales

Wer je längere Zeit die USA bereist hat, wird es schätzen gelernt haben, daß es in diesem Land außer der amerikanischen Küche auch noch eine spanisch-mexikanisch-indianische gibt. Allgemein verbreitet im Westen und Südwesten, hat sie ihren Siegeszug bis nach Atlanta, ja bis nach New York angetreten. Und es wäre jenen so nachahmungssüchtigen Europäern zu empfehlen, sich kulinarischen Invasionsversuchen aus dem Südwesten der USA nicht zu verschließen, sondern sie vielmehr zu fördern. Der folgende Beitrag von Alice Mariott (aus: *The Valley Below*, Norman 1949) versucht, gewisse Grundkenntnisse über die Hauptnahrungsmittel und die bekanntesten Gerichte des Westens und Südwestens zu vermitteln.

»Was wir hier spanische Gerichte nennen, sind eigentlich indianische. Ich bin nicht vertraut mit der spanischen Küche in Europa. Ich kann deswegen auch nicht sagen, welche Eßgewohnheiten die Konquistadoren mit in die Neue Welt brachten, außer daß sie zeitig und oft aßen.

Ich weiß aber, daß die Rezepte, die ich bei indianischen und spanischen Frauen gesammelt habe, die Basis für die Gerichte dieser Region und in Teilen des alten Mexiko darstellten.

Nordamerika hat mehrere bemerkenswerte Produkte zur Nahrungsmittelwirtschaft der Welt beigesteuert. Unter den

Landwirtschaft betreibenden Stämmen zur Zeit der Eroberung waren bestimmte Gemüsepflanzen so allgemein verbreitet, daß die Ethnologen sie die ›amerikanische Triade‹ genannt haben. Es sind dies der Mais, die Bohnen und die Squashes, eine Kürbisfrucht. Sie waren den Europäern vor der Gründung von Kolonien in der Neuen Welt unbekannt. Mit ihnen ist in den Staaten des Südwestens der Pfeffer zu erwähnen.

Auf den ersten Blick scheinen Mais, Bohnen und Squashes, zusammen mit gelegentlichen Fleischgerichten, einen sehr begrenzten Küchenzettel zu ergeben. Was aber diesen Nahrungsmitteln an Abwechslung fehlt, machen sie durch Vitamine wett. Nach Untersuchungen des *U.S. Indian Service* und des Landwirtschaftsministeriums ergeben sie zusammen eine wohlausgewogene Ernährung. Chili enthält viel Vitamin C, wichtig in einer Gegend, wo Zitrusfrüchte und anderes grünes Gemüse für die Durchschnittsfamilie schwer zu beschaffen sind.

Die großen Errungenschaften der Spanier, ihr Beitrag zur Küche des Südwestens, waren Zwiebeln und Knoblauch. Sie gingen eine glückliche Verbindung mit der amerikanischen Triade und ihrer Verwandten, der Tomate, ein. Basilikum, Thymian, Rosmarin und einheimische Minze, die Oregano genannt wird, bilden das große Bouquet des Würzens neben dem allgegenwärtigen Chili. Ich wage mich nun daran, Rezepte für Gerichte des Südwestens zu nennen. Es gibt, so muß dazu bemerkt werden, dabei so viele Varianten, wie es Köche gibt, und der Streit über die rechte Art des Würzens ist so heftig wie im Osten über die Frage, ob man an den Teig des Maisbrotes Zucker geben solle oder nicht. Man kann über keinen Teil des Landes schreiben, ohne das Essen zu erwähnen, aber hier trifft dies in besonderem Maße zu, denn die Speisen sind ein Teil des Lokalkolorits.

Die Verfechter anderer Versionen mögen mir verzeihen, wenn ich nun meine Rezeptvarianten vorstelle.

Im Alltag lebt die Durchschnittsfamilie im Südwesten außerhalb der Großstädte überwiegend von Bohnen. Bohnen heißen hier *frijoles*. Alteingesessene *Anglos*, die sich an die spanischen Gerichte gewöhnt haben, ohne sich große Gedanken über die

Feinheiten der Aussprache zu machen, sprechen von »*free-hole*-Bohnen«. Sie kommen in der regionalen Küche dreimal am Tage auf den Tisch.

Man kann eine Menge mit *frijoles* anfangen. In gewisser Hinsicht hängt alles von der Art der Bohnen ab. Die besten Bohnen für den allgemeinen Gebrauch heißen *pintos* (farbige Bohnen), sie sind klein und cremefarben mit roten Punkten. Beim Kochen nehmen sie eine gleichmäßige einheitliche Färbung an. Wichtig ist beim Kochen von Pinto-Bohnen, daß man sie zunächst sorgfältig säubert. Wenn sie getrocknet worden sind und auf Sand oder Kies ausgestreut lagen, haftet ihnen bestimmt etwas Erde an. Nachdem man die größeren Steine ausgelesen hat, weicht man die Bohnen über Nacht ein. Am Morgen gießt man das erste Wasser ab und gibt ein Stück Fleisch dazu, was immer man gerade da hat. Dann noch Salz, ein Prise Chili, eine kleingeschnittene Zwiebel und viel frisches Wasser dazugeben. Dann läßt man die Mischung in einem Eisenkessel so lange kochen, bis die *frijoles* weich sind. Das dauert zwei bis vier Stunden. Also tut man gut daran, zeitig am Tag mit dem Kochen anzufangen. Unmittelbar bevor die Bohnen weich sind, gibt man noch eine frische Tomate hinzu, ebenfalls klein geschnitten. Das Salz läßt die Bohnen mit der Zeit aufplatzen. Das Gericht dickt so ein. Essen Sie die Bohnen heiß oder kalt mit Chilisoße oder mit *tortillas.*

Wenn Bohnen übrigbleiben, kann man *frijoles refritos*, aufgewärmte Bohnen, machen. Zerstoßen Sie dazu die Bohnen zu einem Brei, geben Sie sie in eine Bratpfanne, und braten Sie sie unter häufigem Wenden mit etwas Fett und Salz. Sie bekommen so einen ganz anderen Geschmack. *Frijoles refritos* sind eine wunderbare Beigabe zu allen würzigen Gerichten der Region, denn die weichen Bohnen nehmen dem Chili die Schärfe.

Fast alles andere beginnt mit *tortillas*, dem hiesigen Brot. Eine *tortilla* wird aus der Mischung von handgemahlenem Maismehl mit Salz und Wasser hergestellt. So entsteht ein Teig. Diesen Teig zieht man zu einem dünnen Blatt aus, indem man ihn zwischen den Handflächen knetet und schlägt, und läßt ihn auf einer heißen Ofenplatte oder auf einem Rost so lange liegen, bis er auf beiden Seiten schön braun ist. Es braucht Geschicklichkeit und Übung, ehe man ein guter Tortilla-»Schläger« wird. Wenn man sich diese Fertigkeit erst einmal angeeignet hat und weiß, wie lange der Teig auf der Herdplatte bleiben muß, sind *tortillas* im Nu hergestellt.

Eine gute und frische *tortilla* sollte etwa die Beschaffenheit eines Blattes feuchten Löschpapiers haben. Der Teig ist schlaff und weich und sieht, besonders wenn er aus blauem Maismehl gemacht wird, nicht sehr appetitlich aus. Für den empfindlichen Neuling, bei dem alles auch noch schön aussehen soll, gibt es deshalb die *tostadas*. Die *tostadas* werden hergestellt, indem man *tortillas* in siedendes Fett wirft, bis sie knusprig werden wie Kartoffelchips. Zu *tostadas* trinkt man im Südwesten gern Bier.

American Memories

Amerikanische Weisheit:
»Iß nie in einem Restaurant, das sich Mom's nennt.
Spiel nie Karten mit einem Mann, der Doc genannt wird.
Mach nie Liebe mit einer Frau, die sagt, sie heiße Miss La-Belle-Dame.«
Edward Abbey, *A Voice Crying in the Wilderness.*
Notes from a Secret Journal

Chilisoße ist neben der *tortilla* ein Grundbestandteil der Küche des Südwestens. Die Soße darf nicht mit jenem Gebräu verwechselt werden, das im Süden und Mittelwesten unter demselben Namen verkauft wird. Die echte Chilisoße des Südwestens besteht keineswegs nur aus kleingehacktem Gemüse, Zucker und importierten Gewürzen.

Zunächst gibt man drei oder vier ganze, getrocknete rote Chili-Pfefferschoten in eine Pfanne, am besten aus Emaille oder aus Steingut. Hinzu kommt Wasser und eine Zehe Knoblauch. Wenn die Schoten breiig gekocht sind, passiert man sie durch ein Sieb, um die Kerne zu entfernen. Die Soße kann mit ein bißchen Mehl eingedickt und gesalzen werden, aber Puristen protestieren dagegen, daß man sie derart ›verfälscht‹. Sie essen sie so, wie sie ist, und sie essen sie zu allem. Oft scheint es, als habe der Chili im Südwesten das Salz verdrängt.

Im Laden erhältliches Chilipulver ist ein schlechter Ersatz für echten handgemahlenen Chili. Es fehlt der ganz eigene Geschmack; außerdem ist es meist mit Mehl oder Maisstärke gestreckt und durch den Zusatz anderer Kräuter weniger scharf. Der beste Chili der Welt wächst zwischen Pojoaque und Chimayo. Die meisten örtlichen Läden mahlen ihren eigenen Chili.

Von der *tortilla* und der Chilisoße ausgehend, können Sie nun in verschiedene Richtungen vorstoßen. Sie können die *tortillas* übereinander schichten, immer mit einer Lage Fleisch und Käse dazwischen, so wie Eierkuchen, und dann das ganze mit Käse gratinieren und gehackte Zwiebeln und Chilisoße darübergießen. Dann hat man *enchiladas*. Wenn Sie ein gebratenes Ei daraufgeben, erhalten Sie eine *enchilada con huevo* (mit Ei), ein wahres Festessen.

Manchmal werden die *tortillas* auch um die Füllung herumgerollt, und die *enchiladas* gleichen dann mehr einer Wurst. Die beiden Schulen des *enchilada*-Machens sind sich spinnefeind. Vertreter der einen Methode sind zwar bereit, das Gericht anders zubereitet zu essen, jedoch nicht ohne verachtende Kommentare und lautstarke Beschwerden.

Tamales sind ein weiterer Festschmaus. Die saftigsten und üppigsten gibt es beim Straßenhändler. Sie müssen noch tropfen, während man sie direkt vom Stand weg ißt.

Sie können *tamales* aber auch daheim zubereiten. Die Grundlage ist ein dicker Teig aus handgemahlenem Mehl. Für *tamales* ist weißes Maismehl besser geeignet als blaues. Streichen Sie den Teig auf den Deckblättern eines Maiskolbens aus, und zwar auf den dünnen, die unmittelbar am Kolben sitzen. Man kann auch Pergamentpapier verwenden, aber die *tamales* werden nicht ganz denselben Geschmack haben. Auf den Teig kommt die Füllung. Ich nehme meist Hackfleisch und Zwiebeln, etwas Knoblauch, eine Prise Oregano und eine Prise Chili. Braten Sie das Fleisch zuvor kurz mit etwas Fett in der Pfanne an.

Nun streichen Sie wieder Teig auf die Lage Fleisch. Dann rollen Sie den *tamal*. Der nächste Schritt erfordert etwas Geschicklichkeit. Halten Sie das Blatt mit Daumen und Fingern fest an den Enden, und schlagen Sie es mit einer einzigen Drehung ein. Damit die »Wurst« nicht aufgeht, können Sie sie mit Zwirn abbinden. *Tamales* können in einer abgedeckten Pfanne im Ofen gebacken werden; das ist die sicherste Methode. Wenn Sie es den Einheimischen gleichtun wollen, dann werfen Sie sie in einen Topf mit kochendem Wasser und verfahren Sie wie bei Klößen.

Die Getränke, die zu einem spanischen Essen gereicht werden, sollten so gewählt werden, daß sie dem Chili die Schärfe nehmen. Wasser ist für diesen Zweck nicht geeignet. Der Neuling nimmt seinen ersten Bissen von einem mit Chili gewürzten Gericht und greift automatisch zum Wasserglas. Wenn kein Einheimischer da ist, der ihn zurückhält, wird er dieses Vorgehen während der nächsten vierundzwanzig Stunden bereuen, denn Wasser verstärkt die Schärfe von Chili. Das gleiche gilt für Tee und in gewissem Sinn auch für Kaffee.

Das beste Getränk für ein Gericht, das mit Chili gewürzt ist, ist Milch. Es ist so beruhigend, daß der zweite bis letzte Bissen wie der erste schmeckt. Ein bißchen Chili, ein Schluck Milch und ein Mundvoll Bohnen oder *tortillas* ist eine erprobte Formel. Gleich nach Milch kommt Bier. Es gibt sogar Leute, die behaupten, es lasse den Geschmack noch besser hervortreten. Bestimmt hat es eine Affinität zu den Gerichten des Südwestens, die Wein nicht hat. Ich kannte einmal eine Frau, die viele Jahre in Frankreich gelebt hatte und darauf bestand, man müsse zu Chili Burgunder trinken. Sie sagte, es schmecke ihr, aber sie war in vieler Hinsicht eine außergewöhnliche Frau.

Die Frage stellt sich: Warum ißt man Chili, wenn Chili solche Qualen hervorruft? Die Antworten sind unterschiedlich. Zunächst einmal, und das ist schon gesagt worden, nimmt man mit Chili viel Vitamin C auf, was das Verlangen erklärt, das manche Leute aus dem Südwesten danach haben.

Chili wirkt auf den Esser auch leicht anregend, etwa so wie ein leichter Wein. Und drittens: Die wahren, passionierten Chili-Esser brauchen keinen Grund. Sie lieben Chili: Das ist alles.«

190

26
Bandelier und sein Roman
The Delight Makers

Als ich zum erstenmal in den Südwesten kam – man wird sich an
den Fragebogen erinnern, und ich hatte mein Interesse an Archäologie und Indianern darin auch erwähnt – fuhren meine
Paten mit mir vom San Ildefonso-Pueblo zur Mesa Verde des
Rio Grande-Gebietes, in das mit Wald bedeckte Canyon-Land
des Bandelier-Gebirges. Es ist benannt nach dem geistigen Vater
der amerikanischen Indianer-Archäologie.

Adolf Bandelier wurde am 8. August 1840 in Bern in der
Schweiz geboren. Sein Vater war ein Schweizer Armeeoffizier
und seine Mutter eine russische Aristokratin. Als Bandelier acht
Jahre alt war, reiste er mit seiner Mutter nach Amerika, wo sein
Vater ein Grundstück erworben hatte. Die Familie ließ sich
zunächst in Highland, Illinois, nieder, wo Bandelier seine Kindheit verbrachte. Er sammelte Steine, Schmetterlinge und indianische Pfeilspitzen. Als er fünfzehn Jahre alt war, wurde er in die
Schweiz geschickt, um an der Universität Bern Geologie zu studieren. Nach Abschluß seiner Studien kehrte er nach Illinois
zurück und nahm eine Anstellung als Schreiber an. Er behielt
diesen Beruf in den dramatischen Jahren des Bürgerkrieges bei.
Zu dieser Zeit begann er sich intensiv mit nordamerikanischer
Archäologie zu beschäftigen. Um 1870 war er Experte genug,
um mit Lewis Henry Morgan, dessen stark von Friedrich Engels
beeinflußtes Werk *Ancient Society* 1877 erschien und der in den

USA als der führende Altertumswissenschaftler seiner Zeit gilt, in einen Meinungsaustausch einzutreten. Zwischen 1873 und 1879 beschäftigte sich Bandelier unter Anleitung von Morgan mit der sozialen Organisation des Aztekenreiches. Das Ergebnis war eine Reihe von Monographien, in denen er die Ansicht vertrat, die Azteken hätten keine Monarchie, verglichen mit der der europäischen Herrscher, gekannt. Vielmehr sei ihre Gesellschaft in der Art einer Stammesdemokratie, ähnlich der Konföderation der Irokesen im Waldland des amerikanischen Ostens, organisiert gewesen.

Gedacht war diese These als Kritik auf William Hickling Prescotts 1843 und 1847 erschienene Werke *Die Eroberung von Mexiko* und *Die Eroberung von Peru*, in denen dieser die Meinung vertreten hatte, die aztekischen Herrscher seien »Sonnenkönige« gewesen, allmächtige Herrscher über ein gewaltiges Imperium wie Louis XIV. von Frankreich oder Philip II. von Spanien. Prescotts romantische Vorstellung über die Azteken hatte auf die Einbildungskraft der Amerikaner und Europäer eine unwiderstehliche Anziehungskraft ausgeübt. Seine Bücher waren zu Bestsellern geworden.

Nach Bandeliers Meinung aber stand Prescotts Popularität in genau umgekehrtem Verhältnis zu der wissenschaftlichen Genauigkeit seiner Darstellungen. Die aztekische Gesellschaft, so Bandeliers Meinung, lasse sich in keiner Weise mit den zentralistischen Strukturen der katholischen Königreiche in Europa vergleichen.

Aber Bandelier griff nicht nur Prescott, Amerikas bekanntesten Historiker, an, sondern kritisierte auch den Verfasser populärer historischer Romane dieser Zeit, Lewis Wallace (1827 bis 1905), den Autor von *Ben Hur*, dem wir schon als Hausherren des Gouverneurspalastes in Santa Fe begegnet sind. 1873 hatte Wallace einen Roman mit dem Titel *The Fair God* veröffentlicht, in dem er die aztekischen Herrscher zu Pharaonen der Neuen Welt verklärt hatte.

Später wurden sowohl Prescott als auch Wallace als zu überschwenglich romantisch kritisiert. Bandelier warf man freilich vor, er habe sich nie völlig von dem Einfluß seines Mentors Morgan befreien können. Das trifft aber nicht zu auf Publikationen, bei denen er auf Erfahrungen und Beobachtungen zurückgreifen konnte, die er auf seinen eigenen Reisen gemacht hatte.

Aber auch was die Azteken anging, lehnte sich Bandelier nicht an Morgans Vorstellungen an. Vielmehr ging es ihm darum, mit den mystischen und unrealistischen Auffassungen, die damals die Geschichtsforschung über die vorkolumbischen Kulturen beherrschten, aufzuräumen. Wie er in dem späteren Werk *The Gilded Man* (1893) nachzuweisen versuchte, das sich mit den

American Memories

»Wir sind die Nachfahren derjenigen, die vor langer Zeit die letzte Zerstörung der Welt durch eine große Flut überlebt haben. Unsere Aufgabe ist es, das Wissen über das Überleben in der Hoffnung weiterzugeben, eine andere globale Katastrophe aufgrund der Erfindung eines Kürbis' voll Asche, der Atombombe, zu verhindern.«

Thomas Banyacya Sr., Ältester der Hopi,
in einem Brief an den amerikanischen Präsidenten

Quellen der El Dorado-Legende beschäftigte, war die Betrachtung von Kulturen der *American natives* unter Maßstäben europäischer Geschichte unmöglich. Wenn man von Legenden statt von Fakten ausging, konnte das Ergebnis nicht viel mehr sein, als daß man feststellte, hinter den Gerüchten von einer goldenen Stadt stehe nichts anderes als eine peruanische Stammeszeremonie, bei der einer der Tänzer mit Goldstaub bestrichen wurde.

Im Jahre 1879 wurden das »Archäologische Institut von Amerika« gegründet. Ein Jahr später reiste Bandelier, ausgestattet mit einem der ersten Stipendien dieser Einrichtung, in den Westen. Er besuchte Santa Fe und begann die Kultur der Pueblo in New Mexico zu studieren. Dieses Thema beschäftigte ihn für den Rest seines Lebens. Mit Stipendien verschiedener Institutionen betätigte er sich in den letzten dreißig Jahren seines Lebens als

Ausgräber und interpretierte die von ihm gefundenen Artefakte. Die Indianer und ihre Vergangenheit faszinierten ihn mehr und mehr. Und er widmete sich diesem Forschungsbereich geradezu leidenschaftlich. Sein Freund Charles Lummis berichtet: »Ich habe viele Gelehrte und einige Helden gekannt. Aber daß ein Mensch beides zusammen ist, kommt selten vor. Ich erinnere mich, wie Bandelier, an Pocken erkrankt, bei zwei Fuß hohem Schnee durch die Manzanos stampfte; ich denke an die in die Zehntausende von Meilen gehenden Wegstrecken, die er beim Entdecken, Vermessen und Beschreiben des Südwestens zurücklegte. Jahre zu Fuß, allein im nördlichen Mexiko mit keiner anderen Waffe als einem Federmesser, in einer Gegend, durch die die Kriegspfade der Apachen führten.«

Mochte er anderen Wissenschaftlern geradezu als ein Fanatiker erscheinen, so konnte seine Leidenschaft ihm nie seinen Sinn für die bei einem Wissenschaftler gebotene Objektivität trüben. Als Beobachter hielt er Abstand. Obwohl er Jahre bei den Pueblo und anderen Stämmen verbrachte, dachte er nie daran, sich auf ihre Art zu maskieren und ihre Lebensart anzunehmen.

Selbst D. H. Lawrence, der die Ansicht vertrat, daß jeder Weiße in bezug auf Indianer sentimental sei, räumte ein, daß dies auf Adolf Bandelier nicht zutreffe.

1885 kehrte Bandelier von New Mexico nach New York zurück. Er hielt dort einen Vortrag vor der Historischen Gesellschaft, in dem er erklärte, die Tage der historischen Fiktion gehörten endgültig der Vergangenheit an, der Fortschritt der Wissenschaft sei so gewaltig, daß er die Geschichtsschreibung Amerikas zu einem kritischen und praktischen Zweig der Anthropologie und der Erkenntnistheorie werden lasse. Sein Vortrag war die Grabrede auf die romantische Schule der amerikanischen Archäologie.

Nun schrieb Bandelier auch einen historischen Roman, *The Delight Makers*, der im 12. Jahrhundert im Südwesten des nordamerikanischen Kontinents spielt. Das Erfinden einer Romanhandlung allerdings stand für ihn nicht im Widerspruch zu der These, die er in seinem Vortrag aufgestellt hatte. Für ihn war

Gleich um die Ecke von Los Alamos, wo die Atombombe erfunden und gebaut wurde: weiße Klippen am Chamos River, wo auch Georgia O'Keeffe malte.

Fiktion nicht von der Phantasie bestimmt, er erhob für sie in seinem Fall den Anspruch auf Wahrheit. Im Vorwort zur ersten Ausgabe seines Buches erklärte er: »Diese Geschichte ist das Resultat von acht Jahren ethnologischer und archäologischer Studien unter den Pueblo-Indianern in New Mexico. Den ersten Teil habe ich 1885 in Santa Fe geschrieben, nachdem ich mich mit den Tehua ebenso intensiv beschäftigt hatte wie mit ihren Nachbarn, den Queres. Ich habe mich beim Schreiben dieses Werkes von der Überzeugung leiten lassen, daß wissenschaftliche Werke zwar die Wahrheit über die Indianer enthalten, jedoch einen zu geringen Einfluß auf das breite Publikum haben. Für die breite Öffentlichkeit, in unserem Land wie auch im Ausland, sind die Indianer so gut wie unbekannt geblieben. Indem ich nüchterne Fakten in das Gewand einer erfundenen Handlung hüllte, habe ich versucht, die ›Wahrheit über die Pueblo-Indianer‹ besser zugänglich und für ein breites Publikum verständlicher werden zu lassen.

Die nüchternen Fakten habe ich aus drei Sachgebieten bezogen: aus der Geographie, der Ethnologie und der Archäologie. Die Beschreibung des Landes und seiner Natur sind real. Die Darstellung der Lebensgewohnheiten, Sitten und der Riten beruhen auf Beobachtungen, die ich selbst gemacht habe, auf Berichten vertrauenswürdiger Indianer und einer ganzen Anzahl alter spanischer Quellen, in denen die Pueblo-Indianer so dargestellt werden, wie sie vor längerem Kontakt mit der europäischen Zivilisation gelebt haben.

Die Beschreibung der Architektur schließlich basiert auf Nachforschungen in Ruinen am Ort der Handlung, die immer noch existieren.

Die Handlung habe ich erfunden. Aber die meisten der Szenen, die beschrieben werden, habe ich erlebt; sie beruhen auf jener Tradition, die sich bei den Queres von Cochiti erhalten hat und die besagt, daß bis vor einigen Jahrhunderten ihre Vorfahren auf dem Rito de los Frijoles wohnten, und einer ähnlichen Überlieferung bei den Tehua des Pueblo Santa Clara über die Höhlenwohnungen von Puye.«

Santa Clara ist heute das zweitgrößte der sechs Tewa-sprechenden Pueblos. Es liegt eine Meile südlich von Española und 22 Meilen nördlich von Santa Fe. Das »Puye Cliff Dwellings's Harvey House« ist als Geschichtsdenkmal registriert. Die Puye-Klippen waren über mehr als drei Jahrhunderte von knapp 1500 Pueblo-Indianern bewohnt, die dort Dörfer errichteten, Ackerbau trieben und auf die Jagd gingen. In der Tewasprache bedeutet *puye* »wo die Kaninchen sich treffen«.

Die Handlung des Romans *The Delight Makers* kreist um eine mächtige Geheimgesellschaft, genannt Koschare oder »Freudenbringer«. Die Rivalität zwischen den Clans und eine Verschwörung gegen eine Frau, die der Zauberei angeklagt wird, führt zu einem Krieg mit dem benachbarten Stamm, den Tehua, und zur Zerstörung des Queres-Dorfes. Leider kann ich den interessierten Leser auf keine deutschsprachige Ausgabe hinweisen: *The Delight Makers* von Adolf F. Bandelier harrt noch der Übersetzung. Was die literarischen Qualitäten des Buches an-

geht, so kann man sich dem Urteil Stefan Jovanovichs an-
schließen, der im Vorwort zu einer Neuausgabe in englischer
Sprache im Jahr 1971 schrieb:

»Im strengeren Sinn als Literatur betrachtet, kann sich der
Roman durchaus mit einigen der besseren Werke naturalisti-
scher Fiktion gegen Ende des 19. Jahrhunderts messen. Wie sie
zeigt uns Bandelier eine Welt der Natur, die nur ihre eigenen Gesetze kennt und im übrigen gnadenlos ist. In einem Abschnitt
seines Romans beschreibt er das Elend der Pueblo, nachdem sie
aus ihrem Dorf vertrieben worden sind. Dort heißt es dann recht
unsentimental: ›Die Natur starrte ihnen ins Gesicht, und die
Natur kennt kein Mitleid, obwohl es heißt, daß wir eins sind mit
ihr (…). Natur kennt nur ihre Gesetze und ihre Gewalt, und wer
immer zu Zeiten von ihr abhängig ist, da ihre Gesetze die Existenz des Menschen nicht dulden, wird das Opfer ihrer übermächtigen Kräfte.‹

Als Schriftsteller hat Bandelier seine Schwächen. Er ist weit-
schweifig und manchmal provinziell. Aber seine Beschreibungen
sind niemals blumig oder lediglich rhetorisch. Die Qualität seiner
Reflexionen ist erstklassig.« In mancher Hinsicht ist er den strik-
ten Dogmen der literarischen Naturalisten sogar überlegen. Im
Jahr 1880 schrieb Emile Zola beispielsweise: »Der Romanautor
soll nur ein Wissenschaftler, ein Analytiker, ein Anatomist sein,
sein Werk muß eine gewisse Bestimmtheit und Solidität haben,
die Möglichkeit zur praktischen Anwendung, die ein Werk der
Wissenschaft besitzt.« Daran orientierte sich Bandelier, wie die
voranstehenden Äußerungen aus seiner Feder beweisen.

Aber er selbst handhabe dieses Programm nicht engherzig.
Dem Kampf des Menschen ums Überleben verlieh er viel mo-
deratere Züge als die typischen Autoren des Naturalismus. Seine
Geschichte geht nicht von der Existenz eines höheren Plans zur
Katastrophe aus, sein Realismus hat Raum für Humor, aber auch
für Tragik. Bandelier stellt sich das Leben dieses Naturvolkes
nicht von tierischen Leidenschaften bestimmt vor. Seine Indianer können hungrig sein, ohne sich deswegen gleich in blutrün-
stige Raubtiere zu verwandeln. Er verfällt nicht in die über Jahr-

hunderte in Europa gültigen Klischees vom bestialischen Primitiven oder edlen Wilden. Die Menschen, die er zeigt, werden nicht zum bloßen Spielball primitiver Instinkte, vielmehr lernen wir sie als komplexe menschliche Wesen kennen, »eingespannt in eine Gesellschaft mit Gesetzen und Zwängen.«

Mit der Entdeckung der Ruinen am Wasserlauf des Rito de los Frijoles durch Bandelier – damals gab es noch keine Straße in dem Frijoles-Canyon – und durch die Restaurierungsarbeiter des Civilian Conservations Corps in den späten 30er Jahren entstand 48 Meilen nordwestlich von Santa Fe das »Bandelier National Monument«. Heute ist es neben seiner Bedeutung für die Anthropologie und Archäologie eine wichtige Attraktion für den Tourismus dieser Gegend.

27
Edward Abbey oder
Die Verteidigung der Wildnis

Edward Abbey, geboren 1927 in Home, Pennsylvania, gestorben 1989 in Oracle, Arizona, gehört zu meinen Lieblingsautoren. In Deutschland kaum beachtet, zählt er zu den profiliertesten Schriftstellern des amerikanischen Westen. Er ist mit Henry David Thoreau (1817 bis 1862) verglichen worden. Nachdem er seine Studien an der University of New Mexico in Albuquerque abschloß, war er längere Zeit als *Forest Ranger* in den Naturparks des Westens tätig. Sein vielleicht bekanntestes Buch *Desert Solitaire. A Season in the Wilderness* erschien 1968 und ist ein Loblied auf die Wildnis und ein Aufruf, die letzten tatsächlichen Wüsten und Wildnisse in den USA zu erhalten. Abbey nimmt darin eine recht unromantische Haltung gegenüber der Natur ein. Das Buch enthält einige der eindrucksvollsten Beschreibungen und Reflexionen über die Landschaften der Four Corners. Bezeichnend für den Inhalt ist das den Texten vorangestellte Pablo-Neruda-Zitat: »Gebt mir Schweigen, Wasser, Hoffnung, gebt mir Kampf, Eisen, Vulkane …«

Abbey selbst schreibt: »Die Wüste ist … atonal, grausam, klar, weder romantisch noch klassisch, bewegungs- und gefühllos in einem (…). Wie der Tod? Vielleicht. Und vielleicht erscheint deswegen Leben nie so tapfer, so hell, so voller Orakel und Wunder wie in der Wüste.«

In seinem auch ins Deutsche übersetzten Roman *The Monkey*

Wrench Gang (deutsch: »Die Universal-Schraubenschlüssel-Bande«) beschreibt er die Abenteuer einer kleinen Gruppe von Bewunderern der amerikanischen Wildnis, der Canyons und Mesas des Südwestens. Diese Gruppe von Anarchisten will den sprichwörtlichen Schraubenschlüssel in das Getriebe der heute zur Ausbeutung der Natur dienenden Maschinerie fallen lassen. Zielscheibe ihrer Angriffe sind die Bulldozer der Straßenbauer, die Helikopter der Gesetzeshüter und die Güterzüge aus jenen Kohlevorkommen auf der Black Mesa, die den Stammesräten der Navajo und Hopi von weißen Spitzbuben abgegaunert wur-

---

American Memories

Die gefleckte Eule

»Nicht sehr groß
nicht sehr schwer
ziemlich zutraulich
nimmt eine Maus
aus der Hand des Menschen
dieses Untiers
kann aber ohne die
alten Wälder nicht leben.

Dienstag werden wir
hören
was sie den Amerikanern wert ist.«

Hans-Christian Kirsch,
*Einem Bettler in den Hut
(Poems Quarter Each)*

---

den. Unter anderem plant die Gruppe (im Roman, versteht sich), den Glen-Canyon in die Luft zu sprengen, um so den Colorado River wieder in den Zustand seiner ursprünglichen Wildheit zurück zu versetzen. Nach längeren Diskussionen kommen Abbeys Helden zwar zu dem Schluß, daß man in Verteidigung der Natur keine Menschen töten dürfe, vor Gewalttaten gegen Sachen jedoch schrecken sie nicht zurück. Ihr Parole ist eine Ge-

Trucks und Truckdriver auf der Route. Die Autos sind nahezu Kultgegenstände. Die Fahrer sind freundliche Burschen, die einen auch gern mal auf eine Runde mitnehmen.

dichtzeile von Walt Whitman: *»Obsist much, obey little«* (Widersetze dich viel, gehorche wenig).

Edward Abbey, der seine Abschlußarbeit an der Universität über das Thema »Anarchismus und die Moral von Gewalt« schrieb, ließ keinen Zweifel darüber, daß er nicht nur in der Phantasie zu solchen Sabotageaktionen Pläne entworfen habe. Sie scheinen ihm vielmehr in der Realität das einzig wirksame Mittel gegen etwas, was er moralisch für falsch und gefährlich erachtet. Mit den Worten einer Person aus seinem Roman, des in der *Army* während des Vietnam-Kriegs zum Sprengstoff-Experten geschulten, späteren Umweltschützers Hayduke: »Wir haben alles probiert. Wir haben die Gerichte bemüht, wir haben es mit Propagandakampagnen und Politik versucht – vergebens. Die Zeit ist gekommen, um zu direkterer, ungesetzlicher Gewalt überzugehen, zugunsten einer Natur, die sich nicht selbst wehren kann.«

Abbey hatte erklärt, Umweltethik sei als ein Weg zu verstehen, auf dem die Natur selbst ihre Rechte wahre. Das menschliche Bewußtsein entwickle sich dahin, den wesentlichen Wert der selbst sprachlosen Erde zu verteidigen. Dies sei eine logische Ausweitung der traditionellen christlichen Ethik und schließe jede lebende Kreatur mit ein, mit der wir Menschen diesen Planeten teilen. Eine solche Ethik, also eine Anweisung für ein richtiges Leben, sollte sich auch auf alles Nicht-Lebende, auf das Anorganische, die Quellen, Ströme, Seen, Flüsse und Ozeane, auf die Winde und Wolken, die Luft und den schieren Fels ausdehnen, der ja das Fundament der Erde darstelle, auf die Hügel, Gebirge, Sümpfe, Wüsten, Ebenen und Küsten.

1982 äußerte Abbey die Überzeugung, die Menschen hätten kein Recht, mehr als einen gewissen Teil des Planeten zu benutzen, und die ihnen gebotene Grenze dabei sei bereits überschritten. Wildnis müsse als Wildnis belassen werden. Und dies nicht in erster Linie in Hinblick auf die Menschen, die solche Plätze zu ihrer Erholung und eigenen Erneuerung benutzten. Naturschutz stelle vielmehr die Anerkennung des Rechts der nicht lebendigen Dinge dar, der Steine oder eines ganzen Gebirges, die das Recht hätten, in Ruhe gelassen zu werden. Es gebe, so heißt es bei Abbey weiter, sehr wohl gerechtfertigte Eingriffe des Menschen in die Umwelt, wie sie sich aus den vernünftigen Bedürfnissen einer vernünftigen Zahl von Menschen auf einem bestimmten Kontinent ergäben. Aber die moderne technologische Zivilisation habe diesen Meßwert längst überschritten. »Ich könnte ebensowenig die Scheide einer Axt in das Gewebe eines lebendigen Baumes graben wie in das Fleisch eines Mitmenschen«, bekennt Abbey.

Kurz nachdem er die Fortsetzung zu *The Monkey Wrench Gang* mit dem Titel *Hayduk Lives* beendet hatte, starb der leidenschaftliche Kämpfer gegen die Verwüstung der Wildnis. Bezeichnend ist, daß sein Werk, zu dem mehrere Romane und Essay-Bände gehören, sich außerhalb des amerikanischen Literaturbetriebs durchsetzte. Seine Bücher erschienen zum Teil in dem 1892 von John Muir – einem der Begründer der »grünen« Traditionslinie in den USA – ins Leben gerufenen »Sierra Club«, einer »Gesellschaft zum Studium und Schutz der Erde und ihrer ökologischen Ressourcen«.

28
Petrified Forest
und »die gemalte Wüste«

Zunächst ein kleiner Ausflug in die Frühgeschichte Amerikas. Die ersten Menschen gelangten während einer der Eiszeiten auf den nordamerikanischen Subkontinent, als die Wasserspiegel der Meere beträchtlich absanken. Asien war in dieser Epoche mit Amerika durch eine Landbrücke in der heutigen Beringsee verbunden. Damals zogen die frühen Menschen jagend und fischend durch enge eisfreie Korridore südwärts. Als sie vom heutigen Sibirien nach Alaska gelangten, stießen sie in ein unberührtes Paradies mit Mammuts, Mastodons, prähistorischen Pferden und Bisons vor. Sie breiteten sich immer weiter südwärts aus, bildeten neue Gruppen, folgten dem Wild, vermehrten sich, starben. Immer neue Clans, Familien und Stämme entstanden. Hunger war das wichtigste Motiv für ihre Wanderung und Landnahme. Aber es waren wohl auch andere Kräfte am Werk. Wie die Samen des Löwenzahn darauf angelegt sind, vom Wind überall hingetragen zu werden, so scheinen Menschen die Eigenart zu haben, sich immer weiter ausbreiten zu wollen. Ihre Vorliebe für Reisen, die Freude an einer leeren Landschaft und die Neugierde auf das Unbekannte trieben sie immer weiter vorwärts.

Innerhalb von einigen tausend Jahren hatten die auf den leeren Kontinent Eingewanderten dessen Südspitze erreicht, wo sie das Eis aufhielt. Der Kontinent war nun, wenn auch dünn, von Baffin Bay bis Feuerland von Menschen bewohnt.

Kurz nachdem die ersten Menschen die damals bestehende Landbrücke im Norden überquert hatten, stieg der Meeresspiegel durch klimatische Veränderungen, und die Einwanderer waren vom ursprünglichen Ausgangspunkt ihrer Wanderungen in Asien abgeschnitten.

American Memories

»In einer Höhle in einem engen Canyon nahe Tessajara
ist die Felskammer mit Händen bemalt,
eine Vielzahl von Händen im Zwielicht, eine Wolke
menschlicher Handflächen,
nichts mehr,
kein anderes Bild. Und keiner, der uns sagt,
ob die braunen, scheuen, stillen Menschen, die tot sind,
damit Religion oder Magie bezweckten
oder absichtslose Hervorbringung von Kunst; aber
über den Abstand der Zeit hin
sind diese sorgfältig
gezeichneten Hände wie eine versiegelte Botschaft,
die besagt: Seht, wir waren auch
menschliche Wesen, wir hatten Hände, nicht
Pfoten. Glück auf den Weg,
ihr Volk mit geschickteren Händen,
ihr, die ihr uns ablöst in diesem Land,
erfreut euch seiner Jahreszeiten, seiner Schönheit,
bis ihr selbst abgelöst werdet durch andere,
denn ihr seid menschlich.«

Robinson Jeffers

Wir wissen wenig über diese ersten Menschen in Amerika. Da sie Sammler und Jäger waren und ihre Aufenthaltsorte rasch wechselten, sind die archäologischen Funde relativ spärlich. Die noch sichersten Hinweise liefert die Sprache. Man nimmt an, daß sie ein in Eurasien entstandenes Idiom sprachen, das man als Protoamerind bezeichnet. Die Sprachwissenschaftler haben diese ausgestorbene Sprache aus ihren Spuren in heute noch lebendigen Sprachen rekonstruiert. Das Wort »Milch«, englisch »milk«, kommt aus dem protoindoeuropäischen Wort »melg«.

Das Protoamerind kennt das Wort »mali'a«, was saugen bedeutet. Daraus wurde bei den Inka »malq'as« und bei den Hualapai-Indianern, einem Stamm im Grand Canyon, »malqui«.

In jener Gegend, die heute New Mexico heißt, lebten die frühen Amerikaner in kleinen Gruppen. Sie folgten den Herden des prähistorischen Bison, sammelten die Samen und Wurzeln von Wildpflanzen und kampierten an Seen und Flüssen. Über Tausende von Jahren setzte sich diese nomadische Lebensweise fort. Etwa um 7000 vor Christus dürfte erstmals auf dem Kontinent in Mesoamerika Landwirtschaft betrieben worden sein. Aber erst um das Jahr 1500 vor Christus scheint es zu den ersten Ansätzen der Landwirtschaft im Südwesten der heutigen USA gekommen zu sein. Der Vorläufer des Mais war ein tropisches Gras namens Teosinte mit Samenkörnern, die kleiner als die des Weizens waren. Über einen Zeitraum vom dreißig bis fünfzig Jahrhunderten wurde daraus die Maispflanze, die wir heute kennen. Daß es zu diesem Zuchterfolg kam, ist vor allem eine zivilisatorische Leistung der Frauen.

Bis vor kurzem nahm man an, daß die Erfindung des Ackerbaus gegenüber dem Urzustand der Menschen einen evolutionären Fortschritt dargestellt habe. Dabei ging man davon aus, daß Ackerbau eine bessere Ernährung zur Folge gehabt, dies wiederum zu längerer Freizeit geführt habe und es dadurch zur Entwicklung von Kunst, Religion und Wissenschaft gekommen sei.

In den letzten Jahren aber sind die Anthropologen zu der Einsicht gelangt, daß der Ackerbau keineswegs einen Schritt vorwärts darstellte. Durch Vergleich der Grabfunde stellte sich nämlich heraus, daß die frühen Bauern schlechter ernährt waren als die Sammler und Jäger. Ackerbau war auch nur durch Einsatz der Kinder möglich. Der Nahrungserwerb durch Ackerbau erforderte vier bis sechs Wochentage Arbeit, der der Sammler und Jäger dagegen nur zwei. Es stellte sich auch heraus, daß Ackerbau in seiner frühen Form eine weniger sichere Nahrungsquelle darstellte als die Jagd und das Sammeln von Wildfrüchten und daß eine agrarische Bevölkerung anfälliger gegen Hungersnöte war, da Ackerbau meist zu einer größeren Bevölkerungsdichte führte. In Hinblick auf die Lebensqualität scheint also der Ackerbau ein Rückschritt gewesen zu sein.

Landwirtschaft betreibende Völker und Stämme wurden denn auch von den Nomaden immer mit leiser Verachtung betrachtet. Das spiegelt sich beispielsweise in der Haltung der Sioux und Apachen gegenüber den Ackerbau betreibenden Pueblo-Indianern und später gegenüber den weißen Siedlern.

Es scheint auch, daß die biblische Geschichte von der Vertreibung aus dem Paradies dieses Phänomen abbildet. Adam und Eva wurde aus dem Paradies der Sammler und Jäger vertrieben, um als Ackerbauer im Schweiße ihres Angesicht ihren Lebensunterhalt zu verdienen.

Mit der Übernahme des Ackerbaus begannen im Südwesten die Amerid sprechenden Völker seßhaft zu werden, ständig benutzte Wohnanlagen zu bauen, Körbe zu flechten und Keramik herzustellen. Aus den Grubenhäusern wurden die runden Kammern, in denen man religiösen Zeremonien nachging. Die Wohnhäuser wurden nun aus Stein errichtet und mit Adobe überzogen, einem Gemisch aus Ton und Häcksel. Es entwickelte sich eine Priesterschaft, eine Gesellschaft mit einer Ober- und einer Unterschicht. Dies war die Zeit der Anasazi.

Mit der Ausdehnung der Ackerflächen wurden auch die Siedlungen immer größer. Zeremonien und Religion gewannen an Bedeutung, ja, sie wurden nun als Instrumente der Naturbeherrschung als entscheidend wichtig angesehen.

Der sichtbare Höhepunkt der Anasazikultur war etwa um das Jahr 900 nach Christus erreicht. Ihre eindrucksvollsten Bauten kann man noch heute im Chaco-Canyon und auf der Mesa Verde besichtigen. Insgesamt aber dehnte sie sich über Tausende von Quadratkilometern im Südwesten aus. Die großen Straßen, die zu dieser Zeit angelegt wurden, geben insofern Rätsel auf, als die Anasazi weder Wagen noch Zugtiere kannten. Das Pferd kam erst mit den Spaniern in die Neue Welt.

Zwischen 700 und 1100 nach Christus scheinen dann andere Volksgruppen ins heutige New Mexico eingedrungen zu sein. Es waren große und hagere Menschen mit ausgeprägt hochstehen-

Vor ein paar tausend Jahren verwandelten sich hier ganze Wälder in Steine. Im übrigen findet man im versteinerten Wald fantastische Petroglyphen der frühzeitlichen Indianer.

den Wangenknochen. Sie brachten eine andere Sprache mit, die in Eurasien mit dem Georgischen, dem Chinesischen, Tibetischen und Baskischen verwandt zu sein scheint. Die moderne Wissenschaft nennt dieses Idiom Protonanese, es ist weitaus jünger als das Protoamerind.

Ein dieser Bevölkerungsgruppe angehörender Stamm erschien zwischen 700 und dem 14. Jahrhundert, aus der Ostküste des heutigen Kanada kommend, im Südwesten. Die nomadisierenden Einwanderer nannten sich selbst, wie schon erwähnt, *Dineh*, das Volk. Aus ihnen gehen später die Stämme der von den Spaniern so genannten Navajo und Apachen hervor.

Interessanterweise schildert ihre Mythologie eben diese Epoche als Eintritt der Dineh in die fünfte, die heutige Welt.

Einmal im Südwesten angekommen, verlangsamte sich ihre Wanderbewegung, und sie teilten sich in verschiedene Gruppen auf. Einige blieben im östlichen New Mexico und in Texas, andere gelangten ins südliche Arizona und nach Sonora in Mexiko. Wann genau die Dineh den Lebensraum der Anasazi erreichten, ist eine noch ungeklärte Frage. Es könnte sein, daß dies zu einem Zeitpunkt geschah, als die Anasazi noch in dieser Gegend ansässig waren; es ist aber auch möglich, daß sie in ein von den Anasazi schon geräumtes Gebiet einsickerten. Denn eben um diese Zeit verließen die Anasazi diese Gegend, zogen nach Süden und gründeten im Tal des Rio Grande die noch heute bestehenden Dörfer um Santa Fe und, weiter südlich, die von den später dorthin vordringenden Spaniern »Pueblos« genannten Dörfer. Die Dineh nannten die abgezogenen Stämme *Anaasáz*, »uralte Feinde«, die Ruinen dieses Volkes *Anaasázi bighan*, »Heim der uralten Feinde«, sie wurden für sie zu gefürchteten Orten, die sie *Bááhádzi* nannten.

Aus den Dineh wurden die Navajo-Indianer. Und als die Weißen kamen, sahen die Schamanen, Heiler und Sänger dieses Stammes eine Parallele zwischen den einst mächtigen Anasazi, dem Alten Feind der Vierten Welt und den *Bilagáana*, den Weißen und Herrschern der Fünften Welt.

Warum die Anasazi ihren ursprünglichen Lebensraum verließen, ist eine noch weithin offene Frage. Zunächst vermutete man eine lange Dürreperiode oder Vulkanausbrüche. Ein Grund scheint auch das Aufkommen neuer religiöser Vorstellungen gewesen zu sein, wie sie sich im Glauben an die Kachinas tradiert haben. Der Druck durch die Nomadenstämme der Dineh dürfte ebenfalls eine Rolle gespielt haben, wahrscheinlich aber auch Machtkämpfe unter den Anasazi selbst.

Die Mesa Verde, der Chaco-Canyon, das Bandelier-Gebirge bei Santa Fe und schließlich die Pueblodörfer in seiner Umgebung sind Orte, an denen man sich anhand von Ausgrabungen und Landschaft eine Vorstellung von dem eben geschilderten Geschichtsprozeß machen kann. Die Gegend, die heute als Petrified Forest bezeichnet wird, ist jener Landstrich in Arizona, in dem man sich in die Vorgeschichte zurückversetzt sieht.

Die nähere und weitere Umgebung von Santa Fe spiegelt die

Kulturtradition der Anasazi, der Pueblo und später der Spanier wider. Westlich davon, im heutigen Arizona, findet man eine Landschaft, in der sowohl vorgeschichtliche geologische Prozesse wie auch die Anasazi ihre bis heute sichtbaren Spuren hinterlassen haben. Sie sind ein sichtbares Abbild der Mythologie der Navajo.

In der ganzen Welt haben frühe Menschen Ritzungen und Bilder auf den Steinwänden von Höhlen hinterlassen. Diese Erbschaft legt darüber Zeugnis ab, wie sie versuchten, bestimmte Grundbedürfnisse festzuhalten, die Götter anzurufen, das Ergebnis menschlicher Visionssuche abzubilden, durch magische Mittel Fruchtbarkeit, Gesundheit und Erfolg zu erlangen, Mythen und Legenden fortzuschreiben, den Anspruch auf ein Gebiet auszudrücken, Taten aufzuzeichnen oder einfach zu zeigen: »Ich war hier«.

Der amerikanische Südwesten ist reich an solchen Felszeichnungen. Eine Gegend ist für die Vielzahl an Felskunst besonders bekannt geworden: die südliche Ecke des Colorado-Plateaus, eine Region, die die Indianer »Palavayu« nennen.

Bestimmte Petroglyphen (Steinritzungen) finden sich nur hier. Palavayu hat eine lange Geschichte menschlicher Anwesenheit, von den ersten Großwildjägern der Clovis-Epoche bis zu den Pueblo-Bauern am Ende der Frühgeschichte des Südwestens: Das Gebiet um den *Petrified Forest National Park* im Nordosten von Arizona, an den Nebenflüssen des Little Colorado und südlich der Städte Holbrook und Winslow.

Reisenden auf der Interstate 40 durch das östliche Arizona wird die Besonderheit des Terrains häufig überhaupt nicht bewußt. Zwischen den roten Klippen an der Grenze von New Mexico und den Bergen der San Francisco Peaks im nördlichen Arizona fällt das Land in eine rollende, mit Gras bedeckte Ebene ab, unterbrochen von flachen *washes* – den Rinnen ausgetrockneter Bäche oder Flüsse – und Mesas. Pinien und Wacholder, die an beiden Endpunkten der 160 Meilen langen Highway-Strecke häufig sind, werden nun selten. Fels, Gras und Erde überblenden sich in eine monotone Farbe. Richtung Westen kommt die

Route nahe an den Puerco River heran, ein gewöhnlich trockenes, sandiges *arroyo*, das zum Little Colorado führt. Pappeln und Salzzedern markieren den Verlauf der Wasserläufe. Bei Winslow biegt der Little Colorado nach Norden ab. Eine niedrige Brücke überspannt das Flußbett. Hier bekommt der Reisende zum ersten und einzigen Mal den Fluß selbst zu Gesicht. Manchmal ist er ein rollender roter Gießbach, dann wieder ein schmaler Faden Wasser, der sich durch eingetrockneten Lehm schlängelt.

Das flache Flußbett und das ebene, sich offenbar gleichmäßig nach Süden ausbreitende Land täuscht. Tatsächlich wird die Ebene von engen tiefen Schluchten durchzogen. Brücken überwinden die längste und tiefste von ihnen, den Diablo-Canyon.

Eingeschnitten in Kalk- und Sandstein klaffen steile Wände; breitere Canyons schließen oft von Büschen verdeckte Bachbette ein. Weißer Sand und vom Wasser abgeschliffener Fels pflastern die Böden der Canyons.

Ins Auge fallende Landmarken sind entlang der Interstate selten. Der höchste Punkt, der für den Reisenden kurz sichtbar wird, ist Pilot Rock, an der Nordwest-Ecke des *Petrified Forest National Parks*. Gegen Süden hin markiert eine Kette von Tafelbergen, *Twin Butte*, die Landschaft. Wenn die Luft klar ist, sieht man die monolithischen Hopi-*Buttes* weit im Norden von Winslow, während im Süden die Zwillingskuppen des Sunset-Gebirges das Einfallstor zum Mogollon-*Rim* bezeichnen.

Von der Interstate aus sieht der Autofahrer am Straßenrand nur wenig einladend aussehende Wüstenstriche. Ein Umweg durch den *Petrified Forest National Park* aber enthüllt die verborgene Schönheit dieser Gegend. Weniger als eine Meile nördlich der Interstate übersieht man von einer Anhöhe aus das Panorama der *Painted Desert*. Man blickt auf ein Gemälde aus farbigen Erden und Felsen, das der Wind und das Wasser aus den Sanddünen ausgegraben haben. Es ist dies die sogenannte Chinle-Formation, die da in den verwegensten Farben Rot, Rosa, Purpur, Grau, Grün und Blau zutage tritt. Die Farben rühren von Mineralien her und von der Art und Weise, in der die

210

Sedimente vor Millionen von Jahren abgelagert wurden. Die Ausblicke ändern sich mit dem wechselnden Licht des Tages und der Jahreszeiten. Sie sind nie gleich und wirken immer wie ein Wunder. Obwohl sich die *Painted Desert* über viele Meilen westlich der Interstate 40 erstreckt, sieht sie der Reisende von der Fahrbahn aus selten. Man müßte dazu die Straße nach Keam's Canyon, zur Zweiten Mesa, und nach Cameron einschlagen, aber die beste Aussicht bietet sich im Nationalpark selbst.

Die *Painted Desert* ist nicht das einzige szenische Wunder des Parks. Blue Mesa besteht aus zerklüfteten blauen Hügeln, in denen man sich auf die Rückseite des Mondes versetzt meint. Es ist eine Landschaft mit Sprüngen und Furchen, Knollen und Erhebungen, die in Rinnen und sandige Bachbetten abfallen. Auf den Kanten der Kämme balancieren auf Podesten aus Treibsand die Stämme der versteinerten Bäume.

Aber es gibt noch interessantere Fossilien im Park. Überreste von Reptilien und Amphibien, die Thecodonts, Vorläufer der Dinosaurier, die in die Chinle-Erdschicht eingebettet gefunden wurden. Die Gegend gilt als die ergiebigste Fundstelle für das späte Trias, und immer noch werden von den Vorgeschichtsforschern dort neue Funde gemacht.

Der *Petrified Forest National Park* ist der wohl am leichtesten zugängliche Ort, um indianische Felskunst kennenzulernen. Vom »Zeitungsfelsen« aus, von dem man den mittleren Teil des Parks überschaut, sieht man viele Beispiele dieser frühen Kunst. Der Fels selbst, der auf einem Schuttabhang unter der Mesa steht, ist mit Hunderten von Petroglyphen verziert, die wahrscheinlich 600 bis 1000 Jahre alt sind.

Die Menschen, die diese Felskunst schufen, lebten wahrscheinlich im Puerco-Pueblo, weniger als eine Meile nördlich dieser Stelle. Dieses große Pueblo mit über 100 Räumen war zwischen 1250 und 1380 bewohnt. Es liegt an einer niedrigen Erhebung unmittelbar südlich des Puerco River.

Über Jahrhunderte hinterließen Menschen an den engen Canyon-Wänden, auf Klippen und solitären Felsen Zeichnungen, in denen sich sowohl religiöse Vorstellungen wie auch weltliche Wünsche ausdrücken. Damit werden diese Zeichen zu der wichtigsten Informationsquelle über die damaligen Lebensumstände.

Was waren das für Menschen, die diese in Stein geritzte Kunst hinterließen? Die Hopi nannten sie *Hisatsinom* oder »alte Menschen«. Häufiger benutzt aber wird das Wort *Anasazi*, was soviel bedeutet wie »uralter Feind«. Der Ausdruck verweist auf die Feindschaft zwischen den relativ spät in diese Gegend eingewanderten Navajo und den Pueblo-Stämmen. Eine mehr allgemeine Bezeichnung für die weit über das Colorado-Plateau verstreute Bevölkerung wäre wohl »prähistorische Pueblo«, die in ihrer Architektur, ihren Siedlungsmustern, ihrer materiellen Kultur und ihren Bestattungssitten übereinstimmen.

Das schließt freilich regionale Variationen nicht aus. Deshalb hat man die Pueblo-Volksgruppe in Hauptgruppen unterteilt. Das sind die Kayena-Leute, aus der Gegend der Four Corners, die San-Juan- oder Mesa-Verde-Gruppe aus dem südlichen Utah und Colorado, die Chacoaner im nordwestlichen New Mexico, die Cibola im östlichen Arizona, die Virgin im südlichen Nevada und die Rio-Grande-Leute im zentralen New Mexico.

Die Kultur um den Little Colorado bezeichnet man als »Westliche Anasazi«, oder enger gefaßt, nach dem Jahr 1000 als den »Winslow-Zweig« der Westlichen Pueblo. Geographisch zwischen den Gebieten der Kayenta-, Sinagua-, Cibola- und Mogollon-Kulturen gelegen, weist die Palavayu-Region eine charakteristische Mischung von Mustern auf. Unter dem Einfluß aus der Nachbarschaft veränderten sie sich im Laufe der Zeit mehrfach.

Semipermanente Siedlungen der Pueblo tauchen in der sogenannten Basketmaker-II-Periode auf, die man auf 300 bis 500 nach Christus datiert. Aber Grabungen haben auch Funde zutage gebracht, die offenbar aus einem noch früheren Stadium um die Zeitwende stammen. Am dichtesten besiedelt scheint das Gebiet des Petrified Forest zwischen 950 und 1300 nach Christus gewesen zu sein, eine Zeit, die als Pueblo II bis III bezeichnet wird, während die Blütezeit am mittleren Little Colorado zwischen 1275 und 1400 (Pueblo III bis IV) lag.

Der größte Teil der Felskunst im Gebiet des Petrified Forest stammt aus der Phase Pueblo II bis III. Frühere und spätere Zeugnisse sind nicht in gleichem Umfang vorhanden. Nur an einer Stelle im Park hat man Petroglyphen im Stil der frühen Basketmaker gefunden.

Die Felskunst kommt nach 1400 völlig zum Erliegen, als die Ortschaften entlang des Puerco-River und des Little Colorado aufgegeben werden und die dort lebenden Menschen sich auf die Hopi-Mesa und ins Tal des Zuñi-River verstreuten.

Ich will hier nicht auf die Stile der verschiedenen Epochen eingehen. Darum sollen sich Fachleute kümmern. Man kann ganz allgemein sagen, daß es sich immer um fantastische, wunderschöne stilisierte Figuren handelt, menschenähnliche Wesen, Tiere, Gebrauchsgegenstände und Naturphänomene.

Sie lassen sich in ihren einfachen, aber ausdrucksstarken Formen kaum beschreiben. Man muß sie gesehen haben. Sie haben etwas von einer Geheimschrift an sich, von der Darstellung einer Anderswelt. Wenn man sie lange genug betrachtet, stellt sich tatsächlich so etwas wie eine Traumzeit-Vorstellung ein.

Man kann annehmen, daß sich in ihrer Gestaltung kein realer, sondern ein mythischer Bewußtseinszustand ausdrückt, der vom modernen Menschen erst wiedererobert werden muß, der aber erreicht werden kann, wenn man lange und genau hinsieht. Das durchlaufende Prinzip ist offenbar die Abstraktion des Wesentlichen.

Natürlich laden die Figuren zu Deutungen geradezu ein. Aber die sind alle samt und sonders Spekulationen. Richtig ist wohl, daß das andersweltliche Aussehen der meisten etwas mit der schamanistischen Ideologie zu tun hat, die von den meisten Völkern der Jäger und Sammler im Südwesten geteilt wurde. Auch hat man gemutmaßt, die Figuren seien Abbilder von Geistern der Ahnen oder von Gottheiten. Betrachtet man beispielsweise die Felsoberfläche der sogenannten *Biface-Site*, gehalten im »Palavayu Majestic Basketmaker«-Stil mit ihren 45 anthropomorphen und 46 zoomorphen Einzelfiguren, so meint man, hier werde eine Bildergeschichte erzählt, die sich entschlüsseln lassen müßte, jedoch weniger mit dem Verstand als mit der Phantasie.

Um nur die Beschreibung eines Ausschnitts zu versuchen: Auf ihm sieht man einen Elch mit ausgebildetem Geweih, der auf dem Kopf einer männlichen Figur thront. Das Tier, so erklären uns die Anthropologen, stelle einen »Traumhelfer« dar, der einem Schamanen in einem veränderten Bewußtseinszustand, einer Vision, erschienen sei. Während die menschlichen Wesen durch ihre Geschlechtsmerkmale immer ziemlich deutlich als Männer und Frauen zu identifizieren sind, gibt es andere Zeichnungen, die durchaus mehrdeutig erscheinen. So die Punktierung neben dem ausgestreckten Finger des Schamanen, oder rechts davon ein kleines Wesen, das durch die Luft zu schweben scheint. Aus dem Geweih des Elchs fahren Blitze aufwärts, die nach einem Zickzack in einem Pfeilzeichen enden. Es gibt ein Wesen, das man als eine zusammengerollte Schlange deuten könnte, Tierspuren, und etwas, das an einen Igel denken läßt.

214

Betrachtet man diese Szenarien längere Zeit, gewinnt man tatsächlich den Eindruck, als verändere sich das Bewußtsein auf magische Weise. Kann es sein, daß es durch die große Suggestionskraft der Bilder zu seinem ursprünglichen Zustand zurückfindet?

29
Navajo I –
Verschleppung ins
»Gelobte Land«

Wer die Navajo unserer Tage verstehen und ihre Denkweise, ihre Schwierigkeiten, Nöte und Wünsche begreifen will, muß vor allem ihr geschichtliches Schicksal kennen.

Es gibt zwei große traumatische Erscheinungen, die bis heute im Bewußtsein der meisten Angehörigen dieses Volkes fortleben: Das eine ist die Verschleppung im 19. Jahrhundert aus dem als heilig betrachteten Land der Canyons und Hochebenen in Arizona und Teilen von New Mexico. Das andere ergab sich aus dem Ränkespiel der amerikanischen Regierung um die auf dem Territorium der heutigen Reservation vorkommenden Bodenschätze. Die sogenannten *Uncle Tomahawks*, wie man von den Weißen gekaufte und manipulierte Indianer nennt, spielten hierbei eine traurige Rolle.

Reden wir erst von Bosque Redondo. Anfang der 60er Jahre des 19. Jahrhunderts verbreitete sich die Kunde, daß in jenem Gebiet, auf dem die Navajo damals lebten, Goldfunde zu erwarten seien. Die Minenbesitzer fürchteten bei der Ausbeutung der Bodenschätze Schwierigkeiten mit den Indianern. Kid Carson, der zunächst als Trapper gearbeitet hatte, später dann die Forschungsexpeditionen Frémonts führte und den Pelztierhandel um Bens Fort in Colorado organisierte, stand zu dieser Zeit in den Diensten der US-Armee, deren Befehlshaber ein berüchtigter »Indianerfresser«, General James Carleton, war. Carsons erste Frau war eine Indianerin. Sie hatte ihm seine Lieblingstochter Adelaide geboren. Nach den Erfahrungen in der eigenen Familie kann er sich keine Illusionen darüber gemacht haben, daß Indianer um diese Zeit häufig für Vergehen bestraft wurden, die sie gar nicht begangen hatten. Im Zeichen historischer Objektivität muß aber auch angemerkt werden, daß die Navajo zu dieser Zeit gefürchtete Pferdediebe waren, daß sie häufig Raubzüge zu den Ranchs der weißen Bevölkerung spanischer Herkunft und den Mestizen unternahmen. Es hatte sich gewissermaßen eine Erzfeindschaft zwischen den Indianern dieser Reservation, den Mexikanern und den Apachen herausgebildet.

American Memories

Mitleid

»So wahr es ist, so schrecklich wahr, daß der Anblick oder die Vorstellung des Elends bis zu einem gewissen Punkt unsere besten Regungen wachruft, so gilt doch in gewissen besonders gelagerten Fällen die Tatsache, daß jenseits jenes Punktes die Wirkung aufhört.

Irrtümlich wäre die Behauptung, daß daran die angeborene Selbstsucht des Menschenherzens schuld sei. Es kommt vielmehr aus der Aussichtslosigkeit, ein allzu grenzenloses organisches Übel zu steuern und ihm Heilung zu spenden. Für ein empfindsames Gemüt ist Mitleid nicht selten Schmerz. Wenn sich dann schließlich herausstellt, daß das Mitleid doch zu keiner wirklichen Hilfe führt, verlangt die Selbsterhaltung, daß sich die Seele davon frei macht.«

Herman Melville (1819-1891),
Bartleby the Scrivener. A Story of Wallstreet (1853)

Nach der Nachricht von den Goldfunden erhielt nun Kid Carson den Auftrag, eine Art totalen Krieg gegen die Navajo zu eröffnen. Er ordnete an, daß jedes Navajo-Pferd dem Feldzeugmeister der Armee auszuhändigen sei. Wer ein Pferd einbrachte, erhielt zwanzig Dollar. Schafe (die Navajo waren Halbnomaden, die von der Schafzucht, der Landwirtschaft und dem Obstanbau auf kleineren Feldern lebten) wurden mit einem Dollar vergütet. Alle Ernten und Vorräte der Navajo, soweit sie nicht zur Verpflegung der Kampfverbände der Armee gebraucht wurden, sollten vernichtet werden. Die Zäune der Tierpferche waren zu verbrennen, die *Hogans*, die achteckigen Hütten der Navajo, ebenfalls. Jedes Wasserloch war sorgfältig zu bewachen, um versteckten Indianern die Möglichkeit zu nehmen, ihre Schafe zu tränken oder zum eigenen Gebrauch Wasser zu schöpfen. Die Pfirsichbäume, der Stolz der Navajo, waren abzuhacken, die Weinstöcke auszureißen, der gesamte Stamm sollte ständig verfolgt werden, damit keine Familie irgendwo Gelegenheit fand, zu rasten und ihre Schafe und Ziegen grasen zu lassen. Jeder Frau war zu erklären, daß für sie und ihre Kinder Nahrung und warme Decken in Fort Defiance bereitstanden. Von dort aus sollten sie, wie man ihnen sagte, in ein schönes Land gebracht werden.

Die große Treibjagd begann. Jeden Tag wurden einige Navajo-Männer aufgestöbert, getötet und die Frauen zum Fort zurückgeschickt. Dort erlaubte man einigen von ihnen, ins offene Land zurückzukehren, um bekannt zu machen, daß es sich in Fort Defiance gut leben lasse. Einige hundert Familien aus dem Gebiet der Schwarzen Mesa ließen sich so anlocken. Aber die meisten der mächtigen und einflußreichen Häuptlinge sammelten ihre Familien und ihre Herden und zogen nach Norden. Oder zu den Indianern, die im Grand Canyon lebten. Im Fort Defiance, das noch 1860 von 2000 grimmigen Indianerkriegern berannt worden war, bezog nun ein immer größer werdender Haufen frierender und hungernder Frauen und Kinder ein primitives Lager. Manche Navajo bauten sich aus Holzstämmen und Zweigen provisorische Unterstände, da sich der Aufbruch nach Bosque Redondo, ins Gelobte Land, immer wieder hinausschob.

Und Carson schärfte seinen Botschaftern ein: »Alle Navajo müssen nach Bosque Redondo. Jeder, der freiwillig seine Waffen streckt, wird gut behandelt werden. Ich verspreche, daß kein Navajo als Sklave verkauft werden wird. Sag den anderen, sie sollen aus ihren Verstecken hervorkommen, oder ich werde sie wie Wölfe von Gebirge zu Gebirge jagen, und ihre Flucht wird kein Ende haben, bis auch der letzte von ihnen vernichtet worden ist. Ihr kennt mich. Ihr wißt, daß meine Worte stets wahr sind.«

Dann, am 6. März 1864, war es endlich soweit. 2400 Navajo traten die Reise nach Bosque Redondo am Pecos River bei Fort Sumner an. Dort sollte sich auf einem Areal von 6000 *acres* ihre Umerziehung zu »zivilisierten« Menschen vollziehen. Wer kein Pferd oder Maultier besaß, mußte zu Fuß gehen. Die Alten und Kranken hockten unter den Planen der wenigen Ochsenwagen. Als Kutscher auf dem Bock saßen Mexikaner, die den Indianern ihren Haß und ihre Verachtung nur zu deutlich zeigten.

Der Proviant, den die Armee den Navajo aushändigte, bestand aus Bohnen, weißem Mehl, Speck und ungeröstetem Kaffee. Aber niemand zeigte ihnen, wie diese seltsamen Nahrungsmittel zubereitet wurden. Viele Familien mußten ihre Schafe und Ziegen schlachten, um nicht zu verhungern. Was die Navajo aufrecht hielt, war die Hoffnung, daß sie in Bosque Redondo so etwas wie ein Gelobtes Land erwarte. Auf dem über 500 Kilometer langen Weg dorthin waren mehrere Flüsse zu überqueren. Viele der Kinder konnten nicht schwimmen und ertranken. Immer wieder kam es zu Übergriffen der Mexikaner, die versuchten, junge Mädchen aus dem Treck zu entführen und als Sklavinnen nach Mexiko zu verkaufen.

Ein frühes Foto von dem Lager Bosque Redondo ist erhalten geblieben. Es befindet sich heute unter den vielen dokumentarischen Schätzen, die in den Nationalarchiven in Washington versammelt sind. Man sieht darauf eine kahle Ebene, auf der abgerissene Gestalten kauern und die im Vordergrund von einem niedrigen Erdwall begrenzt wird. Auf ihm, mit dem Rücken zum Beschauer, steht ein Soldat, der ein Gewehr mit aufgepflanztem Bajonett in Anschlag hält. Unwillkürlich wird ein Betrachter unserer Tage, der dieses Bild in der Hand hält, an ein Konzentrationslager erinnert.

Die primitiven Unterkünfte waren überfüllt. Sanitäre Anlagen waren nicht vorhanden, und nur einige der besser situierten

Im Kulturzentrum der Indianer des Südwestens in Albuquerque führen
Navajo, Hopi, Zuñi und Pueblo ihre Stammestänze auf.

Stammesangehörigen konnten es sich leisten, eine Schwitzhütte
zu bauen. Kochen mußte man im Freien, gleichgültig, wie heftig
der Wind wehte und wieviel Sand sich unter das magere Essen
mischte. Als Feuerholz wurden meist die Wurzeln der Mes-
quite-Sträucher gebraucht, die ausgegraben und über lange
Wegstrecken herbeigeschafft werden mußten. Die Indianer
fürchteten sich, bei der Suche nach Holz den Fluß zu überqueren, da schon mehrmals Menschen, die schwere Holzlasten auf
dem Rücken trugen, im Treibsand untergegangen und erstickt
waren. Im Sommer 1864 waren an die 8000 Navajo nach Bosque
Redondo gebracht worden. Von ihnen starben in den folgenden
zwei Jahren etwa 2000. Die Armee hatte für die Versorgung der
zur Umerziehung und Zivilisierung Ausersehenen zu sorgen,
was sie auch im Prinzip tat. Häufig allerdings verschwanden
Hilfsgüter, beispielsweise Decken, die in dieser Gegend mit
ihren kalten Wintern lebenswichtig waren. Endlich, im Mai
1868, erschien ein ranghoher Offizier der US-Armee in Bosque

221

Redondo, Generalleutnant Willam Tecumseh Sherman, ein Mann mit großer Lebenserfahrung, der trotz seiner Verdienste in der Armee kein engstirniger Militärkopf geworden war. Ursprünglich hatte er die Absicht, die dort gefangenen Indianer in eine noch abgelegenere Gegend in Marsch zu setzen. Der General war aber von den Zuständen im Lager so betroffen, daß er den Navajo versicherte: »Man hat Mitleid mit euch. Nur langsam, nur Geduld. Ich werde euch helfen.« Er bat um Weisung aus Washington, und am 1. Juni 1868, vier Jahre nach dem Beginn ihrer Verschleppung, erlaubte man den Insassen des Lagers, in ihre alte Heimat zurückzukehren.

Unter den Menschen, die seit vielen Monaten fast apathisch dahindämmerten, war wieder manchmal Gelächter zu hören. Ein paar hundert Pferde, die die Jahre des Exils überstanden hatten, und wenige Schafe folgten den Wagen, die den Proviant enthielten. Hunderte liefen wiederum zu Fuß. Sie waren in alte Armeedecken gekleidet, Männer in graue, die Frauen in scharlachrote.

Bis in den späten Herbst hinein wurden die Indianer noch in einem Lager bei Fort Wingate zurückgehalten, da die Reservation noch nicht vermessen worden war. Sie aßen Kaninchen und Präriehunde und sammelten Kräuter, denn nur jeden Freitag wurden Lebensmittel von der Armee an sie ausgeteilt. Als sie mit Einbruch des Winters endlich wieder in ihrer alten Heimat waren, im Bereich der ihnen heiligen Gebirge, fanden sie ihre Heimstätten verbrannt, die Zäune, Gehege und Pfirsichplantagen zerstört. Jede Woche kehrten sie ins Fort Defiance zurück, um dort Lebensmittel in Empfang zu nehmen.

Wenn der »Große Weiße Vater« in Geberlaune war, erhielten sie etwas Zucker oder Salz, manchmal auch eine Handvoll Tabak, die sie unter ihre heimischen Kräuter mischten. Rindfleisch wurde ausgegeben, und wenn eine Familie ein ganzes Tier erhielt, trieb sie es an einen entlegenen Ort und schlachtete es dort. Die Häute wurden für Mokassins benutzt. Der Talg wurde unter den Brotteig gemischt und aus den Hörnern wurden Tassen hergestellt.

Die Jahre der Heimsuchung und des Elends waren damit für die Navajo aber noch nicht vorbei. Durch die Deportation war die Ordnung ihrer Lebensverhältnisse erschüttert worden. Zwar half die Regierung der USA mit Saatgut, Zuchtvieh und Werkzeugen, nachdem der ganze Umfang des Betrugs in der Öffentlichkeit bekannt geworden war.

Aber als die Eisenbahn die entlegenen Gebiete von Mexiko und Arizona erreichte, nahm man den Navajo ihre besten Winterweiden und ihre wichtigsten Viehtränken fort und gab ihnen dafür Wüstenstriche, die für die Viehzucht völlig unbrauchbar waren. Viele der sogenannten Indianeragenten, die die Regierung einsetzte, waren unwissende und skrupellose Politiker, denen es lediglich darauf ankam, sich zu bereichern. Die Bautrupps der Eisenbahngesellschaften schleppten Infektionskrankheiten ein, die bis dahin in dieser Gegend unbekannt gewesen waren.

Es scheint ein Wunder, daß unter diesen Umständen überhaupt Navajo bis in unsere Zeit hinein als geschlossene Volksgruppe überlebt haben. Zweifellos hat hierbei die große Tradition der eigenständigen Kultur der Navajo eine entscheidende Rolle gespielt. Ihre Zeremonien und Rituale mögen uns und vielen, die sich nur von Äußerlichkeiten beeindrucken lassen, als heidnischer Zauber und abergläubischer Hokuspokus erscheinen. Sieht man aber näher hin, so sind sie der Ausdruck eines Lebensgefühls von Menschen, die auf magische Weise mit der sie umgebenden Welt in Verbindung stehen.

30
Navajo II –
Der Fluch der Bodenschätze

Die Philosophie eines Volkes beeinflußt sein Schicksal. Die Vorstellung, die der Lebensweise der Navajo zugrunde liegt, ist ein praktisches Konzept, welches, richtig angewendet, zum Erfolg führen soll. Übersetzt könnte man es als »Schönheit des Lebens«, hergestellt durch »Lehren, die wirksam sind«, bezeichnen. Nach der Tradition der Navajo ist die persönliche Entwicklung eines Menschen sehr wichtig. Die Phasen eines Lebens sollen bewußt wahrgenommen, akzeptiert und gefeiert werden. Rex Lee Jim, ein Navajo von der *Rockpoint Community School* in Chinle, schreibt dazu: »Das erste Lachen eines Kindes ist ein wichtiges Ereignis, und die Person, die ein Kind zum erstenmal zum Lachen bringt, muß zu Ehren des Kindes, für das Kind, die Eltern und seine Verwandten, ein Essen geben. Ehe das Festmahl beginnt, wird gewöhnlich ein Gebet gesprochen. Die Gäste gehen dann an dem Baby vorbei, das auf dem Schoß der Mutter sitzt, die ihren mit Salz gefüllten Hochzeitskorb dem Kind in die rechte Hand gegeben hat und diesem dabei hilft, das Salz auf das Essen zu streuen. Damit übernimmt das Kind eine lebenslange Verpflichtung gegenüber der Familie, dem Clan und dem Volk. Die Navajo glauben, daß eine Person, die diesem Prozeß beigewohnt hat, immer bereit sein wird, alles mit anderen Menschen zu teilen.« *K' é in Dineh* bezeichnet das Verwandschaftssystem der Navajo. Es gibt dem »Volk« seine Stärke und verbindet alle

Navajo aufs engste. Die Navajo sind eine matrilineare und matri-
lokale Gesellschaft. Jeder Navajo gehört zu vier verschiedenen,
miteinander nicht verwandten Clans. Er oder sie gehören zum
Clan der jeweiligen Mutter, er oder sie werden geboren dem Clan
des jeweiligen Vaters, er oder sie haben mütterliche und väterli-
che Großeltern-Clans. Der Überlieferung gemäß ist es einem
Angehörigen des »Volkes« verboten, in die ersten beiden Clans
einzuheiraten. Auch heute besteht noch eine starke Tendenz
gegen Ehen dieser Art. Das Verwandtschaftssystem erstreckt
sich auch auf die natürliche Welt und die Götter. Navajo sind
immer unter Verwandten. Sie erklären das wie folgt:»Ein Navajo
trifft einen anderen Navajo aus einer weit entlegenen Gegend der
Reservation. Beide sind einander nie zuvor begegnet. Nun werden sie sich als erstes über die Clans des anderen befragen, um so
herauszufinden, wie sie miteinander verwandt sind. Wenn sich
beispielsweise herausstellen sollte, daß sie zum selben Clan
gehören, könnten sie, je nach ihrem Alter oder ihrem Geschlecht,
Brüder und Schwestern, Mutter und Tochter, Enkel und Großmutter und so weiter sein. Wenn ein älterer Mann ein Kind trifft
und sich herausstellt, daß das Kind zum selben Clan wie der
Vater des alten Mannes gehört, rückt das Kind automatisch zum
Status eines Vaters auf. Der alte Mann wird es nicht länger als
Kind behandeln, sondern als Vater ansehen.«

Die heutige Navajo-Reservation liegt in Teilen von drei Bundesstaaten, nämlich im nordwestlichen New Mexico, im nordöstlichen Arizona und im südöstlichen Utah. Sie erstreckt sich über
25 000 Quadratmeilen und ist damit etwas größer als der US-
Bundesstaat West Virginia. Die Bevölkerung umfaßt heute etwa
220 000 Navajo. Während die meisten von ihnen in der Reservation leben, verlassen einige sie auch, um sich außerhalb nach Arbeit umzusehen.

Eine Indianerreservation – so steht es in einer Schrift des *Bureau of Indian Affairs*, der für die *American native*s zuständigen
Behörde des US-Innenministeriums, »ist ein für den Gebrauch
durch Indianer reservierter Landstrich. Die Bezeichnung

stammt aus den frühen Tagen der Beziehungen zwischen Indianern und Weißen, als die Indianer vertraglich auf Land verzichteten, wobei sie einen Teil zu ihrem eigenen Gebrauch behielten. Das Land dient zum Anbau von Getreide und Nutzholz, als Viehweide und zur Erschließung von Bodenschätzen. Die Verwaltung soll sich nach den überlieferten Praktiken der Indianer ausrichten und Gesichtspunkte der neuzeitlichen Land- und Forstwirtschaft berücksichtigen, (...) um die Einkommensentwicklung sicherzustellen und das Wohlergehen der indianischen Gemeinschaft zu garantieren.« In der Sprache der Verwaltungsbürokratie wird hier ein Idealbild entworfen: Die Reservationen als Schutzräume für die indianische Minderheit. Die Wirklichkeit sieht gleichwohl weniger ideal aus.

Um die Jahrhundertwende war die Gesamtbevölkerung aller Indianerstämme in den USA so weit zurückgegangen, daß mit einem völligen Verschwinden der Indianer in der nächsten oder übernächsten Generation gerechnet wurde. Im Südwesten führte das bei den Stämmen der Navajo und Hopi dazu, daß man den Eltern ihre Kinder wegnahm und sie auf Staats- oder Missionsschulen im Sinne der weißen Gesellschaft erzog.

Das erwartete Aussterben der Indianer trat freilich nicht ein. Nach Teilreformen in der Regierungszeit von Präsident Roosevelt Anfang der 30er bis Mitte der 40er Jahre – Indianer hatten seit dem Zweiten Weltkrieg auch in den Heeresverbänden der USA gedient – begann nach 1950 die Phase der sogenannten Terminationspolitik. Die Reservationen sollten aufgelöst, ihre Bewohner »in die Freiheit entlassen« werden. Unter den Befürwortern dieser Politik gab es nicht wenige weltfremde weiße Idealisten, die darin einen großen Fortschritt sahen. Sie bedachten zum Beispiel nicht, daß kaum etwas unternommen worden war, um die Existenzgrundlage der »Freigelassenen« zu sichern. Während des Zweiten Weltkriegs hatte die Ausbeutung der Uranvorkommen auf dem Territorium der Navajo zu einem sprunghaften Anstieg der Krebserkrankungen bei den – schlecht informierten – dort beschäftigten Indianern geführt. Von daher bestand in weiten Teilen der Bevölkerung ein nur zu verständliches Mißtrauen gegenüber Beschäftigungen in Industrie oder Bergbau. Andererseits vermochten die traditionellen Tätigkeiten in der Reservation, vor allem die Schafzucht, die durch die Verbesserung der hygienischen Bedingungen nun wachsende Bevölkerung nicht mehr vollständig zu ernähren.

Nach der neuen Regelung sollten die in der Reservation lebenden Indianer beziehungsweise ihre Nationen nun auch Grund- und Einkommenssteuer zahlen. Um die dazu nötigen Gelder aufbringen zu können, mußten sie sich häufig in die Abhängigkeit von privaten Kreditgebern begeben. Diese verlangten dann im Gegenzug das Recht der Ausbeutung von Bodenschätzen oder Land für Industrieansiedlungen zu niedrigen Preisen.

Nachdem die Terminationspolitik keineswegs eine Befreiung für die Indianer gebracht hatte, erklärte sie 1970 Präsident Nixon offiziell für beendet. Etwa ab 1968 entstand eine radikale politische Indianerbewegung, das *American Indian Movement*, abgekürzt AIM. Sie machte durch eine Reihe spektakulärer Aktionen von sich reden: durch die Besetzung der Gefängnisinsel Alcatraz in der Bucht von San Francisco, später durch einen Protestmarsch nach Washington mit der Besetzung des Gebäudes des *Bureau of Indian Affairs* und durch die Auseinandersetzungen mit einer korrupten Stammesregierung in der Reservation der Sioux, die von Weißen manipuliert wurde. Mit den Veteranen des Zweiten Weltkriegs, des Korea- und des Vietnam-Krieges wuchs eine neue Generation von Indianern heran. Sie bedienten sich der Bildungseinrichtungen der Weißen, um anschließend in die Reservationen zurückzukehren, die, nicht ganz zu Unrecht, zumindest was die Zustände in den 50er und 60er Jahren anging, als »die größten Ghettos der USA« bezeichnet wurden.

Unter der Parole »Bewässerung und Zeremonien«, also dem Einsatz moderner Technik und der Beibehaltung der alten Traditionen, versuchten sie, ihrem Volk zu helfen. Leider schlug auch dieses Experiment weitgehend fehl. Das Lebensgefühl eines Indianers ließ einfach keine Tätigkeit am Fließband oder in einer Fabrik zu. Zwar bildeten sich in den Reservationen

Stammesvertretungen, Stammesräte genannt. Dem Navajo-Rat gehören gewählte Abgeordnete an, das Parlament tagt in einem großen modernen Hogan in Window Rock. Aber auch Indianer sind gegen die Versuchungen von Korruption nicht gefeit, und gerade die Geschichte der leitenden Amtsinhaber der indianischen Selbstverwaltungsgremien bei den Navajo bietet dafür ein trauriges Beispiel. Da wäre Peter MacDonald, von seinen Kritikern spöttisch »Big Mac« genannt. Er stand an der Spitze des aus 88 Vertretern bestehenden Stammesrates. Offiziell erhielt er ein Gehalt von 55 000 Dollar jährlich. Weit höhere Summen aber sollen ihm von Firmen zugeflossen sein, die mit dem Stamm Geschäfte machen wollten. MacDonald hielt sich eine Leibwache und besaß ein Privatflugzeug. Gesetzesvorlagen wurden nicht im Stammesrat, sondern in der Clique der Freunde entschieden. Vorwürfe wegen Bestechlichkeit, die in einem Untersuchungsausschuß des amerikanischen Senats gegen ihn erhoben wurden, führten im Frühjahr 1989 zu seiner Beurlaubung. MacDonald, der seinen Posten seit 1970 innegehabt hatte, ließ sich aber nicht so leicht aus der Ruhe bringen. Er beantragte, der Stammesrat möge ihm die Mittel bewilligen, um sich von teuren Anwälten verteidigen zu lassen. Das Ergebnis war ein Kompromiß. MacDonald versprach, sich nicht mehr um das Amt des Vorsitzenden zu bewerben, der Stammesrat schickte ihn daraufhin bei vollem Gehalt in einen unbefristeten Urlaub.

American Memories

Fortschritt

»Dann und wann lasse ich mich von der Denkweise der Nicht-Indianer beeindrucken. Im letzten Jahr war ich in Cleveland und kam mit Nicht-Indianern über die Geschichte Amerikas ins Gespräch. Einer von ihnen sagte mir, was mit den Indianern geschehen sei, tue ihm aufrichtig leid. Aber man komme doch wohl nicht um die Feststellung herum, daß es gute Gründe dafür gegeben habe. Immerhin, sagte er, was habt ihr mit dem Land gemacht, als ihr es noch hattet?

Ich konnte mir seinen Standpunkt nicht ganz zu eigen machen, aber im Augenblick fiel mir keine Entgegnung ein. Bis ich kurz darauf hörte, daß der Cuyahoga-Fluß, der durch Cleveland fließt, jeden Augenblick in Flammen aufgehen kann. Es werden so viele leicht entzündbare Abwässer eingeleitet, daß die Bevölkerung, vor allem im Sommer, Vorkehrungen treffen muß, um ihn nicht aus Versehen anzuzünden.

Da dachte ich noch einmal an die vorwurfsvolle Frage meines nicht-indianischen Freundes und entschied, daß er eigentlich ganz recht hatte, so zu fragen. Denn, in der Tat, welcher Indianer wäre wohl auf den Einfall gekommen, einen Fluß in einen Zustand zu versetzen, in dem er jeden Augenblick durch eine kleine Unachtsamkeit Feuer fangen kann.«

Vine Deloria jr. ,
Custer died for Your Sins, An American Manifesto

Die Grenze zwischen Gut und Böse verläuft also auch hier längst nicht mehr so eindeutig. Es gibt *American natives*, nicht nur bei den Navajo, sondern beispielsweise auch bei den Sioux, die sich in die Politik begeben, um sich skrupellos zu bereichern. Und es gibt Konzerne und das *Bureau of Indian Affairs*, die mit

Hilfe solcher indianischer Politiker ihre Ziele durchsetzen. Ein besonders trauriges Kapitel sind dabei die Streitigkeiten zwischen den Navajo und den Hopi, deren Reservation auf den drei Mesas liegt.

Es ist einer jener Konflikte, die bei all ihrer Absurdität die schwierigen Machtverhältnisse in den Reservationen beleuchten. Er zeigt, wie Indianer immer noch von den Weißen gegeneinander ausgespielt werden, wenn es um die Durchsetzung wirtschaftlicher Interessen geht. Bis heute beschäftigen die Nachwirkungen eines letztlich gescheiterten Umsiedlungsprogramms die Gerichte und Stammesräte. Alles begann mit der ersten Energiekrise 1973. Durch das Ausbleiben von Öllieferungen wurden die Kohlevorkommen im Gebiet der Black Mesa wieder wichtig. Eine Public Relations-Firma inszenierte daraufhin einen Streit um die Weidegebiete, der freilich weit in die Geschichte zurückreichende Wurzeln hat.

Nach einem 1974 in Washington verabschiedeten Gesetz sollten rund 10 000 der 160 000 Navajo und hundert der 8000 Hopi wieder einmal umgesiedelt werden. Bei 3000 Indianern wurde die Umsiedlung auch tatsächlich vollzogen. Die Aktion kostete 70 Millionen Dollar und ist letztlich immer noch nicht abgeschlossen, und wahrscheinlich wird sie auch nie abgeschlossen werden können. Aber schon jetzt hat sie viel Streit, Mißtrauen und Leid gebracht. »Für mich«, so sagte eine alte Frau, »ist dieses Gesetz ein Monster.«

Über Jahrhunderte hinweg lebten Hopi und Navajo auf demselben Land. Die Hopi als Ackerbauern, sogenannte Trockenbauern, die etwa seit dem Jahr 1000 in ihren Dörfern auf den Mesas wohnen. Eines dieser Dörfer, Old Oraibi, gilt als die älteste, ununterbrochen bewohnte Siedlung in Nordamerika. Die Navajo kamen, wie schon erwähnt, im 15. Jahrhundert in das Wüsten- und Steppenland östlich der Hopidörfer. Auf den Druck weißer Siedler hin wichen etwa 400 von ihnen später nach Westen aus. Sie gelangten nun in das Gebiet der Höhlen, Klippen und Canyons um die Mesa Verde. Eine klare Trennungslinie zwischen den Stammesgebieten der Navajo und Hopi gab es lange Zeit nicht. Dies war auch nicht nötig, solange die Indianer unter sich waren. Navajo und Hopi waren gute Nachbarn. Viele ihrer Clans sind miteinander verwandt.

Im Jahr 1868 ließ die US-Regierung eine erste Landkarte von der Navajo-Reservation anfertigen. Das kartografisch festgehaltene Reservationsgebiet war weit kleiner als die Landstriche, auf denen sich die Navajo mit ihren Schaf- und Ziegenherden bewegt hatten.

1882 verfügte der US-Präsident die Schaffung einer Reservation für die Hopi. »Dieses Land«, ließ er verkünden, »ist zum Gebrauch und Besitz für die Moqui (Hopi) und andere Stämme bestimmt, die der Innenminister dort anzusiedeln für gut befindet.«

Die Verfügung hatte der Präsident vor allem getroffen, um die Hopi vor landhungrigen mormonischen Siedlern zu schützen. Sie war allerdings reichlich ungenau. Keine Grenzlinien wurden gezogen, keine Zäune errichtet. Keiner der Menschen, die auf dem Land lebten, wußte, wo die eine Reservation endete und die andere begann. Der Innenminister dachte auch nicht daran, Navajo oder Hopi daran zu hindern, dort zu leben, wo sie wollten. Die meisten Hopi wohnten zu dieser Zeit in den Dörfern auf der Black Mesa und trieben Ackerbau. Die Navajo hatten große Herden. Weideland war immer knapp. Also grasten die Herden auch manchmal in der Nähe der Hopidörfer.

Fünfzig Jahre nach Festlegung der Reservationsgrenzen auf dem Papier traf die US-Regierung eine neue Regelung zur Aufteilung der Grasflächen. Die meisten gingen an die Navajo, nur der sogenannte Distrikt 6 wurde den Hopi zugesprochen. Auch diese Regelung wurde von den Nachbarn ohne Konflikte akzeptiert. Schwierig wurde alles erst, als Probeschürfungen ergaben, daß die Black Mesa reich an Kohle- und Erdölvorkommen war. Die Stammesräte der Navajo und Hopi riefen US-Gerichte an, die festlegen sollten, was von den auf den Landkarten verzeichneten Reservationsgrenzen tatsächlich zu halten sei.

Der Fall beschäftigte drei Gerichte, die 1962 zu dem Ergebnis kamen, Distrikt 6 sei Hopiland. Der Rest des fraglichen Gebietes wurde zur *Joint Used Area* (JUA) erklärt. Hopi und Navajo sollten sich dieses Land je zur Hälfte teilen. Wie das zu geschehen habe, sagte das Gerichtsurteil nicht. Inzwischen war es den Hopi gelungen, im US-Kongreß ein Gesetz einzubringen, das 1974 auch verabschiedet wurde. Es ordnete die Teilung des gemeinsam genutzten Landes an. Ein 500 Kilometer langer Stacheldrahtzaun wurde gezogen. Eine große Zahl von Navajo und eine kleinere von Hopi sollte umgesiedelt werden.

Die wahren Streitobjekte aber liegen nicht über, sondern unter der Erde. Sie bestehen in 20 Milliarden Tonnen schwefelarmer Kohle und Edelmetallen, deren Schürfrechte der jeweilige Stammesrat zu vergeben hat.

An dieser Stelle ist ein Wort über das Verhältnis der Glaubensgemeinschaft der Mormonen, der Heiligen der letzten Tage, zu den Indianern zu verlieren. Die Mormonen, die ihr religiöses Zentrum in Salt Lake City haben, versuchten die Hopi zu missionieren. Im »Buch Mormon«, ihrer Bibel, steht der Satz: »Nachdem die Indianer in Unglauben gesunken waren, wurden sie dunkle, abscheuliche und schmutzige Leute, voller Nutzlosigkeit und Gemeinheit ...« Aber für den Fall einer Bekehrung sieht alles ganz anders aus: » Schon nach wenigen Generationen werden sie gerettet sein als weiße und entzückende Menschen.« Die Behauptung ist kaum zu fassen, aber sie lautet so; wer es nicht glaubt, kann es im »Buch Mormon« nachlesen.

Nun, sowohl die meisten Hopi als auch die Navajo hatten durchaus etwas dagegen, daß ihre Kinder zu »entzückenden Menschen« gemacht werden sollten. Sie widersetzten sich dem menschenfreundlichen Angebot, sie in Schulen zu schicken, in denen sie ihre Muttersprache nicht sprechen durften, geschlagen wurden und keine indianischen Kleider tragen durften.

Die Hopi weigerten sich auch, einen dem weißen Mann willfährigen Stammesrat zu wählen. Sie hatten ihre traditionellen Führer, Kikmongwi genannt. Deren Wahl mußte einstimmig erfolgen und konnte auf eine Frau oder einen Mann fallen, sofern der Betreffende nur in der Lage war, die Traditionen des Stammes der nächsten Generation zu vermitteln.

Solche Traditionalisten waren dem *Bureau of Indian Affairs* von jeher ein Dorn im Auge.

1921 hatten es die Navajo gewagt, einen Antrag der Firma *Standard Oil* auf eine Bohrlizenz einstimmig abzulehnen. Von nun an wurde von Washington eine gezielte Politik der Stellvertreter-Regierungen betrieben. Die Indianer bekamen das Wahlrecht. Doch die Traditionalisten waren an den Wahlen des weißen Mannes nicht interessiert. Die Hopi-Kigmongwis beispielsweise reagierten auf das »Indianer-Neuordnungsgesetz« von 1934 mit einem Brief, in dem es heißt: »Was den Punkt angeht, uns selbst zu regieren, so tun wir das seit allem Anfang, von Generation zu Generation.« Auch recht, sagte sich das *Bureau of Indian Affairs* und machte sich auf die Suche nach ihm genehmen Kandidaten, sogenannten *Uncle Tomahawks*. Dem demokratischen Schein war Genüge getan, aber die Macht blieb in der Hand der Weißen.

In den 50er Jahren erwuchs den *Uncle Tomahawks* – bei den Hopi stammten sie aus einer Gruppe von jüngeren Männern, die bei den Mormonen erzogen worden waren – tatkräftige Unterstützung durch John Boyden, einen Rechtsanwalt und ehemaligen Bischof der Mormonen. Zunächst verkaufte er anderthalb Millionen *acres* Stammesland für den viel zu niedrigen Preis von zehn Millionen an die US-Regierung, die ihm dafür ein Honorar von einer Million Dollar zahlte. Später vertrat Boyden sowohl den Stammesrat als auch die Firmen, die sich um Schürfrechte in der Reservation bemühten.

Es wird wohl niemanden überraschen zu hören, daß die *Peabody Coalmining Company*, an die die Stammesräte der Navajo und Hopi die Schürfrechte für die Kohlevorkommen auf der Black Mesa vergaben, sich überwiegend im Besitz der Mormonen befindet. Die Hopi-Kigmongwis nahmen dem Stammesrat besonders übel, daß er zudem auch eine 500 Kilometer lange Schwemm-Pipeline für Kohle billigte, die rund 10000 Liter Wasser in der Minute verbraucht. Schon 1971 schrieben sie an die US-Regierung: »Große Mengen Wasser unter der Black Mesa abzupumpen zerstört die Harmonie und bringt alles in

Unordnung… Wasser unter der Erde hat viel mit Regenwolken zu tun, die es wie ein Magnet anziehen und den Grundwasserspiegel heben, der unsere Pflanzen ernährt. Unsere religiösen Zeremonien hängen von den spirituellen Kräften ab, die unsere Vorfahren auf der Black Mesa hinterließen. Wenn diese Plätze gestört oder zerstört werden, verlieren sie ihre Kräfte, und großes Leid wird nicht nur die Hopi, sondern alle Menschen treffen.«

American Memories

»Was ist der Unterschied zwischen einer Hure und einem Kongreßabgeordneten? Ein Kongreßabgeordneter macht mehr Geld!«

Edward Abbey

Das sind nun keine aus der Luft gegriffenen Behauptungen oder agitatorische Schwarzweißmalerei. Eine ganze Reihe rasch anwachsender Großstädte, nämlich Los Angeles, Phoenix, Tuscon, Las Vegas, Salt Lake City, Albuquerque und Denver, die einen monströsen Strom- und Wasserbedarf haben, von den Problemen der Abfallbeseitigung gar nicht zu reden, liegen in technisch überbrückbaren Entfernungen. Die Verwaltungsgremien der Städte und die Fördergesellschaften werden ihre Ansprüche gewiß durchzusetzen wissen. Mit oder ohne die jeweiligen Stammesräte. So drückt dieses Protestschreiben nur auf indianische Weise aus, was auch viele weiße Kenner der Region und Naturschützer bereits vorhersagen. Ein weiteres Stück Wildnis ist unaufhaltsam zum Untergang verurteilt. Die Geschichte zeigt deutlich, wer sich am Ende immer durchsetzt, wenn wirtschaftliche Interessen gegen das Bewußtsein von der Heiligkeit der Erde und der Natur stehen. »Das kann dreißig, vierzig Jahre dauern«, sagte mir ein Einheimischer. »Aber dann werden wir nur noch die Schönheit von Röhrenleitungen und Ödland bewundern können.«

Ihre Proteste halfen den Indianern wenig. Die Umsiedlung wurde vollstreckt. Wer sich dem Gesetz von 1974 unterwarf, er-

235

hielt für seine neue Existenzgründung von der Regierung umgerechnet 10 000 Mark. Einige Indianer ließen sich umsiedeln, kassierten die Prämie und kehrten dann wieder in ihr altes Wohngebiet in der Steppe zurück. Es ist schwierig, das zu kontrollieren. Auch die eigens eingerichtete Navajo-Indianer-Umsiedlungsbehörde in Flagstaff zu Füßen der San Francisco-Peaks ist überfordert.

Es gibt eine Schelmentradition in den Four Corners, sie leitet sich ab von der Gestalt des spanischen *pícaro* (Schelm) und von der Eulenspiegelgestalt des Kojoten in der indianischen Mythologie. So mancher gebildete Indianer träumt davon, beim Umgang mit Bürokraten, Konzernen und *Uncle Tomahawks* auf die Listen des *pícaro* und des schlauen Wüstentiers zurückzugreifen.

236

31
Kachinas:
Boten der Götter

Die Legende erzählt von der Entstehung der *Kachinas*: Vor langer Zeit, als die Zuñi einen Fluß überquerten auf der Suche nach der heiligen Mitte der Welt, glitten einige Kinder ihren Müttern vom Rücken und wurden in Wasserwesen verwandelt. Sie trieben stromabwärts zum Zusammenfluß des Zuñi und des Little Colorado, etwa 80 Meilen von den heutigen Zuñi-Dörfern entfernt.

Unter der Wasseroberfläche des Sees der Flüsternden Wasser wurden sie zu *Kachinas* und gründeten eine *Kachina*-Stadt. Als die Menschen beteten, kehrten sie zurück, um vor ihnen zu tanzen und Regen und Fruchtbarkeit für die Ernten zu bringen. Aber nach diesem Besuch folgten ihnen viele der Mütter. Da erklärten die *Kachinas* den Menschen, sie würden hinfort nicht mehr selbst zu ihnen kommen. Statt dessen werde ihr Geist in die Masken und Kostüme jener fahren, die sie bei den Zeremonien darstellten. Jenen Männern, die die *Kachinas* verkörperten, mußten »Gebetsstöcke« als Geschenke gegeben werden. Die Masken mußten mit heiligem Mehl bestäubt werden, sonst waren Krankheit und Dürre die Folge.

In der Religion der Hopi sind die *Kachinas* Boten und Vermittler zwischen Menschen und Göttern. Die Rasseln und Gebetsstöcke, die viele von ihnen tragen, sollen bewirken, daß die *Kachinas* ihre Gebete mit sich nehmen. Auf die übereinanderge-

Kachinas sind die heiligen Wesen der Indianer des Südwestens. Hier, im Indianermuseum in Albuquerque haben sie sich in Massenware verwandelt.

schichteten Brettchen bei den Masken der Pallik-Man, der Hemis-*Kachina* und der Schmetterlingstänzer entdeckt man abstrakte Darstellungen von Regen, Wolken und Blitzen, Samen und Mais. Tatsächlich tragen die *Kachinas* die Welt auf dem Leib, sie sind die Personifizierung des Kosmos. Die Ikonographie der *Kachinas* vergegenwärtigt den Kosmos.

»Es werden sechs verschiedene Farben, die die sechs heiligen Richtungen bezeichnen, verwendet ... Durch die Färbung ihrer Kostüme und anderer religiöser Gegenstände würdigen die Hopi das Wetter und die Ressourcen, die mit diesen Richtungen in Verbindung gesetzt werden. So haben zum Beispiel auf den Kiwa-Altären die in den verschiedenen Richtungen ausgelegten Maiskolben Körner in den entsprechenden Farben. Die Halskrause des Tänzers ist grün, die Schärpen sind rot, grün, schwarz oder weiß. Röcke und Schals sind an ihren Rändern oft mit mehrfachen Mustern verziert, in denen alle wichtigen Rich-

tungsfarben vorkommen. Typische Darstellungen wie sich auf-
türmende Regenwolken, Schmetterlinge und *Kachina*-Gesich-
ter sind in Schwarz, Grün, Gelb und Rot auf weißem Hintergrund gehalten.«

Über die Bedeutung der Tänze und Zeremonien schreibt
Dorothy K. Washburn: »Der Schöpfungsmythos wird in jeder
Zeremonie von neuem nachgelebt. Die Überlieferung, wonach
die Hopi mittels eines Schilfrohres in ihre Welt aufgestiegen
sind, wird durch das *Sipapu* symbolisiert.

Wörtlich bedeutet *Sipapu* ein Loch im Boden des Kiwa in unmittelbarer Nähe der zentralen Feuerstelle oder eine Nische in
der Wand, im übertragenen Sinne jedoch stellt es das Loch dar,
durch das die Hopi bei der Geburt in die Welt kommen und
durch das sie mit ihrem Tode wieder zurückkehren werden. Daß
die Kiwa unterirdische Räume sind, die nur durch ein Loch in
der Decke betreten und wieder verlassen werden können, mag
als Gleichnis für ihr früheres Leben in der Unterwelt und ihren
Aufstieg in die jetzige Welt verstanden werden.«

Freilich erschöpft sich der tiefere Sinn der *Kachina*-Tänze
nicht mit der Vergegenwärtigung von Anfang und Ende. Sie dienen auch als Fruchtbarkeitsrituale.

Zwischen beiden Bereichen besteht aber ein Zusammenhang,
der sich gewissermaßen in zwei Kreisläufen ausdrückt: So wie
der Stamm aus dem *Sipapu* aufgetaucht ist, wie der einzelne
nach dem Tod in den Schoß der Erde zurückkehrt, so wird die
Seele des Toten zu den Wolken zurückgetragen und fällt als
Regen auf die Erde zurück.

Diese Doppelwertigkeit wohnt auch den *Kachinas* selbst inne:
»Sie werden alle mit der Welt der Geister und Toten assoziiert;
wenn sie tanzen, bereiten sie den Menschen Freude, und als
Wesen, die das Reich der Wolken bewohnen, bringen sie den
Regen. In der Tat«, erklärt uns Alice Schlegel, »sind sie die eigentliche Verkörperung des Regens: Es heißt, daß ein Tropfen
ihrer Körperflüssigkeit (*Paala*) die Feldfrüchte zum Wachsen
bringt.«

Die *Kachina*-Tänzer kommen zum *Soyal*-Fest, also zur Wintersonnenwende, ins Dorf, um den Kiwa für das beginnende Jahr zu weihen. Sieben Monate später kehren sie in ihre Heimat, die San Francisco-Gebirge zurück, wo sie ausruhen und schlafen.

American Memories

Zenteaching
»Die größte Sicherheit besteht nicht in dem, was du hast, sondern in dem, auf was du verzichten kannst.«

Edward Abbey, *A Voice Crying in the Wilderness*

Die *Soyal*-Zeremonie im Dezember spielt sich wie folgt ab: Der *Soyal*-Häuptling beobachtet auf einer bestimmten Mesa den Fall der Schatten, und wenn sie eine spezielle Marke erreicht, weiß er, wann die Sonnenwende kommt.

Sechzehn Tage zuvor zieht er sich in den Kiwa zurück, und allmählich schließen sich ihm die übrigen Männer an. Sie achten darauf, daß sie weder Fleisch, Fett oder Salz zu sich nehmen und enthalten sich des sexuellen Umgangs mit ihren Frauen. Sie tragen nur Lendentücher, haben nackte Füße, lassen das frisch gewaschene Haar unfrisiert hängen. Sie sollen sich ganz auf die heiligen Dinge konzentrieren, und man glaubt, daß durch die Kraft ihrer Gedanken das Leben des Dorfes erneuert wird.

Am letzten Tag des *Soyal* sind die Frauen und Kinder im Kiwa zugelassen. Jetzt nämlich tanzt dort Muyingwa, der Vegetationsgott. Auf seinen Körper sind viele weiße Punkte gemalt, die die Sterne symbolisieren. In der Hand hält er ein Sonnensymbol; damit verleiht er diesem Gestirn die Kraft, zu seiner Sommerreise aufzubrechen. Wenn man durch die Dachöffnung am Himmel die Sterne sieht, werden die in der Vorbereitungszeit angefertigten Gebetsstöcke an den »Sonnenvater«, den »Herrscher der Unterwelt« und an alle Bewohner des Dorfes verteilt.

Im Februar dann erscheinen die *Kachinas*, also Männer, die durch Masken und Bemalung die heiligen Wesen verkörpern.

Kanchinas sind heilige Wesen, die den Kräften der Natur innewohnende Energie verkörpern. Als Puppen hängt man sie den indianischen Kindern über ihre Wiegenbretter.

Da die Felder zu diesem Zeitpunkt noch kahl sind, bringen sie junge Bohnenpflanzen mit, die zuvor in den Kiwa vorgezogen, gewässert und besprochen worden sind. An diesem Tag, der *Powamu*-Zeremonie, besuchen die Tänzer die kleinen Kinder. Von den Mädchen verlangen sie, daß sie Mehl mahlen, von den Jungen, daß sie Mäuse fangen. Sie kehren nach einiger Zeit zurück und überzeugen sich davon, daß die Kinder etwas zustande gebracht haben. Wenn das nicht der Fall ist, drohen sie mit der Entführung des Kindes. Wenn sie zufrieden sind, geben sie den Mädchen als Belohnung eine *Kachina*-Puppe, den Jungen einen Bogen.

Die *Kachina*-Puppe kommt in Wirklichkeit übrigens vom Vater des Mädchens oder von irgendeinem Mann aus dem Clan

241

des Vaters, der als Vater (*na'a*) bezeichnet wird, auch wenn sie dem Kind von einem *Kachina*-Tänzer überreicht wird. Der Vater macht dieses Geschenk als Beschützer seiner Tochter und Hüter ihrer Fruchtbarkeit.

Der Stimulierung von Fruchtbarkeit kommt im ganzen Lebenslauf eines Hopi zentrale Bedeutung zu. Das beginnt bei der Namensgebung, wenn die Frauen des Vaterclans das Neugeborene ohne Ansehen seines Geschlechts an ihren bloßen Schenkeln reiben, um so die Fruchtbarkeit des Kindes im späteren Leben sicherzustellen.

Tita bedeutet in der Hopi-Sprache »gebären«, aber auch »vermehren«. Es ist eine Eigenschaft, die mit den *Kachinas*, aber auch mit den Menschen, vor allem mit den Frauen, in Verbindung gebracht wird. Die Erde und Maispflanzen sind weiblich, Sonne, Regen, Blitze männlich. Diese Kräfte können zwar das Leben erwecken, so glauben die Hopi, aber auch den Tod bringen.

32
Der Zwischenfall in Fort Defiance 1903 – auch eine Geschichte von der Route 66

I

An einem Tag im September des Jahres 1903 waren drei Kinder einer Indianerfamilie, die im Piño-Canyon, einer Schlucht im Südosten der Navajo-Reservation, lebte, mit der Schafherde allein draußen auf der Weide. Die Eltern waren zeitig am Morgen nach Westen fortgeritten, die Schlucht aufwärts, über den Paß höher im Gebirge, um auf einem Handelsposten sechs Säcke mit Wolle zu verkaufen.

Das siebenjährige Mädchen Schmaler Mond, der elfjährige Junge Grauer Wolf und deren vierzehnjährige Schwester Maismädchen befanden sich etwa eine Meile von jener Stelle des Canyons entfernt, an der in einem Wäldchen aus Weidenbäumen nahe einer Quelle die Hütte der Familie stand.

Am Vormittag hatte es eine Viertelstunde dünn geregnet. Jetzt war der Himmel wolkenlos. In der Umgebung des Eingangs zum Canyon hatten nun kurz nach Mittag unter der grellen Sonne und in der von Staub gereinigten Luft die Dinge eine Klarheit, die in den Augen schmerzte. Alles schien unnatürlich nahe herangerückt: die Steine der Abbruchkante, die sperrigen Stengel der Mesquitestauden, die Spuren von nackten Füßen auf dem vom Regen leicht angefeuchteten Boden, die plumpen Leiber der Schafe, die in den Grasinseln auf der sich vor dem Horizont weit öffnenden Hochebene weideten. Die drei Geschwister hatten vor einer halben Stunde ihr Mittagsmahl verspeist: Maisfladen und breite Schnitze einer Melone mit grüner Schale und rötlichem, wäßrigem Fruchtfleisch.

Das kleine Mädchen spielte nun wieder mit einem Stück Holz wie mit einer Puppe im Sand des ausgetrockneten Bachbetts, das durch den Canyon verlief und hier aufhörte.

Die beiden Älteren saßen unter einem alleinstehenden Cottonwoodbaum, mit dem Rücken an den riesigen Stamm gelehnt. Von dort aus behielten sie die Herde im Auge.

Maismädchen fuhr ihrem Bruder liebevoll über das kurzgeschorene, blauschwarze Haar.

Er machte eine unwillige Bewegung. Sie ließ sich dadurch nicht beirren.

»Schlafe ruhig eine Weile«, sagte sie, »ich paß' schon auf, daß die Tiere nicht zu weit fortlaufen.«

Der Junge tat noch einen Augenblick, als wolle er sich sträuben, aber dann streckte er sich auf dem Boden aus und verschränkte die Arme hinter dem Kopf.

Maismädchen beugte sich vor und betrachtete prüfend das Gesicht des Bruders. Die Augen waren geschlossen. Die Wimpern zuckten noch etwas, aber sonst wirkte er entspannt und ruhig.

»Mein Haar ist immer noch ziemlich kurz«, sagte er plötzlich, als sie schon dachte, er sei eingenickt.

»Mach dir nichts daraus«, sagte sie, »bis zum Yei-Bi-Chai-Tanz wird es wieder lang und schön sein. Und hier sieht dich doch außer uns ohnehin niemand.«

Sie bedauerte jetzt, daß sie durch die Berührung den Bruder wieder an die Zeit der Gefangenschaft erinnert hatte.

Sie nannte es vor sich selbst Gefangenschaft, obgleich das nicht ganz stimmte.

Seit er zurück war, versuchte sie, besonders sanft und freundlich zu ihm zu sein. Manchmal unterlief ihr dabei die Ungeschicklichkeit, daß sie ihre Gefühle zu deutlich zeigte, aber vielleicht war das nicht so schlimm, wenn er nur spürte, daß sie froh war, ihn wieder bei sich zu haben.

Sie dachte daran, wie alles begonnen hatte.

Ehe der Schnee fiel, waren Soldaten mit einem Dolmetscher gekommen. Er hatte den Eltern im Namen des Großen Weißen Vaters befohlen, sie sollten Grauer Wolf mit ihnen ziehen lassen, damit er die Sprache des weißen Mannes erlerne. In Wahrheit sollte er umerzogen werden. »Alle Indianer müssen jetzt Weiße werden«, hatte der Dolmetscher erklärt.

Die Vorstellung, daß der Bruder das Aussehen dieser Männer annehmen sollte, die hinter dem Dolmetscher mit mürrischen Gesichtern wartend dastanden, hatte sie zunächst belustigt.

American Memories

»Und ich warte darauf, daß die Einfältigen gesegnet werden
und die Erde erben
ohne Steuer und ich warte, daß Wälder und Tiere die Erde
zurückfordern.«

Lawrence Ferlinghetti

Die Eltern zögerten. Sie gingen zusammen in die Hütte, und als sie heraustraten, schwiegen sie abweisend.

Eine Spannung lag plötzlich in der Luft, die nur in etwas Schreckliches münden konnte. Maismädchen spürte, daß man gehorchen mußte, aber gleichzeitig empörte sich etwas in ihr.

Als der Anführer der Soldaten ihnen dann ein Säckchen Mehl, ein paar Lagen bedruckten Tuches und drei Wolldecken anbot, waren die Eltern einverstanden gewesen. Der Dolmetscher versicherte ihnen noch, Grauer Wolf werde es in der Stadt der weißen Männer gut haben. Maismädchen hatte das gleich damals für eine Lüge gehalten, weil der Mann es so oft wiederholte. Wenn etwas wahr ist, braucht man es nur einmal zu sagen.

In den Tagen darauf war sie traurig, zornig und beschämt gewesen. Traurig, weil sie ihren Bruder gern mochte, weil ihr etwas Wichtiges fehlte, seit er nicht mehr da war; beschämt und zornig, weil die Eltern bereit gewesen waren, den weißen Männern zu Willen zu sein, nur für ein paar Lagen Tuch, das Säckchen Mehl und die Wolldecken.

245

Es kam ihr vor, als habe man dafür einen Menschen fortgegeben, auf den man nicht verzichten konnte. Darüber schämte sie sich für ihre Eltern. Gewiß, in der kalten Jahreszeit war jedes Bröckchen an zusätzlichen Lebensmitteln wichtig. Sie hatten im Winter selten genügend zu essen. So betrachtet, war es vielleicht klug gewesen, aber was klug ist, muß nicht immer auch recht sein. Maismädchen hatte in der kalten Jahreszeit nie eine von den schweren Pferdedecken benutzt, die die Soldaten dagelassen hatten. Und als die Mutter sie einmal fragte, was das bedeuten solle, hatte sie trotzig geschwiegen. »Ach, es wird ihm gutgehen. Es geht ihm gewiß viel besser, als wenn er hier bei uns wäre«, hörte sie die Mutter sagen.

Das sollte sie beruhigen, aber sie spürte, daß die Mutter selbst nicht recht davon überzeugt war.

Danach war es Maismädchen so vorgekommen, als gerate der Bruder immer mehr in Vergessenheit. Es kam keine Nachricht von ihm aus dem Land der weißen Männer. Offenbar war es auch nur sie allein, die darauf wartete. Die Eltern erwähnten seinen Namen nie. Wenn Schmaler Mond über den Bruder sprach, wenn sie sich an irgendein Erlebnis mit ihm erinnerte, gingen sie nicht mehr darauf ein. Maismädchen wußte, daß man über Ereignisse, die man nicht beeinflussen kann, nicht nachgrübeln soll. Am besten vergißt man, was nicht zu ändern ist. Das war die geltende Regel. Aber sie war nicht bereit, sich an die Regel zu halten.

Im stillen setzte sie für sich selbst eine Regel fest, die lautete, Grauer Wolf nicht zu vergessen.

In der Dunkelheit, wenn sie wach dalag und nicht einschlafen konnte, griff sie manchmal auf den kalten Lehmboden neben sich, dorthin, wo früher sein Lager gewesen war. Dann dachte sie an ihn, bis sie einschlief.

Wenn sie mit der Herde draußen war, konnte sie stundenlang in die weite Eben hinausstarren, in der Hoffnung, der Bruder werde dort auftauchen.

So vergingen der Winter und ein Teil des Sommers. Eines Nachts wurde sie davon wach, daß die Pferde sich in der Einzäunung neben der Hütte unruhig bewegten. Sie stand auf, ohne die anderen zu wecken. Sie fand, sie sei alt genug, um sich allein darum zu kümmern. In letzter Zeit waren ihre Beine sehr lang geworden.

Sie nahm eines der beiden Gewehre mit, die die Familie besaß, und entsicherte die Waffe, weil sie meinte, es werde wohl ein Kojote sein. Das Mondlicht machte die Nacht hell, und die Luft roch so stark nach Kiefernharz wie bei Tag nie.

Eine menschliche Gestalt kam auf die Hütte zugewankt.

Sie hob das Gewehr.

»He«, rief eine vertraute Stimme, »willst du mich erschießen?«

Es war Grauer Wolf. Seine Stimme klang wie immer. Aber der Umriß seiner Gestalt war verändert.

Zuerst dachte sie an ein Gespenst, an den Geist eines Toten. Man hatte ihr gesagt, daß die Geister von Angehörigen, wenn jemand ständig an sie denkt, um die Hütten der Lebenden streifen. Aber dann dachte sie wieder an den Klang der Stimme und hörte sich sagen:

»Willst du etwas essen?«

»Nein, nur trinken.«

Er war gestürzt, offenbar vor Erschöpfung, und lag, die eine Wange in den Sand geschmiegt, zusammengekrümmt da.

Sie schlüpfte leise in die Hütte und holte eine Schale mit Wasser. Sie wollte nicht, daß die anderen wach wurden, ehe sie mit ihm gesprochen hatte.

Er setzte sich wieder auf und trank hastig. Sie kauerte vor ihm und legte, einem spontanen Empfinden folgend, ihre Arme um seinen Kopf. Er ließ es geschehen.

»Du bist heimgekommen«, sagte sie froh.

»Ich bin davongelaufen«, sagte er, »ich mag nicht bei ihnen leben. Ich mag nicht so werden, wie sie es wollen. Sie demütigen einen, es ist unerträglich.«

Obwohl sie flüsterten, wurden darauf gleich die Eltern wach, und ihr Gespräch wurde unterbrochen. Der Vater kam heraus und sagte nur, Grauer Wolf solle in die Hütte kommen und sich schlafen legen. Morgen werde man weitersehen.

Aber am anderen Morgen war es ein Tag wie immer. Grauer

247

Wolf war da. Die Eltern erwarteten, daß er die Arbeiten tat, die er früher getan hatte. Mehr gab es dazu offenbar nicht zu sagen. Und ihm schien es recht zu sein, daß man seine Zeit bei den Weißen nicht weiter erwähnte oder ihn genauer darüber ausfragte, warum er zurückgekommen sei.

Auch seiner Schwester erzählte er nur, daß man ihm, als er mit den Soldaten nach Fort Defiance gekommen war, seine indianische Kleidung fortgenommen, sie verbrannt und ihm die langen Haare abgeschnitten hatte. Sonst war nichts aus ihm herauszubekommen.

Maismädchen kannte ihn genau genug, um zu wissen, daß noch ganz andere Dinge geschehen sein mußten, für die er sich schämte.

American Memories

»Was ist der Sinn und Zweck bei einem Riesen-Sequoiabaum? Der Zweck eines Riesen-Sequoiabaumes besteht darin, einer - winzig kleinen Haselnuß Schatten zu spenden.«

Eduard Abbey

Im Schlaf schrie er manchmal. Sie erwachte davon und berührte ihn dann mit der Hand. Sie gab nicht zu erkennen, ob sie es absichtlich tat oder noch im Schlaf. Sie fürchtete, die Eltern würden Grauer Wolf vielleicht wieder zu den Weißen zurückschicken.

Sie sprachen nicht davon, wie sie darüber dachten. Vielleicht waren sie sich auch nicht einig, oder sie wollten zunächst abwarten, ob die Flucht des Jungen überhaupt entdeckt worden war.

Einmal war Maismädchen mit Grauer Wolf draußen auf der Weide. Sie hatten einen Wettlauf gemacht, bis zu einem der Schafe, das ausreißen wollte, und schlenderten nun zu dem Cottonwoodbaum zurück.

»Willst du wieder zu den weißen Männern?«

Er machte ein Zeichen der Verneinung.

»Aber wenn du mußt, was dann?«

Er ging ein paar Schritte, ohne darauf zu antworten. Dann

248

nahm er ruhig sein Häutemesser aus dem Futteral am Gürtel und setzte die Klinge an den Hals.

Sie schlug nach dem Messer, und es fiel zu Boden.

»Nein«, sagte sie empört, »das wirst du nicht tun.«

»Aber was dann?« wiederholte er.

Sie hatte sich in den Handballen geschnitten, als sie hastig nach dem Messer geschlagen hatte. Sie hob das Messer auf und gab es ihm zurück.

»Verlaß dich auf mich. Mir wird schon etwas einfallen«, sagte sie, ohne ihn dabei anzusehen.

In diesem Augenblick hatte sie einen Entschluß gefaßt. Sie würde mit den Weißen um ihn kämpfen, wenn es nötig sein würde. Sie würde selbst gegen den Willen ihrer Eltern handeln, wenn sich herausstellen sollte, daß sie vorhatten, ihn zurückzuschicken. Sie nannte das in ihren Gedanken »kämpfen«. Sie meinte damit: Alles für ihn tun, was in ihren Kräften stand. Sie überlegte, daß sie Grauer Wolf bei Gefahr zunächst zu dieser Höhle bringen würde, die außer ihr niemand kannte. Und dann mußte er zur Großmutter. Die Großmutter würde eine gute Verbündete sein, wenn es darum ging, den Bruder vor den Weißen zu schützen. Ihr kam es manchmal so vor, als sei die Großmutter jemand, der überhaupt keine Furcht kenne.

Seitdem Maismädchen den Entschluß gefaßt hatte, war sie ruhiger geworden. Und dann schien die Gefahr ganz vorbei. Die Eltern waren am Morgen zu dem Handelsposten aufgebrochen. Sie hatten Grauer Wolf nicht befohlen, mitzureiten. Und wenn sie ihn daheim ließen, so konnte das doch wohl nur bedeuten, daß sie nicht vorhatten, ihn in die Schule zurückzuschicken.

Maismädchen war froh, daß ihre Eltern sich so entschieden hatten. Sie fühlte sich nun wieder einig mit ihnen. Wie sie jetzt dasaß, verspürte sie ein Gefühl von Dankbarkeit, daß ihre Sorgen verflogen waren.

Sie merkte, wie sie schläfrig wurde. Um diese Trägheit, die ihr durch die Glieder rann, zu verscheuchen, bog sie ihren Oberkörper etwas seitwärts, damit sie zu der Stelle hinübersehen konnte, an der Schmaler Mond mit dem Stück Holz spielte.

Die Kleine hatte einen hohen Berg aus Sand aufgehäuft und spazierte auf Zehenspitzen, leise singend, mit dem Stück Holz in den Händen darum herum.

Die kleine Schwester schien ganz ausgefüllt von ihrem Tun. Maismädchen lehnte sich zurück, bis sie mit dem Rücken wieder den Stamm des Baumes berührte. Dann blickte sie nach oben in das Blattwerk, wo sich ein Tanz von goldenem Geflicker und Schatten abspielte. Dieses unruhige Muster von Gelb, Grau und Dunkel vor dem leuchtenden Blau des Himmels übertrug auf sie ein Gefühl von Leichtigkeit und Behagen.

Sie lächelte, weil sie jetzt gar keine Furcht mehr hatte. Sie dachte daran, wie oft sie schon unter diesem Baum gesessen hatte, ohne daß ihr dies aufgefallen war. Aber dann mochte sie gar nichts mehr denken, sich an nichts erinnern, weil sie spürte, daß sie mit dieser angenehmen Leere in sich der Leichtigkeit der Blätter und der zärtlichen Wärme des Lichts noch näherkam.

Sie wußte nicht, wie lange sie so gelegen hatte. Auf einmal hörte sie ein Geräusch, das wie Hufschläge klang. Etwas warnte sie, aber sie mußte sich trotzdem erst zwingen, die Dinge in ihrem weiteren Umkreis wieder wahrzunehmen. Das war, als ob sehr dünnes Eis auf einer Pfütze zersplittert. Darauf kam sofort ein Schrecken, gegen den sie zuerst wehrlos war, der sie sekundenlang lähmte, durch ihren Körper fuhr wie ein eisiger, schockierender Strom.

Drei weiße Männer ritten heran.

Von dem einen prägten sich ihr sofort das rote Hemd und die herabhängenden Schnurrbartspitzen ein, der zweite sah aus wie ein Klumpen Lehm, den man auf ein Pferd gepappt hatte, der dritte, der an einer Leine ein Maultier hinter sich herzog, hatte Augen, die ihr kühn und listig vorkamen.

Die Reiter waren schon so nahe, daß es eigentlich sinnlos schien, vor ihnen davonzulaufen.

»Meine Schuld, daß wir sie nicht eher entdeckt haben«, schoß es ihr durch den Kopf.

Ohne daß sie ihn hätte rütteln oder anrufen müssen, war Grauer Wolf unterdessen schon auf den Beinen. Er schaute sich einen Moment verwirrt um, dann rannte er los, fort von ihrem Lagerplatz, in die Schlucht hinein.

»Ich müßte ihm nachrufen, wo er sich sicher verstecken kann«, dachte Maismädchen, aber sie unterdrückte einen Zuruf, weil ihr einfiel, daß einer der weißen Männer möglicherweise wieder ein Dolmetscher war, der ihre Sprache verstand.

Die Reiter zügelten kurz ihre Pferde. Sie redeten miteinander, und der mit dem roten Hemd lachte.

Maismädchen sah erleichtert, daß Grauer Wolf schon einen beträchtlichen Vorsprung hatte.

Und doch: Er mußte noch schneller laufen. Sie dürfen ihn nicht einholen, flüsterte sie vor sich hin, er muß ihnen einfach entkommen. Sie bohrte ihre Fingernägel in ihre Handfläche, als könne sie damit etwas erzwingen. Die Männer ritten wieder an. Im Nu waren sie an der Stelle des Bachbetts, wo Schmaler Mond gespielt hatte, ein Huftritt zertrümmerte den Sandberg. Die Kleine sprang ängstlich zur Seite und kam dann laut schreiend auf Maismädchen zugelaufen.

Maismädchen rannte der Schwester entgegen. Sie drückte die Kleine an sich, weil sie nicht wollte, daß sie mit ansah, was sich nun ein Stück weiter aufwärts im Canyon abspielte.

Der Mann mit dem roten Hemd war den anderen Reitern voraus. Es trennten ihn aber immer noch ein paar Pferdelängen von Grauer Wolf.

Es konnte keinen Zweifel mehr daran geben, daß der Junge den Reitern nicht entkommen würde.

Da nahm der Mann in dem roten Hemd sein Lasso vom Sattel hoch. Die Leine peitschte durch die Luft, flog Grauer Wolf über den Kopf, rutschte lose über Hals, Schultern und Hüften, bis sie sich über dem Fußknöchel zusammenzog und ihn zu Fall brachte.

Sofort wendete der Reiter und schleifte den Körper des Jungen hinter sich her, durch den Sand des Bachbetts zuerst und dann über ein Stück festen Boden, auf dem schon einige Grasbüschel standen.

Unter dem Cottonwoodbaum, im Schatten, hielten die drei

Reiter. Grauer Wolf lag jetzt wie ein verschmutztes Paket auf der Erde.

Einer der Männer stieg aus dem Sattel und gab dem Jungen einen Fußtritt in die Seite.

Grauer Wolf rappelte sich hoch, fiel aber gleich wieder hin, weil das Pferd, an dessen Sattelknauf die Leine befestigt war, sich bewegt hatte.

Offenbar hatte der weiße Mann, der bei ihm stand, das nicht bemerkt (er war cs, der so aussah wie ein großer Klumpen Lehm), wahrscheinlich legte er den Sturz des Jungen als Widerspenstigkeit aus. Jedenfalls trat er noch mehrmals mit der Stiefelspitze zu, und als Grauer Wolf endlich stand und sich an die Knöchel griff, schlug er ihm mit der Faust rechts und links ins Gesicht.

Inzwischen war der Schreck bei der Kleinen der Neugier gewichen. Sie versuchte, sich aus der Umklammerung durch die Schwester zu lösen und schaute, was sich da abspielte.

»Sieh nicht hin«, raunte ihr Maismädchen zu, »diese Männer sind gemein. Ich will nicht, daß du es siehst. Lauf zur Hütte, schließ die Tür und warte dort, bis ich komme. Ich werde versuchen, mit den Männern zu reden. Sie dürfen Grauer Wolf nicht mitnehmen.«

Die Kleine zögerte.

»Nun geh schon«, sagte Maismädchen.

Die Reiter waren jetzt alle aus dem Sattel. Der im roten Hemd hatte seine Pistole gezogen und ließ die Waffe lässig von einer Hand in die andere gleiten. Der mit den listigen Augen schien der Dolmetscher zu sein (aber es war nicht der Mann, der beim erstenmal mit den Soldaten gekommen war). Er hatte ein Stück Papier aus der Tasche hervorgeholt und redete auf den Jungen ein.

Der Dolmetscher wandte sich zu ihr.

»Bist du seine Schwester?«

»Ja.«

»Und dein Bruder heißt Grauer Wolf?«

Sie sah ihn stumm an.

»Es ist besser, du redest. Wir kommen aus Fort Defiance. Die

252

dort«, sagte er mit einer Kopfbewegung zu den beiden anderen Männern, »fackeln nicht lange.«

»Was wollt ihr von meinem Bruder?«

»Das weißt du kleines Luder doch ganz genau. Er ist auf die Schule geschickt worden. Deine Eltern haben Geschenke dafür bekommen. Und was tut er? Er rückt aus. Jetzt werden wir ihn zurückbringen.«

»Das werdet ihr nicht tun. Meine Eltern sind nicht da. Ich erlaube es nicht.«

Der Dolmetscher schien zu übersetzten, was sie gesagt hatte.

Der Mann mit dem roten Hemd lachte laut heraus und machte eine befehlende Bewegung mit dem Kopf.

»Verschwinde«, sagte der Dolmetscher. Maismädchen hörte das Wort sehr weit entfernt. Sie versuchte, die Aufmerksamkeit ihres Bruders auf sich zu lenken. Sie wollte ihm mit einem Blick zu verstehen geben, daß er sich auf sie verlassen könne. Aber er hielt entmutigt den Kopf gesenkt.

»Los, mach endlich, daß du fortkommst«, sagte der Dolmetscher dringlicher, »du kriegst sonst auch noch Ärger. Auf Mädchen sind sie zwar nicht so scharf in ihrer komischen Schule. Aber vier sind auf und davon, und vier müssen zurück. Und wenn sie einen der Jungen nicht finden, wird ihnen zur Not auch ein Mädchen recht sein.«

Es kam ihr vor, als meine er es auf seine Art gut mit ihr, aber sie rührte sich nicht von der Stelle. Der Dolmetscher wandte sich ab und half einem der weißen Männer, Grauer Wolf zu dem Maultier zu führen. Dort nahmen sie ihm die Lassofessel ab und ließen zwei runde Eisen um seine Handgelenke zuschnappen. Sie zwangen ihn aufzusitzen und stiegen dann selbst wieder in den Sattel.

Maismädchen sah verzweifelt, wie sich die Pferde und das Maultier in Bewegung setzten. Die Männer ritten mit ihrem Gefangenen durch die Schafherde hindurch, so daß die Tiere aufgeschreckt zur Seite wichen. Maismädchen war nicht bereit, aufzugeben. Sie rannte ihnen nach. Sie lief rasch und verbissen, bis sie über eine Vertiefung oder ein Erdhörnchenloch stolperte und kopfüber ins Gras stürzte.

Sie hatte Erde in den Mund bekommen und spie wütend aus. Sofort stand sie wieder. Aber jetzt rannte sie den Reitern nicht weiter nach.

Bald würden sie in dem weiten, leeren Steppenstrich gegen Sonnenaufgang hin zu kleinen, Staub aufwirbelnden Punkten geworden sein, um schließlich ganz zu verschwinden, irgendwo dort, wo das Ende der Welt lag. Einen Moment überließ sie sich ihrer Verzweiflung. Dann schoß die Erinnerung an ihren Entschluß in ihr hoch.

»Um ihn kämpfen«, sagte sie laut vor sich hin, als müsse sie es sich selbst einschärfen, und lief in Richtung auf den Eingang zum Canyon zurück, »ich hab's doch versprochen.«

Solange sie überlegte, was sie tun mußte, ging sie langsam. Sie begann erst wieder zu rennen, als sie sich im klaren darüber war, welche Möglichkeiten jetzt noch blieben, was zuerst und was dann geschehen mußte, daß sie sich von nichts, aber auch von gar nichts entmutigen lassen durfte und daß nur darin ihre Chance bestand, daß kaum einer von einem Indianermädchen so etwas erwarten würde.

II

Zuerst lief sie zur Hütte und erklärte der Kleinen, was sie tun sollte.

»Du mußt die Schafe draußen zusammentreiben und sie in die Umzäunung bringen. Ich weiß, du hast das noch nie gemacht, aber es wird schon gehen. Wenn die Eltern heimkommen, wirst du ihnen genau erzählen, was vorgefallen ist. Sag ihnen: Ich gehe Grauer Wolf heimholen von den weißen Männern. Ich hänge mich an ihre Fersen, bis sie ihn wieder herausgeben. Ich nehme an, sie bringen ihn erst nach Fort Defiance. Kannst du dir das merken? De-fi-ance. Das zweite Gewehr nehme ich mit. Ich laufe zuerst zur Großmutter, denn ich brauche ein Pferd. Hast du Furcht, weil ich dich allein lasse? Ein bißchen schon, nicht wahr. Gib es nur ruhig zu. Ich kann dich nicht mitnehmen. Außerdem muß jemand den Eltern sagen, was geschehen ist.

Wenn die Schafe im Pferch sind, geh in die Hütte. Ehe die Sonne untergegangen ist, werden die Eltern bestimmt zurück sein. Wenn du dich zu sehr fürchtest, erzähle deiner Puppe, was dir angst macht.«

Die Kleine sah sie mit großen Augen an, aber offenbar war es Maismädchen gelungen, etwas von ihrer wilden Entschlossenheit auf sie zu übertragen. Jedenfalls widersprach Schmaler Mond nicht, auch jammerte sie nicht, als Maismädchen sich auf den Weg machte.

Sie mußte zunächst noch ein Stück weiter den Canyon hinaus, zu der Höhle, denn dort lag ein kleiner Lederbeutel mit blaugrünen Steinen versteckt, den sie mitnehmen wollte.

Die Mädchen fast aller Familien, die sie mit ihren Eltern und Geschwistern beim Herbsttreffen sah, besaßen mehr oder weniger von diesen Steinen. Man sammelte sie, um sich später, wenn man etwas älter war, eine Halskette daraus zu machen.

Maismädchen hatte davon gehört, daß man Steine oder Ketten auf den Handelsposten verpfänden konnte, wenn man keine Wolle zum Verkauf besaß. Also schloß sie, daß die Steine einen gewissen Wert hatten, vielleicht sogar noch einen höheren Wert bei den Weißen als bei den Navajo.

Sie hatte erlebt, wie die weißen Männer den Eltern das Mehl und die Decken gegeben hatten, damit Grauer Wolf mit ihnen ging. Wenn sie nun den Weißen ihre Steine anbot, vielleicht willigten sie dann ein, daß Grauer Wolf nicht mehr in die Schule zurück mußte.

So würde sie es zunächst einmal versuchen. Und wenn sie damit nicht ans Ziel kam, dann besaß sie immer noch das Gewehr. Sie würde den weißen Männern den Krieg erklären.

Gewiß, sie war allein, und die weißen Männer waren in der Überzahl und besaßen viele Gewehre und Pistolen. Aber sie trug über der Schulter (weil ihre Hüften ja zu schmal waren) einen Gürtel mit zwanzig Patronen. Wenn jeder Schuß einen weißen Mann tötete (und sie war sicher, sie würde mit jedem Schuß treffen), würde das Aufsehen erregen. Meinetwegen, sagte sie sich, werde ich am Ende, wenn alle Patronen verbraucht sind, selbst

255

sterben müssen, aber ich werde ihnen gezeigt haben, daß sie nicht so allmächtig sind, wie sie meinen. Sie brauchte sich nur zwei Szenen zu vergegenwärtigen – Grauer Wolf, wie er sein Messer zog und die Schneide gegen seinen Hals führte, Grauer Wolf am Boden wie ein schmutziges Paket –, und es schien ihr gewiß, daß sie mit kühlem Kopf, ohne Zögern und Bedauern, Weiße würde erschießen können. Es war nur gerecht, daß sie würden sterben müssen.

Einen Augenblick war sie dann doch bestürzt über diese Vorstellung, und sie setzte ihre Hoffnung wieder auf die Steine – nur um gleich darauf vor sich selbst zu schwören, daß sie auch bereit sein werde, das Gewehr zu gebrauchen.

Von der Höhle bis in jene Gegend, in der die Hütte der Großmutter stand, waren es drei Stunden Weg. Das Gewehr und der Patronengurt zerrten an ihr. Um den Hals trug sie eine kleine Ledertasche mit den Steinen. Wenn das Gelände eben war, verfiel sie in Laufschritt.

Einmal stürzte sie auf einer Halde mit Steinschutt und schrammte sich beide Knie auf.

Der Himmel über ihr wurde blaß; einmal sah sie einen Stern. Da beeilte sie sich wieder.

Endlich tauchten in dem unsicheren Licht die Konturen eines riesigen Felsens auf, der wie ein übergroßer versteinerter Baumstumpf aussah. Und darunter, zwischen dem blinkendem Auge eines Wasserlochs und einem spärlich bewachsenen Hang, erkannte sie die breite Hütte mit dem Vordach, an dem das Gestänge eines Webrahmens hing.

Die Großmutter war eine große, kräftige Frau und trotz ihres Alters kaum gebeugt. Viele Geschichten wurden über sie erzählt, über ihren Mut und ihre Furchtlosigkeit. Sie hatte den furchtbaren Zug der Navajo nach Bosque Redondo mitgemacht. Die Großmutter hatte zu jenen wenigen gehört, die sich nicht ihrer Verzweiflung überließen, sondern protestierten und darauf drangen, daß der Stamm in seine Heimat zurückkehren durfte.

Maismädchen hatte die Großmutter eben deswegen immer bewundert, weil sie offenbar nicht wie so viele hinzunehmen be-

Straßenschild in Tulsa: Achtung beim Parken.
Vögel sind nicht gewohnt, aufs Töpfchen zu gehen.

reit war, was der weiße Mann befahl, und deswegen hoffte sie
auch, die alte Frau werde ihr helfen, wenn es darum ging,
Grauer Wolf zu schützen. Die Großmutter schien nicht erstaunt, das Mädchen vor sich zu sehen. Sie schob die Enkelin in
die Hütte, nickte in Richtung des Feuers, das in der Mitte des
Raumes brannte, warf ein paar Piñoäste auf die Glut und holte
dann eine große Decke aus Schaffell und legte sie dem Mädchen
über die Schultern.

Schweigend bereitete sie das Essen, und Maismädchen wußte,
daß es, ehe sie mit der Mahlzeit fertig war, keinen Sinn haben
würde, etwas zu erzählen. Alles zu seiner Zeit, pflegte die
Großmutter zu sagen. Nichts ist so eilig, daß man sich nicht erst
stärken sollte.

Maismädchen war es nicht recht, daß jetzt Ruhe in sie ein-
kehrte. Etwas von der Energie, die sie bis dahin in sich gespürt
hatte, ging dabei verloren.

Schließlich setzte sich die Großmutter ihr genau gegenüber,

257

legte die Handflächen auf ihre untergeschlagenen Beine und sagte: »Sprich jetzt.«

Alles, was seit der Rückkehr von Grauer Wolf geschehen war, sprudelte aus Maismädchen heraus. Auf dem Gesicht der Großmutter war nicht abzulesen, was sie von allem hielt. Es zeigte nichts als steinerne Aufmerksamkeit. Als Maismädchen zu Ende war, trat wieder eine lange Weile Schweigen ein.

»Und was soll jetzt werden?« fragte die Großmutter.

»Ich brauche dein Pferd«, sagte Maismädchen, »ich werde nach Fort Defiance reiten und Grauer Wolf von den Weißen zurückkaufen.« Sie berührte den Lederbeutel, den sie um ihren Hals trug. Die Steine klimperten leise.

»Aber wozu das Gewehr?« fragte die Großmutter.

»Wenn sie ihn mir nicht verkaufen, werde ich schießen.«

Die Großmutter blickte von ihr weg. Wieder wurde das Schweigen lang. Die Großmutter sah ihr ins Gesicht und sagte:

»Das Gewehr wird dir nichts nützen. Du kannst nicht damit umgehen.«

»Ich habe schon einmal einen Kojoten geschossen«, sagte Maismädchen.

»Das ist nicht dasselbe.«

»Ich habe mir vorgenommen, ich will für ihn kämpfen. Ich habe ihm versprochen, ich werde nicht zulassen, daß er auf diese Schule zurück muß, wo sie einen Weißen aus ihm machen wollen.«

Die Großmutter ließ ein Knurren hören, das dem einer Wildkatze ziemlich ähnlich war.

»Ein Gewehr ist eine gefährliche Medizin«, sagte sie mit einer Gelassenheit, die Maismädchen wütend machte.

»Man muß etwas tun«, stieß Maismädchen hervor, »rätst du mir etwa auch, nichts zu unternehmen?«

Es klang entsetzt.

»Man wird überlegen. Hab Geduld. Allein bist du zu schwach, um etwas auszurichten. Wenn man etwas unternimmt, dann ist das die Sache der Männer, und nicht die Sache eines Kindes.«

»Ich bin kein Kind mehr. Ich bin bald eine Frau. Als sie euch nach Bosque Redondo verschleppt haben, da hast du es auch nicht hingenommen. Sie erzählen alle, du seist sehr tapfer gewesen. Ich will so werden wie du.«

Die Großmutter schüttelte den Kopf.

»Glaube mir, du würdest nichts ausrichten. Sie werden dich nur auslachen.«

»Das Lachen wird ihnen schon vergehen. Haben sie das Recht, Grauer Wolf fortzuholen? Oft hast du zu anderen gesagt: Ihr dürft euch nicht alles gefallen lassen. Das finde ich auch. Es ist doch Unrecht?«

»Das ist nicht die Frage«, antwortete die Großmutter, »viel Unrecht geschieht auf der Welt, ohne daß man etwas dagegen unternehmen kann. Du mußt lernen, zu warten, bis das Unglück vergeht und das Glück wiederkehrt.«

»Ach, warten. Was ist Grauer Wolf damit geholfen, wenn wir Warten üben?«

»Und was ist damit geholfen, wenn deine Eltern statt eines Kindes gleich zwei verlieren? Wir wollen uns schlafen legen. Morgen wirst du schon nicht mehr so aufgebracht sein wie heute, und am Tag darauf wird dein Zorn abermals etwas abgenommen haben.«

»Ich will nicht, daß mein Zorn abnimmt«, rief Maismädchen.

»Wer zornig ist, sieht nur noch auf einem halben Auge«, sagte die Großmutter. Sie stand auf und begann, die Lager zum Schlafen herzurichten.

»Ich habe versprochen, ihm zu helfen«, beharrte Maismädchen. »In zwei, drei Tagen wird es zu spät sein. Dann haben sie ihn fortgebracht. Ich will zornig sein, ich will ...«

»Dann sei zornig«, sagte die Großmutter ruhig, ohne sich von ihrer Tätigkeit ablenken zu lassen.

Wie sie die alte Frau gelassen all jene Handgriffe tun sah, die jeden Abend in der Hütte getan werden müssen, ehe man sich schlafen legt, überkam Maismädchen eine Art von Betäubung.

Sie war keineswegs überzeugt. Es gab da etwas, was keines der Argumente der Großmutter hatte entkräften können.

Was ist das? fragte sie sich. Ich empfinde etwas als unannehmbar. Ich muß mich dagegen auflehnen, entgegen dem Rat aller, auch derer, die man liebt und denen man vertraut.

Sie fühlte sich elend, weil dieser Anspruch blieb und sie ihm nicht folgen konnte. Es kam ihr vor, als habe sie keinen Willen mehr.

Wenn ich älter wäre, wäre es vielleicht anders, überlegte sie.

Es war erstaunlich, wie die Großmutter so einfach, indem sie eben das Lager richtete und die Hütte für die Nacht versah, ihren Plan außer Kraft setzen konnte, so daß ihr nichts anderes übrigblieb, als sich schlafen zu legen, und dieser Tag, der nicht wie jeder Tag war, nun so zu Ende ging, als sei gar nichts geschehen.

Sie erwachte davon, daß etwas hell auf ihrem Gesicht lag und sie ein Geräusch hörte. Die Helligkeit kam vom Schein des Mondes, der durch das Rauchloch hereindrang. Das Geräusch war der rasselnde Atem der alten Frau.

Jetzt überlegte sie keinen Augenblick. Sie tastete nach dem Gewehr und kroch vorsichtig zum Eingang. Sie besann sich, daß sie etwas zu essen brauchte, nahm eine Melone und drei Handvoll getrockneter Fleischstreifen.

Mit dem Arm drückte sie die Holzklappe hoch. Es knarrte. Sie blickte noch einmal zurück, um festzustellen, ob die Großmutter erwacht sei, aber in der Dunkelheit drinnen, die milchiges Licht durchflutete, rührte sich nichts, und das rasselnde Geräusch drang gleichmäßig zu ihr. Sie verschloß den Eingang von außen. Sie ging zu dem Unterstand neben der Hütte, führte das Pferd heraus und sattelte es.

Erst jetzt wurde ihr recht bewußt, daß sie entgegen dem Rat der Großmutter handelte. Sie fand in dem Unterstand eine Kürbisflasche, lief zur Quelle und füllte sie. Dabei überlegte sie, was die Großmutter denken würde, wenn sie am Morgen bemerkte, daß sie nun doch zu den Weißen davongeritten war. Der Mond war herrlich groß am Himmel. Der Mond hatte sie geweckt. Vielleicht verstand der Mond, warum sie nicht gehorchte. »Verstehst du mich, Mond?« fragte sie. Der Mond verschüttete weiterhin still den Überfluß seines weißen Lichts. Das war die Antwort. »Soll die Großmutter den Mond fragen«, sagte sie, schwang sich in den Sattel und ließ das Pferd antraben.

Über den Anhang hinab ritt sie, bis auf den Boden eines Canyons, aber es war nicht die Schlucht, in der die Hütte ihrer Eltern lag. Sie folgte dem Sandstreifen, bis er zwischen Grasbüscheln und Buschwerk auslief. Da wichen die Steinmauern zurück. Und jetzt war sie auf der Ebene. Hinten am Horizont ging die Sonne auf, und wenn sie sich umschaute, waren die Berge blaßgrau mit Dunstschleiern vermummt. Sie ritt auf die Sonne zu, die höher stieg. Sie dachte: Wie soll ich jemals bis ans Ende dieser großen Ebene kommen? Sie war leer und so endlos weit, rötlich der Boden und manchmal schmutziggrün und immer nur in der Nähe die größeren und kleineren Grasbüschel, in einiger Entfernung aber sah das nur noch aus wie gefärbtes Gewölle, und weiter rückwärts war eine öde Fläche, durch die sich Rillen zogen. Das waren kleine, ein bis zwei Meter tiefe Schluchten, die sie aufhielten. Die Abhänge waren manchmal so steil, daß sie fürchtete, sie könne über den Kopf des Pferdes hinunterfallen, aber das Tier suchte sich mit traumwandlerischer Sicherheit seinen Pfad hinauf und hinab. Man tat gut daran, ihm seinen Willen zu lassen. Es wußte schon, wie es zu gehen hatte. Aber diese Rillen hielten auf. Und heiß wurde es, und sie sah nicht mehr so weit in der flimmernden Luft, und das Pferd schwitzte, und sie war von Kopf bis Fuß nur Schweiß und dann nur noch fiebrige Hitze. Ab und zu stieg sie ab und führte das Tier ein Stück. Und es entwickelte sich zwischen ihnen eine Verständigung, wenn das Pferd sie nicht mehr tragen konnte und wann es wieder etwas ausgeruht war und sie aufsteigen sollte. Einmal trank sie, und das Pferd schnappte nach der Flasche, in der das Wasser war, aber sie gab ihm nichts, was auch nicht möglich gewesen wäre, denn das Wasser reichte kaum für sie. Außerdem wußte sie, daß sich Pferde, wenn ihr Durst groß genug ist, immer auf ein Wasserloch hin orientieren. Und darauf setzte sie ihre Hoffnung, weil sie den genauen Weg nach Fort Defiance nicht kannte, sondern nur die ungefähre Richtung. Wenn sie ein Wasserloch erreichten, so würden sie mit einiger Wahrscheinlichkeit dort Menschen treffen oder auf die Spuren von Menschen stoßen, und das würden sicher Indianer sein, die sie nach dem Weg fragen konnte.

Am Morgen war ihr die Ebene so groß erschienen, daß sie gedacht hatte, es werde Tage dauern, bis sie an ihr Ende gelangen würde. Aber am Nachmittag schlug das Pferd, ohne daß sie es antreiben mußte, von sich aus eine viel raschere Gangart an und machte keine Zeichen mehr, daß sie aus dem Sattel solle. Sie hatte nun Mühe, sich auf seinem Rücken zu halten und das Gewehr nicht zu verlieren, und noch ehe es zu dämmern begann, waren sie auf Grasboden zwischen niedrigen Hügeln, und das Pferd drängte sich eigensinnig und zielstrebig in ein Dickicht aus grünen Büschen und Schilf. Und plötzlich sah sie Wasser vor sich, einen Tümpel oder genauer: ein Bachbett, das sich hier zu einem kleinen Teich erweiterte, und auf der anderen Seite eine Felswand, von der Wasser stäubend herabstürzte.

Das Pferd schnaubte und schüttelte sich, und sie nahm ihm den Sattel ab. Es trank erst, watete dann im Wasser, kam wie ein Ungeheuer platschend und wiehernd heraus und trabte dann über eine Kiesbank zu einem Flecken Gras, wo es ganz ruhig zu weiden begann.

Sie legte ihre Kleider und den Beutel mit den Steinen ab, legte das Gewehr darüber und watete in den Tümpel. Sie schwamm bis zu der Stelle, an der das Wasser von oben herabstürzte. Es war hier kälter, fast beißend an der Kopfhaut und an den Schultern, wo es sie von oben traf. Es schien ihr, als erwache sie aus einer Betäubung von Hitze und Müdigkeit, die sich am Tag in ihr breitgemacht hatte. Sie schwamm so lange, bis sich ihr Körper wieder kühl und leicht fühlte. Dann kehrte sie zu der Stelle zurück, wo sie an den Teich herangekommen waren. Sie holte ihr Bündel mit den Kleidern, den Beutel, das Gewehr und den Sattel, folgte dem Bachbett, bis es enger und flacher wurde, watete hindurch und erreichte die Grasinsel, auf der das Pferd weidete.

Nachdem sie sich angekleidet hatte, suchte sie die Umgebung nach Fußspuren ab. Nirgends war ein Abdruck von einem menschlichen Wesen zu sehen. Sie band das Pferd jetzt an, damit es ihr nicht ausreißen konnte, und aß ein paar Streifen Fleisch.

Danach lehnte sie sich zurück, rollte sich zusammen und schlief ein. Wieder war es der Mond, der sie weckte. Sie fröstelte etwas. Hinter sich hörte sie die Geräusche des Pferdes.

»Was soll ich jetzt tun, Mond?« sagte sie mit einem Lachen, weil sie wohl wußte, daß es närrisch war, mit dem Mond zu reden.

Der Mond sagte gar nichts. Er war nur da, stumm und sein Licht verschüttend, das alles durchdrang.

Da sattelte sie das Pferd und begann bachabwärts weiterzureiten.

Hell genug war es. Gewöhnlich reiten Indianer nicht in der Nacht. Es ist gefährlich, hatte sie ihren Vater einmal sagen hören. Ihr schien es angenehm, und das Pferd hatte auch nichts daran auszusetzen. Sie hatte keine Ahnung, ob sie auf dem richtigen Weg war. Sie ließ sich nicht einlullen, indem sie dachte, der Mond wird mich schon führen.

Sie wußte: Der Mond hielt sich da heraus, der Mond gab nur das Licht, damit das Pferd sehen konnte, wohin es trat. Das Licht drang überall hin. Gegen das Licht konnte niemand etwas tun. Es war da. Es gehorchte niemandem. Sie spürte eine Verwandtschaft zwischen diesem schwachen und doch alles durchdringenden Licht und jener Auflehnung in sich, die sie bereit war zu leben.

Am Vormittag stieß sie auf eine Straße. Sie wand sich durch nackte Hügel aus rötlichem Steinschutt, aber in der Ferne sah man große Wälder, und Maismädchen sagte sich, dies könnten vielleicht jene Piñowälder sein, zu der die Familie der Großmutter in früheren Jahren, als sie noch im Canyon de Chelly gelebt hatten, zum Nüssesammeln gezogen waren. Später kam sie an großen Weiden vorbei, die eingezäunt waren, was ihr sehr seltsam erschien.

Erst am Nachmittag sah sie einen Menschen. Es war ein alter Mann mit einem Bündel auf der Schulter. Er kam ihr auf der Straße entgegen. Sie grüßte ihn und fragte nach dem Weg, und er gab eine umständliche Erklärung.

»Wie weit ist es?« fragte sie.

»Einen Sonnenaufgang weit. Was willst du dort?«

»Die weißen Männer haben meinen Bruder fortgeschleppt. Ich will ihn zurückholen.«

Er wiegte den Kopf.

»Vier Jungen«, sagte er dann, »Blauadler, Kaninchenjäger, Grauer Wolf und Kleine Eule. Ich sah, wie sie sie hereinbrachten, als ich in dem Ort der weißen Männer war.«

»Und ihr nehmt es einfach so hin«, sagte Maismädchen aufgebracht.

Eine Weile sagte der Mann nichts.

»Sie könnten auch gestorben sein«, meinte er dann, »dann könnte man auch nichts machen.«

»Aber sie sind nicht gestorben. Sie sind ganz lebendig. Sie wollen nicht an diese Schule«, ereiferte sich Maismädchen.

»Du bist noch sehr jung«, sagte der Mann, »du weißt noch nicht, wie der Lauf der Welt ist. Deswegen begreifst du auch nicht, wenn ich sage, sie könnten auch gestorben sein. Der Lauf der Welt ist wie ein Bach nach der Schneeschmelze. Stellt man sich ihm in den Weg, so wird man fortgerissen. Besser, man macht ein paar Schritte zur Seite und schaut zu, wie das Wasser vorbeidonnert. Aber das ist meine Ansicht, und ich will dich nicht zu ihr bekehren. Ich weiß, ich kann es nicht. Etwas an dir zeigt mir, daß du dich gern mitten in den Bach stellst, wenn das Wasser herandonnert, und meinst, du könntest es aufhalten. Es ist seltsam. Ich meine: Junge Männer sind so, aber ein Mädchen, halb noch ein Kind . . .«

»Nicht halb«, sagte sie, »man sagt, man reitet nicht durch die Nacht, aber ich bin zwei Nächte geritten und gut vorangekommen . . .«

»Dann geh, du Nachtreiterin. Ich kann dir keinen guten Rat geben.« Der Mann kicherte in sich hinein und hob grüßend die Hand. »Glück für den Weg.«

Sie antwortete ihm nicht, sondern schwang sich in den Sattel und ließ das Pferd antraben.

Als sie sich nach einer Weile umwandte, sah sie, daß er vom

Die berühmte
Cadillac-Ranch
beim Amarillo.

Ein als Bar und Restaurant
getarnter Andenkenladen
irgendwo an der Route in
Oklahoma. Die Leucht-
reklamen der Bierfirma
sind sehenswert, und das
Essen ist preiswert und gut.

Eine Weberin im Indianischen Kulturzentrum in Albuquerque, New Mexico

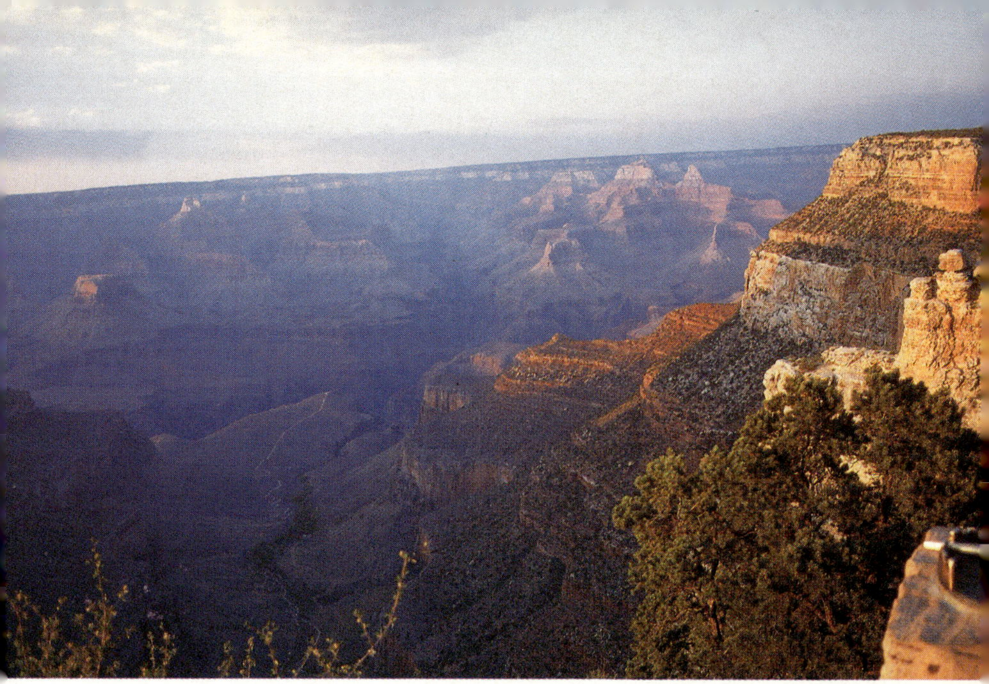

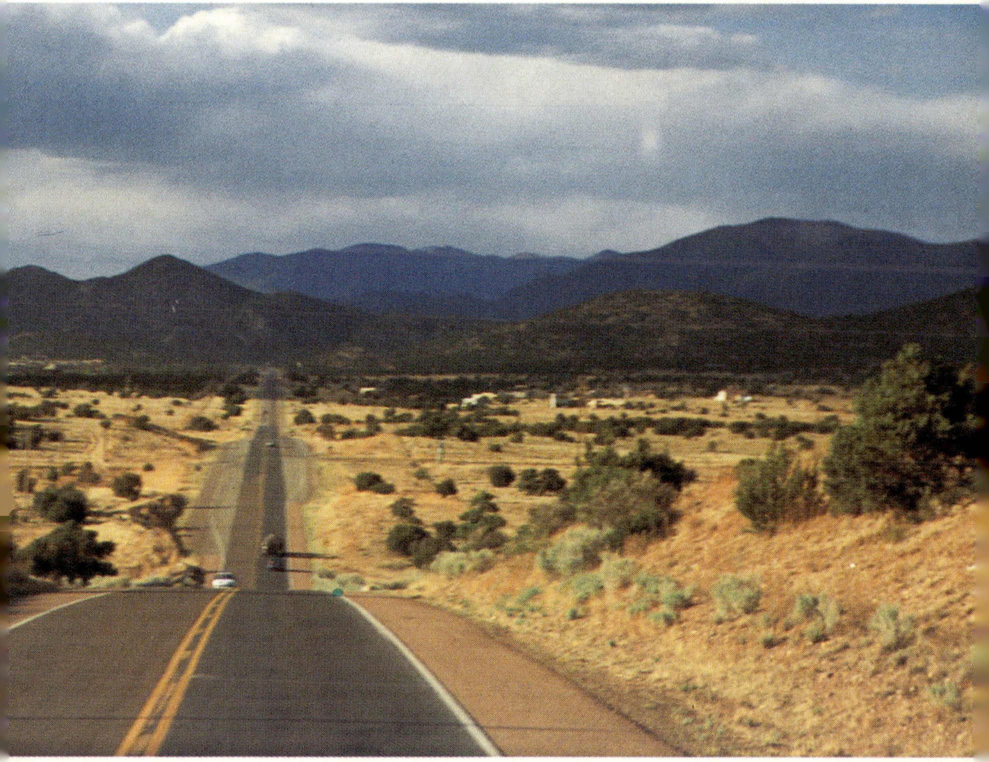

Las Vegas bei Nacht. Glamour und Tanz auf der Straße und ein Mitreisender, dessen T-Shirt jene "Kicks" verspricht, die nun die Wüstenstadt in reicher Auswahl bietet.

festen Weg abgebogen war und quer in das leere Land hineinging.

Am Morgen nach der dritten Nacht erreichte sie den Ort der weißen Männer, den man Fort Defiance nennt.

III

Es war viel schwieriger, als sie sich vorgestellt hatte. Sie hatte gemeint, das, was man einen Ort nennt, seien drei, vier, höchstens fünf Hütten, und sie brauche nur die Augen offenzuhalten, und bald werde sie herausgefunden haben, wo die Jungen steckten.

Jetzt aber sah sie, daß die Behausungen der weißen Männer viel größer waren und überhaupt ganz anders als die Hütten ihres Volkes, daß es vierzig, fünfzig solcher Behausungen gab, die rechts und links an einer Straße hingebaut waren, und weiter draußen vor dem Ort lag die Festung, nach der der Ort seinen Namen hatte, mit Mauern aus Holzstämmen, über die man nicht hinwegschauen konnte, es sei denn, sie wäre auf den langen Mast geklettert, an dem ein Stück buntes Tuch befestigt war.

Aber alle Behausungen des weißen Mannes hatten in den Mauern seltsame rechteckige Löcher, durch die man in ihr Inneres sah, durch etwas hindurch, das sie an dünnes Eis erinnerte.

Sie nahm sich also vor, in jedes Haus hineinzuschauen, durch diese Löcher oder Spalten, aber schon, als sie das zwei-, dreimal versucht hatte, gab sie es wieder auf, denn jedesmal kam dann ein weißer Mann oder eine weiße Frau aus der Behausung herausgestürzt und beschimpfte sie. Und ein Mann, der besonders aufgebracht war, hatte sie mit der Hand auf die Wange geschlagen. So führte sie nun ihr Pferd am Halfter die Hauptstraße hinauf und hinunter, den Patronengürtel über der Achsel und in der anderen Hand das geladene Gewehr. Die weißen Leute lachten, manchmal riefen sie ihr etwas nach, und obwohl sie die Worte nicht verstand, begriff sie wohl, daß sie sich über sie lustig machten.

Es kamen auch weiße Kinder, die sie nachäfften und hinter ihr herzogen und etwa sangen. Davon wurde das Pferd mehr beunruhigt als sie. Es keilte aus. Sie hatte Mühe, es zu bändigen, während die weißen Kinder kreischend davonstoben.

Während sie sich im Ort umsah, fiel ihr auf, daß es zwei Gebäude gab, die häufiger als die anderen von den vielen Weißen besucht wurden. Das eine war ein großer Holzbau, etwa in der Mitte des Ortes, mit einem Vordach und, schon auf der Straße, Pfosten, an denen gesattelte Pferde und Maultiere angebunden waren.

Das andere Gebäude lag am Ende der Siedlung, dort, wo die Straße schon nicht mehr mit Steinen gepflastert war und sich als Wagenspur mit krustigen Kerben ins offene Land verlor.

Dieses Haus war aus weißen Steinen gefügt und hatte ein flaches Dach. Vor den Spalten in der Mauer saßen seltsame Verschläge aus gebogenen Eisenstäben, und auch die niedrige Tür war mit Eisen beschlagen.

Maismädchen war mehrmals zwischen diesen beiden Häusern hin und her gependelt, ohne daß es ihr gelungen wäre, Genaueres über sie in Erfahrung zu bringen.

Was das große Holzhaus anging, so war sie ziemlich sicher, daß es eines jener Gebäude sein müßte, in die die weißen Männer gehen, wenn sie Feuerwasser trinken wollen. Das andere Haus dagegen mußte etwas mit dem Großen Vater der weißen Männer zu tun haben, denn auf dem Dach hing an einer Stange, wie über der Festung, ein Stück buntes Tuch, auf das Sterne und farbige Streifen gemalt waren.

Jetzt saß Maismädchen ratlos im Schatten der kleinen Gruppe von Weidenbäumen gegenüber dem hohen Holzbau. Sie hatte ihr Pferd an einem der Stämme festgebunden und beobachtete die Leute, die drüben kamen und gingen, in der Hoffnung, einmal werde vielleicht ein Indianer auftauchen, den sie um Rat fragen könne, wo sie nach den Jungen suchen sollte.

Hitze und Müdigkeit lasteten als ein dumpfer Druck auf ihren Augenlidern.

Immer, wenn sie wieder einmal einzuschlafen drohte, dachte sie daran, wie ihre träumende Unaufmerksamkeit vor drei Tagen dazu geführt hatte, daß sie von den weißen Männern auf der

Weide überrascht worden waren. Plötzlich schreckte sie etwas aus dem schläfrigen Warten hoch.

Drüben, unter dem Vordach, standen drei weiße Männer, die eben aus dem Haus gekommen waren. Sie schienen sich voneinander zu verabschieden. Der eine setzte sich gerade seinen Hut auf und legte seinen Revolvergürtel um, ein anderer rief ihm etwas zu. Aber auf der obersten Stufe der Treppe, die vom überdachten Vorplatz auf die Straße führte, stand mit verschränkten Armen der Mann im roten Hemd.

Maismädchen fuhr sich über die Augen, weil sie zuerst glaubte, sie müsse sich getäuscht haben. Aber nein, es war dieser Mann, daran konnte kein Zweifel sein. Es waren nicht nur das rote Hemd und der eigenartig ausgefranste Schnurrbart, was jeden Irrtum ausschloß. Es war seine ganze Haltung, in der ein Ausdruck von auftrumpfender, gewisser Überlegenheit lag, die ihr sagte, daß sie sich nicht täuschte.

Der Mann, der sich den Revolvergürtel umgelegt hatte, machte sein Pferd los, schwang sich in den Sattel, winkte und ritt davon.

Der Mann mit dem roten Hemd und sein Begleiter schienen keine Reittiere bei sich zu haben. Sie unterhielten sich und gingen langsam, ab und zu stehenbleibend und lebhaft gestikulierend, auf der Straße gegen den Ortsausgang zu.

Plötzlich erkannte Maismädchen den Zusammenhang zwischen dem Mann mit dem roten Hemd und dem weißen Haus mit dem flachen Dach. Freilich war das nur eine Vermutung, aber für sie besaß sie einen so hohen Grad an Wahrscheinlichkeit, daß sie den beiden Männern einen beachtlichen Vorsprung ließ, ehe sie ihnen folgte.

Sie nahm das Gewehr, prüfte noch einmal, ob es geladen war, legte den Patronengurt über die eine Schulter und sagte leise etwas zu ihrem Pferd, das angebunden zurückblieb. Dann trat sie aus dem Schatten der Bäume in das grelle Sonnenlicht, das wie feine Nadelspitzen auf der Haut zu spüren war, und ging den Männern nach.

Tatsächlich verschwanden sie beide in dem weißen Haus am

Ortseingang. An der Tür mit den Eisenbeschlägen, die angelehnt war, blieb Maismädchen noch einen Augenblick zögernd stehen. Ihre freie Hand suchte nach dem Beutel mit den Steinen, den sie an einer Lederschnur um den Hals trug. Von drinnen waren Stimmen zu hören. Sie stieß die Tür etwas weiter auf und huschte hinein. Sie schaute sich hastig um.

In dem von der Tür am weitesten entfernten Teil des großen Raumes waren eine größere und zwei kleinere Zellen, wie Käfige nur durch Eisengitter untereinander abgeteilt und nach außen abgeschlossen. In dem großen Gelaß hockten auf dem grauen Steinboden, neben sich kleine Schüsseln aus Blech, die vier Jungen.

Grauer Wolf mußte sofort bemerkt haben, wer da eingetreten war. Sie spürte, wie er erstaunt aufspringen und etwas rufen wollte, aber mit einem Blick zwang sie ihn, sich zu beherrschen und ruhig zu bleiben. Drei weiße Männer waren im Raum. Der Mann mit dem roten Hemd saß hinter einem Tisch. Davor, über die Tischplatte gebeugt und offenbar mit dem Studieren einer Landkarte oder eines Schriftstückes beschäftigt, standen der zweite Mann, den sie vorhin auf der Straße gesehen hatte, und ein dritter, älterer, mit grauem kräuseligem Haar und einem komischen grünen Schirm zwischen Haaransatz und Augenbrauen.

Die Männer nahmen zunächst überhaupt keine Notiz von ihr. Etwas unschlüssig stand sie nahe der Tür, bis sie an der Wand eine Bank entdeckte, auf der sie ihren Patronengurt ablegte und sich dann hinsetzte.

Da die Männer immer noch in ihr Gespräch vertieft schienen, machte sie ihrem Bruder mit Gesten und Blicken Zeichen, er solle ruhig bleiben und nur Vertrauen zu ihr haben.

Dann schien das Gespräch der Männer zum Ende zu kommen. Der Mann von der Straße faltete eine Karte zusammen. Dabei trat er etwas zur Seite, und jetzt fiel der Blick des Mannes im roten Hemd auf Maismädchen, und er schien zu fragen, wer das sei. Der Mann mit den grauen Haaren antwortete wohl, das wisse er auch nicht. Aber keiner von den dreien schien ihre Anwesenheit als weiter wichtig zu erachten, denn sie redeten noch eine Weile miteinander. Schließlich verabschiedete sich der Mann, der aus dem großen Holzhaus mitgekommen war, von den anderen. Der Grauhaarige begleitete ihn bis vor die Tür, während der Mann im roten Hemd Papiere in eine Schublade wegräumte.

Die vier Jungen in der Zelle begannen jetzt immer lauter und aufgeregter miteinander zu reden.

Der Mann im roten Hemd sah unwillig auf und rief ein kurzes Wort in der Sprache des weißen Mannes. Die Stimmen der Jungen schwächten sich zu einem Murmeln ab.

Damit schien er immer noch nicht zufrieden zu sein. Wieder schrie er etwas, das wie ein barscher Befehl klang.

Der Mann mit dem grünen Schirm an der Stirn, der gerade wieder von draußen hereinkam, ging mit schlürfenden Schritten bis zu dem Gitter und sagte in der Sprache der Indianer:

»Haltet doch Ruhe. Wenn ihr nicht vernünftig seid, wird er euch durchprügeln.«

»Erlaubst du uns, daß wir mit dem Mädchen sprechen?« fragte Grauer Wolf.

Der Mann sah skeptisch zu ihr und redete dann eine Weile auf den Mann im roten Hemd ein.

Der richtete sich hinter seinem Schreibtisch auf, und es sah so aus, als ob er überlegte.

Er wird mich erkannt haben, dachte Maismädchen, und sie sah wieder sein von tückischer Freude besessenes Gesicht in jenem Augenblick, draußen auf der Weide, als er mit dem Lasso zum Wurf ausholte.

»Wer ist dieses Mädchen?« fragte der Mann mit dem grauen Haar zu den Jungen hin.

»Sie ist meine Schwester«, antwortete Grauer Wolf, »sie ist gekommen, um mich zu besuchen.«

»Ich habe dem Mann mit dem roten Hemd etwas mitgebracht«, sagte Maismädchen.

Irgendwie schienen die weißen Männer verwirrt, als sei etwas geschehen, das es einfach nicht geben dürfte, aber der Mann im roten Hemd war gereizt und ärgerlich, während das Gesicht des Grauhaarigen einen Ausdruck von trauriger Freundlichkeit hatte. Eine Spannung hing plötzlich im Raum, deren Ursache Maismädchen nicht begriff.

Der Mann mit dem roten Hemd rief laut etwas und winkte sie zu sich heran. Sie griff nach dem Lauf ihres Gewehres und trat an den Tisch. Der andere Mann mit dem gekräuselten grauen Haar und dem Schirm über den Augen kam hinzu und sagte in ihrer Sprache: »Also, was willst du nun hier, Kind?«

Es klang freundlich. Sie lehnte das Gewehr neben sich gegen den Tisch, nestelte den Beutel aus ihrem Hemd hervor und schüttete die Steine vor dem Mann mit dem roten Hemd auf die Tischplatte.

»Sag ihm, daß er die Steine haben kann, wenn er meinen Bruder und die anderen Jungen freiläßt.«

Der Grauhaarige warf ihr einen langen Blick zu. Etwas war in seinen Augen, das ihr Hoffnung machte.

Sie merkte, wie er zögerte. Etwas lächelte in seinem Gesicht, aber nicht spöttisch, eher gutmütig-verlegen. Die mit rötlichem Haar bewachsene Hand des Mannes im roten Hemd spielte mit den Steinen.

»Frag ihn«, drängte Maismädchen den anderen, der ihre Sprache sprach.

Der Grauhaarige übersetzte nun offenbar ihren Vorschlag. Sie verfolgte das Mienenspiel der beiden Männer und versuchte, aus dem Klang ihrer Stimmen zu erraten, welche Haltung sie einnahmen.

Dem im roten Hemd schienen die Steine zu gefallen.

»Er fragt, wo du sie her hast«, sagte der Grauhaarige. Es war ein unterdrückter Zweifel in der Frage.

»Ich habe sie gefunden. Sie gehören mir. Aber er kann sie haben.«

Wieder ein Wortwechsel.

»Er glaubt dir nicht. Er sagt, du hast sie gestohlen.«

Maismädchen nahm wahr, wie der Mann im roten Hemd sie beobachtete. Sein Blick hatte etwas Siegesgewisses. Er kniff die Lippen zusammen. Um den Mundwinkel zuckte Belustigung.

»Er soll mir glauben«, sagte sie mit unterdrücktem Zorn.

»Das wird er nicht«, antwortete der Grauhaarige, und in seinen Augen stand vorsichtiges Bedauern, so als könne er sie gut verstehen, dürfte das aber nicht deutlich zeigen.

Die behaarte Hand fuhr über die Tischplatte und schob die Steine zusammen.

»Er darf das nicht. Er darf die Steine nicht nehmen. Erst muß er die Kinder freigeben«, stieß Maismädchen hervor; und an den Grauhaarigen gewandt: »Sag ihm das ... sag ihm das rasch!«

»Du hättest sie ihm nicht zeigen sollen. Er macht immer, was er will.«

»Sie sind nicht gestohlen. Sie sind alles, was ich habe. Glaubst du mir wenigstens?«

»Das spielt keine Rolle. Er ist der Boß.«

Der Mann im roten Hemd war aufgestanden. Als Maismädchen in sein Gesicht sah, wußte sie, daß er die Steine nicht wieder hergeben würde. Er lachte selbstsicher. Er hatte die Steine zwischen die Handflächen genommen, die eine Höhlung bildeten, und ließ sie klimpern.

»Hilf mir doch«, sagte Maismädchen fast flehentlich zu dem Grauhaarigen, »es ist Unrecht ... nach dem Gesetz des weißen Mannes wie nach dem der Indianer.«

»Ich weiß. Aber so ist es nun einmal, Kind.«

Aber der Grauhaarige schien noch einen Vorstoß zu ihren Gunsten zu riskieren. Es waren nicht viele Worte. Sie klangen tadelnd. Doch der im roten Hemd hatte jetzt die Steine in die Hosentasche gesteckt, und gleich darauf machte er eine Handbewegung, die eindeutig war. Der Grauhaarige sollte Maismädchen hinauswerfen.

»Tut mir leid, Kind. Er läßt dir sagen, du sollst machen, daß du fortkommst. Sonst wird er dich zu deinem Bruder sperren.«

Der Mann in dem roten Hemd stand hinten im Raum vor einem Regal. Er hatte die Arme vor der Brust verschränkt. Seine

271

Lippen zuckten spöttisch. Er drehte an seinen hängenden Schnurrbartspitzen. Jemand, der sich seiner Macht gewiß ist, zu gewiß, und es genießt, wie alles nach seinem Willen geht.

Es war nicht mehr zu ertragen.

Maismädchen riß das Gewehr hoch. Sie brauchte nicht zu zielen. Seine Gestalt bot Fläche genug. Außerdem waren es höchstens fünf Schritte Entfernung.

Bei dem Geräusch des Schusses schien der ganze Raum zu bersten.

Der Grauhaarige hatte zu ihr hinspringen wollen, als er die Bewegung sah. Aber er hatte innegehalten, wohl wissend, daß es zu spät war. Sie hatte auch nicht auf ihn geachtet. Sie sah nur aus den Augenwinkeln heraus, wie er im Sprung innehielt. Genauso sah sie, wie im Bruchteil eines Augenblicks der Gesichtsausdruck des Mannes im roten Hemd sich veränderte, wie der Hohn und die Lust über seine Macht in der Verzerrung des Schmerzes zerrissen, wie er sich an die Brust griff, Blut zwischen seinen Lippen hervortrat, wie dann sein massiger Körper am Regal abwärts rutschte, wie er eine Sekunde in der Hocke dasaß und dann, die Hände nach vorn gestreckt, auf dem Boden aufschlug.

Der grauhaarige Mann war sofort bei ihm, schien ihn zu untersuchen.

Er kam aus seiner gebeugten Haltung hoch und warf Maismädchen einen Blick zu, in dem sich Angst und Zorn mischten.

»Er ist tot«, sagte sie, als habe es da einen Zweifel geben können.

»Ja«, sagte der Grauhaarige, streifte sich seinen Schirm ab und rieb sich mit den Händen über das Gesicht.

»Wahrlich, er ist tot, Kind«, sagte er mit unsicherer Stimme, »begreifst du denn überhaupt, was du da getan hast?«

Er kam auf sie zu, nahm ihr die Waffe aus der Hand und betrachtete sie kopfschüttelnd. Sie wehrte sich nicht. Eine seltsame Beruhigung war über sie gekommen.

»*Heaven's sake*«, sagte er, »*heaven's sake!*«

Dann schob er Maismädchen vor sich her, schloß die Tür im

Gitter auf und stieß sie in den abgeteilten Raum, wo die Jungen saßen.

Sie drängten sich alle um sie.

»Meine Schwester ist gekommen«, sagte Grauer Wolf leise frohlockend.

»Es war recht, daß du ihn getötet hast«, sagte Blauadler, »aber jetzt werden die Weißen uns töten.«

»Du bist tapfer gewesen.«

»Er hat dich betrogen. Du hast ihn dafür bestraft.«

»Das hatte er nicht erwartet.«

»Wir sind stolz auf dich.«

So plapperten sie.

»Seid still!« schrie sie plötzlich.

Jetzt kroch die Aufregung aus den Winkeln hervor. Über das, was sie getan hatte, empfand sie kein Bedauern. Gewiß, es war schrecklich gewesen, wie sich das Gesicht des Mannes von einem Überlegenheit auskostenden Lächeln zum Ausdruck zerreißender Schmerzen verändert hatte. Aber im übrigen flüsterte in ihr immer wieder der Satz: Dieser weiße Mann mußte sterben, dieser weiße Mann mußte sterben. Der Grauhaarige war hinausgegangen. Sie sah jetzt, daß es noch eine zweite Tür gab, die offenbar auf den Hof führte.

Die vier Jungen hatten sich wieder auf den Boden der Zelle gehockt und sahen sie erwartungsvoll an.

»Habt keine Angst«, sagte sie, »euch wird nichts geschehen. Ihr habt ihn nicht getötet.«

»Er war auch mein Feind«, sagte Grauer Wolf.

»Ich habe versprochen, dir zu helfen«, sagte Maismädchen, »ich habe alles versucht.«

Grauer Wolf strich mit der Hand über ihren Arm.

Blauadler sagte:

»Sie werden uns jetzt für ihre Schule nicht mehr haben wollen. Sie werden Angst vor uns haben.«

»Vielleicht aber werden sie an uns allen Rache nehmen. Dieser Mann war ein mächtiger Mann unter den Weißen. So etwas wie ein Häuptling«, sagte Kaninchenjäger.

»Er war einfach zu gemein«, sagte Maismädchen ungerührt, »so einer soll nicht leben.«

Mit dem Grauhaarigen kamen zwei andere weiße Männer durch die Hintertür herein, die einen länglichen Kasten aus Holz trugen. Ehe sie den Toten hineinlegten und flüsternd zu ihm sprachen, traten sie an das Gitter und starrten die Kinder an. Der eine deutete mit dem Finger auf Maismädchen, der andere machte eine Geste, die andeuten sollte, man werde sie aufhängen. Nachdem sie den hölzernen Kasten mit dem Toten hinausgetragen hatten, ging der Grauhaarige eine ganze Weile mit gesenktem Kopf auf und ab, als denke er angestrengt über etwas nach. Er blieb stehen, sagte etwas zu sich selbst, nahm dann seine Wanderung wieder auf. Endlich kam er an die Zellentür, schloß sie auf und hieß Maismädchen zu ihm herauszukommen.

Sie saßen sich an dem Tisch gegenüber, an dem der andere weiße Mann vorhin mit den Steinen gespielt hatte. Der Grauhaarige schien unschlüssig, wie er das Gespräch beginnen sollte. Er hielt den Kopf gesenkt, so daß Maismädchen genau auf das kurze, gekräuselte Haar auf seinem Schädel schaute.

Schließlich stieß er einen krächzenden Laut aus, rieb sich mit der Hand über das Gesicht, stand auf, ging zu dem Regal, holte eine Flasche Feuerwasser hervor und nahm einen großen Schluck.

Er wischte mit der Handfläche über die Öffnung der Flasche und fragte zu Maismädchen hin:

»Möchtest du auch?«

»Nein.«

»Es würde dir guttun.«

»Nein.«

Er holte einen Bogen Papier, ein Glas mit einer blauen Flüssigkeit und einen kleinen Stab, der vorn eine Spitze aus Metall hatte. Er rückte sich auf dem Stuhl zurecht. Sein Gesichtsausdruck war mürrisch.

»Wie heißt du?«

»Maismädchen.«

»Wo kommst du her?«

»Piño-Canyon.«

»So weit?« fragte er. »Hast du ein Pferd?«

»Ja. Es steht unter den Bäumen gegenüber dem großen Holz-haus.«

»Wie alt bist du?«

»Vierzehn Sommer.«

Nach jeder Antwort tauchte er die Spitze des Stabes in die Flüssigkeit und malte Zeichen auf das Blatt, das vor ihm lag. Dabei gab es ein kratzendes Geräusch.

»Und deine Eltern ... wissen sie, daß du hier bist?«

»Sie waren nicht da, als ich fortging. Aber Schmaler Mond wird es ihnen gesagt haben. Ich bin aufgebrochen, als die Män-ner meinen Bruder stahlen.«

»*Heaven's sake*«, sagte er wieder, »du bist ihnen also den ganzen Weg gefolgt?«

Er schien wieder ratlos, hatte den Stab, mit dem er die Zeichen malte, aus der Hand gelegt und starrte auf das Stück Papier.

»Paß jetzt gut auf, Maismädchen«, begann er wieder, »du hast diesen Mann erschossen. Das war böse. Verstehst du, was ich meine?«

Maismädchen schwieg ziemlich lange.

Er schien Geduld zu haben.

»Was ist böse?« fragte sie dann.

»Na, sagen wir mal, ein böser Geist ist in dich gefahren. Er hat bewirkt, daß du etwas getan hast, was man nicht tun darf. Gewiß tut es dir jetzt leid?«

»Nein. Es war kein böser Geist. Ich war es. Dieser weiße Mann war zu gemein.«

Der Grauhaarige lachte heiser auf. Er hieb wütend mit der Faust auf das Blatt vor sich. Er streckte seinen Daumen zwischen die Zähne und biß darauf.

»Begreife einer euch verdammte Indianer«, sagte er dann.

Er bückte sich, um den Stab aufzuheben, mit dem er die Zei-chen malte.

»Also ...«, sagte er, »versuchen wir es einmal anders. Er hat versucht, dich zu betrügen. Er hat dich eine ›Diebin‹ genannt. Das hat dich gekränkt. Du bist wütend geworden und wolltest ihm drohen. Nichts als drohen. Du wolltest deine verdammten Steine wiederhaben. Also hast du das Gewehr auf ihn angelegt. Aber du wolltest ihm nur drohen. Dann hat sich der Schuß gelöst.«

»Nein, so war es nicht. Er war ein Mann, der zu gemein war. Deswegen habe ich ihn erschossen. So gemein soll man nicht sein.«

Der Grauhaarige stöhnte.

»Begreife doch«, sagte er, »ich will dir helfen. Aber du mußt wollen. Wenn du jetzt so störrisch bist wie ein junges Maultier, werden wir bald alle im Unglück sein. Du, ich, die Jungen dort, alle. Du hast einen weißen Mann getötet. Die weißen Männer töten dich dafür. Dann kommen deine Verwandten und nehmen Rache. Soldaten werden gerufen. Sie schießen auf die Indianer. Die Indianer schießen zurück. Das nennt man Krieg. Viele Menschen müssen sterben. *Heaven's sake,* wie oft habe ich das schon erlebt. Es ist immer wieder dasselbe. Immer wieder derselbe verdammte Blödsinn. Findest du das richtig? Willst du, daß es so kommt?«

»Nein.«

»Na also. Jetzt werden wir Verbündete. Ich habe mir überlegt, wie sich das Unglück verhindern läßt. Wir werden auf das Stück Papier hier etwas schreiben. Wir werden schreiben: Als die vierzehnjährige Indianerin, Maismädchen, mit Mr. Buggis über den Verkauf einiger Türkise verhandelte, löste sich aus ihrem Gewehr ein Schuß, der Mr. Buggis tödlich verletzte ...«

»Aber es war nicht ganz so ...«

»Ja doch, ich weiß, aber immerhin kommt es der Wahrheit ziemlich nahe. Und wenn wir damit deinen Skalp retten und den von ein paar Weißen dazu, warum sollten wir es dann nicht so schreiben. Bilde dir nur nicht ein, es sei lustig zu sterben. Mr. Buggis war ein ziemlich gemeiner Bursche, und was mich angeht, so habe ich ihn immer für einen lausigen Indianeragenten gehalten und weine ihm keine Träne nach. Aber das steht hier nicht zur Diskussion. Und in der nächsten Runde, dessen sei sicher, geht es zunächst einmal um deinen Kopf. Ich kann dir nur raten: Nimm Vernunft an, sonst kann ich dir auch nicht mehr helfen.«

Maismädchen überlegte. Sie hatte von Anfang an den Eindruck gehabt, daß es der Grauhaarige gut mit ihr meinte. Aber deswegen blieb er doch ein Weißer. Konnte man einem weißen Mann trauen? Natürlich würde man sie für den Tod des Mannes im roten Hemd zur Verantwortung ziehen. Man würde sie töten.

Zum erstenmal kam das Wort »sterben« auf sie zu und wurde real. Wie ist das: tot zu sein? Das Wort hatte den Schrecken von etwas, das völlig ungewiß ist. Aber dann dachte sie daran, wie sie ihre Großmutter hatte sagen hören: Wenn man stirbt, wird man wieder zur Erde. Das war auch schwer vorstellbar, aber andererseits nichts, wovor sie Angst hatte.

»He«, sagte der Grauhaarige, »nun rede doch endlich.«

»Und was geschieht mit meinem Bruder und den anderen Jungen?«

»Herrjeh, ich habe kein Interesse, mir die Prämie zu verdienen, die man bekommt, wenn man Entlaufene zurückbringt. Wenn du tust, was ich dir sage, seid ihr alle morgen oder übermorgen frei und könnt heim.«

Sie belauerte seinen Blick.

»Ja doch«, sagte er und streckte ihr seine Hand hin, »ich gebe dir mein Wort darauf.«

Sie erinnerte sich daran, wie ihre Großmutter erzählt hatte, daß manche weiße Männer selbst dann ihr Wort gebrochen hatten, wenn es mit einem Handschlag bekräftigt worden war, aber sie begriff auch, daß er ihr schwerlich irgendeine andere Sicherheit anbieten konnte. Also ergriff sie seine Hand und sagte:

»Ich bin einverstanden.«

Er nickte zufrieden, begann wieder Zeichen zu malen, und als er fertig war, drückte er ihr den Stab mit dem Metall an der Spitze in die Hand und sagte:

»Hier unten ... mach da ein Kreuz.«

Er malte ihr das Zeichen auf einem anderen Blatt vor und wies

dann mit dem Daumennagel auf die Stelle, an der sie es nach-
zeichnen mußte.

»In Ordnung«, sagte er, »und noch etwas. Es wird morgen oder
übermorgen eine Verhandlung geben. Sie werden euch alle noch
einmal vor einen weißen Mann führen, und er wird euch fragen,
wie es gewesen ist. Sag dann: So, wie es auf diesem Blatt steht,
und nichts weiter. Und die Jungen sollen das auch sagen ... das
und nichts anderes.«

Maismädchen starrte auf das Blatt mit den blauen Zeichen,
immer noch erstaunt, daß davon eine solche Macht ausgehen
sollte. Sie sah den Mann von der Seite prüfend an und machte
eine Geste der Zustimmung.

Er klopfte ihr auf die Schulter.

»Recht so ... alles wird gut werden. Macht euch keine Sorgen.
Ein Tag, vielleicht zwei, dann ist alles ausgestanden.«

Darauf führte er sie wieder in die Zelle und schloß hinter ihr
ab. Sie erzählte den Jungen, was der Grauhaarige ihr aufgetragen
hatte.

»Was sollt ihr sagen, wenn ihr gefragt werdet?« fragte sie sie
prüfend.

»Es war alles so, wie es auf dem Blatt steht«, antworteten sie alle
gleichzeitig.

»Es wird immer nur einer reden«, erklärte sie ihnen.

Da fiel ihr wieder ein, daß es nicht die Wahrheit war, und sie
hatte Zweifel, ob es recht gewesen sei, sich auf diesen Handel
einzulassen.

Sie hörte die Großmutter sagen: Ein Gewehr ist eine gefährliche Medizin.

Verzweiflung überkam sie. Sie meinte plötzlich, keine Kraft
mehr zu haben. Ich muß schlafen, dachte sie, es ist nur Müdigkeit.

Sie streckte sich auf dem Boden aus und schob die Arme unter
ihre Wange.

Sie war schon fast eingeschlafen, als ein Geräusch sie noch
einmal hochschrecken ließ.

Es war der Mann.

Er breitete eine Decke über sie.

Sie wollte sagen: »Du bist freundlich, weißer Mann«, aber es kam ihr lächerlich vor.

Sie sah in sein Gesicht und hoffte, daß er ihren Blick verstehen würde.

IV

Als sie erwachte, war da kein Mond. Das Licht kam trüb und flackernd von einer Kerze, und von irgendwoher drangen Lärm und Stimmen zu ihr heran.

Sie mußte erst die wilden Träume fortjagen, die sie gehabt hatte. Sie sprang auf.

Die Jungen drängten sich in einer Ecke zusammen und riefen: »Sie sind vor der Tür. Sie kommen uns holen. Sie schlagen gegen die Tür. Sie wollen herein.«

»Seid doch ruhig«, sagte sie und horchte.

Sie sah, daß die Kerze im Raum vor den Zellen auf dem Tisch stand, und davor erkannte sie den Mann, der ein Gewehr in der Hand hielt, den Lauf gegen den Boden gesenkt.

»Hier wird uns nichts geschehen. Wir sind sicher hier«, sagte sie zu den Jungen, aber in diesem Augenblick klirrte etwas, und zwei Steine rollten mit langen Schatten draußen über den Fußboden und blieben vor dem Tisch liegen.

Die Jungen kamen zu ihr. Ihre Körper waren sehr nahe. Sie sah, wie sie zitterten und ihrer Angst Herr zu werden versuchten. Sie streckte ihre Hände den Körpern entgegen und drückte sie an sich.

Draußen war ein Pfeifen und Johlen, und Rufe waren dazwischen, die sie nicht verstand.

Der Mann kam und schloß die Tür zu der Zelle auf.

»Kommt«, sagte er, »ihr müßt fort von hier.«

»Du hast doch gesagt ...« begann sie zögernd.

»Rasch jetzt«, befahl er, »das konnte ich auch nicht vorhersehen.«

Seine Stimme klang aber so, als sei immer noch Verlaß auf ihn. Das machte ihr Mut.

Er führte sie durch die Hintertür auf den Hof. Sie ließ die Jungen vor sich gehen. Draußen in der Nacht war der Mond immer noch groß, größer denn je, dachte sie und lächelte.

Auf der anderen Seite des Hofes stand ein Gebäude aus Holz. Ein hohes Tor war offen.

»Wo will er mit uns hin?« fragte Grauer Wolf, der vor Maismädchen ging.

»Wir müssen ihm vertrauen«, antwortete sie.

Sie tauchten in das große Tor ein. Die Füße schlurften durch Stroh. Dann sahen sie, daß er ein paar Latten aus der Rückwand herausgebrochen hatte.

»Da hindurch«, sagte der Grauhaarige.

Die Jungen zögerten.

Maismädchen drängte sich an ihnen vorbei und kletterte ins Freie.

Sie horchten. Der Lärm auf der Straße am Vorderhaus hatte nicht abgenommen, nur daß sie jetzt etwas weiter entfernt waren.

Hier aber herrschte Stille. Unter dem weißen Licht traten die Konturen der Landschaft deutlich hervor. Eine gewellte, leere Ebene, Felsklippen in der Ferne.

Die Jungen waren jetzt hinter ihr, und der Mann ging voran. Das Gras war ziemlich hoch, und er machte ein pfeifendes Geräusch bei seinem schlurfenden Gang. Sie erkannte, daß der Mann in der einen Hand ein Gewehr trug und in der anderen eine Kerze, die jetzt nicht mehr brannte.

Sie waren vielleicht zweihundert Schritt gegangen, da erkannte sie die Umrisse der Tiere.

Sie standen hinter einem hohen Mesquitebusch. Der Platz war sehr umsichtig gewählt. Trotz des Mondlichts waren sie erst aus unmittelbarer Nähe zu erkennen.

Maismädchen sah, daß es ihr Pferd und vier Maultiere waren.

Grauer Wolf gab einen unterdrückten Laut des Erstaunens von sich.

»Sieht so aus, als wären wir frei«, rief Kaninchenjäger übermütig.

»Na also«, sagte der Mann, »mehr kann ich nicht für euch tun.

Wenn ihr auf der Wagentrail seid und ihr folgt, reitet in nördliche Richtung. Nach zwei, drei Stunden kommt ihr in die Berge. Dort gibt es viele Hütten eures Volkes. Ihr werdet schon jemanden finden, der euch für ein paar Tage versteckt. Bestimmt werden euch ein paar von denen da ...«, er nickte mit dem Kopf in Richtung der Ortschaft, »nachsetzen. Ihr müßt versuchen, die Berge zu erreichen und dort eure Spuren zu verwischen, ehe es Tag wird. Dann wird es heiß, und sie werden sich kaum damit aufhalten, jedes Tal zu durchsuchen. Soviel ist ihnen die Sache wiederum auch nicht wert. Proviant für zwei Tage findet ihr in den Satteltaschen. Wenn ihr die Tiere nicht mehr braucht, so laßt jemanden von euren Leuten hier ausrichten, wo der alte Hull sie wieder einfangen kann. Und nun los, nehmt den Weg unter die Hufe und schaut, daß ihr rasch vorankommt ... immer auf die Berge zu. Ach, noch was«, er reichte Maismädchen das Gewehr und einen Patronengurt, und als sich ihre Hand um den Lauf legte, merkte sie, daß es ihre Waffe war, »im offenen Land draußen sollte man so etwas bei sich haben. Viel Glück.«

Ohne eine Antwort abzuwarten, drehte er sich um und ging mit schlurfenden Schritten durch das hohe Gras zu den Häusern zurück.

»Worauf warten wir noch«, sagte Maismädchen schroff, als sie sah, wie die Jungen verblüfft dem Mann nachblickten, »reiten wir zu!«

»Warum hat er das für uns getan, Maismädchen?« fragte Grauer Wolf, als sie nebeneinander trabten.

»Ich weiß nicht«, antwortete sie. »Weißt du immer so genau, warum du etwas tust? Paß jetzt lieber auf, daß dein Maultier nicht in ein Kaninchenloch tritt.«

Sie wollte nicht weiter mit ihm darüber diskutieren.

»He«, rief sie den anderen Jungen zu, »wir sind frei. Jetzt werde ich es schon schaffen, euch heimzubringen.«

Sie fühlte sich leicht und sicher.

Ja, warum hat er es getan, überlegte sie, während sie losritt, und erinnerte sich, daß es Augenblicke gegeben hatte, in denen auch ihr Zweifel gekommen waren, ob ihm zu trauen sei. Wie sollte man das nennen, was ihn dazu veranlaßt haben mochte, ihnen zu helfen?

Sie fand kein Wort für dieses Seltsam-Unbedingte, in dem sein Handeln seinen Ursprung haben mochte, aber sie wußte, daß sie eben darin miteinander verbunden waren: Dieser Mann mit einer Haut, der Sonne und Wind eine Färbung verliehen hatten, die sich kaum von der eines Indianers unterschied, dieser Mann, der mit Behagen Feuerwasser trank, vor dem sie sich ekelte, dieser Mann, von dem sie zuerst nicht mehr gewußt hatte, als daß sein Haar kurz, gekräuselt und grau war und er diesen komischen grünen Schirm zwischen Augen und Stirn trug, dieser Mann, von dem sie auch jetzt kaum mehr wußte, als daß er einen schlurfenden Gang hatte, häufig *»Heaven's sake«* sagte und sich seine Augen manchmal des gutmütigen Lächelns schämten, das in ihnen aufblitzte ... dieser Mann und sie, ein vierzehnjähriges Navajomädchen, das fand, manchmal müsse man sich seine eigenen Regeln aufstellen, dürfte auch dem nicht gehorchen, den man am meisten bewunderte, sie, Maismädchen, die manchmal, wenn sie sich fürchtete, mit dem Mond sprach, sie, die immer noch keine Reue verspürte, wenn sie daran dachte, daß sie den Mann mit dem roten Hemd in den Tod geschickt hatte, nur Schrecken, wie rasch ein höhnisch-siegesgewisses Gesicht vor Schmerzen zerrissen werden konnte.

So ritt sie dahin unter dem Mond, von dem sie sicher war, daß er zum Leuchten bestimmt ist, damit man auch bei Nacht reiten kann, der sich aber im übrigen aus allem heraushält.

V

Von jenem Bericht in der *Gallup Gazette,* auf die fast ein halbes Jahrhundert später ein junger Mann stieß, der in einem der vielen Motels an der großen Durchgangsstraße nach Kalifornien in Gallup übernachtete, hat Maismädchen gewiß nie etwas erfahren.

Der junge Mann hatte sich beim Umsteigen auf der Greyhound-Busstation in Albuquerque ein Buch gekauft und blätterte jetzt darin, während er in seinem Zimmer vor dem Schlafengehen an einem Whisky sour nippte, den er sich aus der Bar mit heraufgebracht hatte.

Das Fernsehen lief und übertrug aus Las Vegas eine Show, in der eben eine Truppe Girls mit fabelhafter Präzision einen Cancan tanzte, so, als hätten sie ihr Leben lang nichts anderes getan.

Dann wurde das Programm kurz für eine Wettermeldung unterbrochen. Vom Pazifischen Ozean, so hieß es, ziehe ein Wirbelsturm in Richtung Los Angeles.

Nachdem der junge Mann sich überlegt hatte, daß es vielleicht besser sei, morgen früh mit dem Wagen, den er sich in Gallup gemietet hatte, nicht auf dem direkten Weg nach Los Angeles weiterzufahren, sondern einen Abstecher in die Indianerreservation hinter Window Rock zu unternehmen, wandte er sich wieder seinem Buch zu.

Er las:

»... in der Nummer der *Gallup Gazette* vom 23. September 1903 findet sich über den Zwischenfall folgende Meldung:

Selbstjustiz in Fort Defiance

Nachdem am Nachmittag des vorgestrigen Tages der Indianeragent Mr. William Buggis in Ausübung seiner Amtspflichten von einem Indianermädchen, das ihm gestohlene Türkise zum Verkauf anbot, durch einen Schuß aus einer Jagdflinte getötet worden war, wurde sein Angestellter, Jeremiah Hull, der die fragliche Indianerin samt vier aus der Missionsschule von San Juanito in Kalifornien entwichenen indianischen Knaben unverständlicherweise auf freien Fuß gesetzt hatte, so daß sie sich einer Aburteilung entziehen konnten, von aufgebrachten Verwandten des William Buggis in den Amtsräumen der Indianeragentur mit einem Strick gehängt. Ein später aus dem nahe gelegenen Fort herbeigeeiltes Kommando der Armee konnte nur noch das Ableben des Jeremiah Hull feststellen ...«

Der junge Mann las diese im Stil eines Gerichtsprotokolls gehaltene Meldung aus der alten *Gallup Gazette* mehrmals, einmal sogar laut.

Er schaltete dann das Fernsehen aus, dessen Farbbilder ihm

plötzlich unerträglich, weil mit einem starken Grünstich behaftet, vorkamen.

Er öffnete die Außentür seines Zimmers und trat auf den Galeriegang, der überdacht, aber oberhalb der Brüstung offen war, und sah in die Nacht hinaus. Es war, wie man so sagt, stockdunkel. Weder Sterne noch Mond waren zu sehen. Was ihm auffiel, war ein starker Geruch nach Piñoharz in der immer noch warmen Nacht.

33
Die Hölle von Arizona

Wenn ein Neuling in Arizona dabei ertappt wird, daß er sich für die Temperaturen im Juli interessiert, taucht immer gleich ein Grundstücksmakler auf und sagt ihm: »Mein lieber Herr, Sie kommen wahrscheinlich aus dem Osten … aus einer der großen Städte. Sie wollen sich wahrscheinlich in einem etwas gesünderen Klima niederlassen. Sie haben davon gehört, daß das Klima in Arizona so gesund sein soll. Nun sind Sie hier, und es kommt Ihnen reichlich heiß vor. Sie müssen sich aber folgendes dabei immer vor Augen halten: Dank der außerordentlichen Lufttrockenheit bei uns sind 110 Grad Fahrenheit in Arizona nicht mehr als 80 Grad bei der feuchten Luft in New York …«

Nun, einmal war einer dieser verdammten Grundstücksmakler gestorben. Er erhielt seinen gerechten Lohn und kam in die Hölle. Dort sah es genau aus wie in einem Hotel. Der Teufel begrüßte ihn freundlich und fragte ihn, ob er sich etwas umsehen wolle.

Der Grundstücksmakler gähnte lässig und antwortete: »Ja, freilich.«

Er verlangte ein Zimmer mit Bad und einen Kübel voll Eis. Dienstbeflissen lächelte der Hotelpage, dem kleine Hörner unter dem Rand der Mütze hervorlugten, und seine Majestät, der Leibhaftige persönlich, führte den neuen Gast einen langen Gang entlang.

Je weiter sie gingen, desto heißer wurde es, bis schließlich Pech aus dem Balkenwerk der Wände hervorzischte.

»Sind wir immer noch nicht da?« fragte der Grundstücksmakler ungeduldig.

American Memories

Entführung

»Na gut. Ein bißchen merkwürdig kam er mir schon vor – auf der anderen Seite des Ganges ein schwarzer Mann in einem weißen Seidenanzug und mit weißen Wildlederschuhen.

Aber man sieht ja so allerlei auf einer solchen Reise im Greyhound. Manchmal hörte ich, wie er mit sich selbst sprach. Dann, beim Stop an der Grenze zwischen den Bundesstaaten Arizona und Nevada, setzte er sich kurz entschlossen auf den vorübergehend leeren Platz vor dem Steuer und ab ging's, auf und davon in die Nacht.

Er mochte etwa zwei Meilen gefahren sein, als ihn dieser Zweizentnermann, der ein Keyboard mit sich führte, von hinten niederschlug. Da hing er nun vorn in den Seilen, später kam ein Sheriff mit silbernem Blechstern und führte ihn ab, mit entsichertem Revolver.

Noch später hörten wir: Er hatte eine Verabredung mit einer Frau, die er heiraten wollte. Sie war nicht gekommen. Da fuhr er ganz einfach mit uns allen zu ihr hin.

Irgendwo imponierte mir dieser Bursche ...«

Hans-Christian Kirsch,
Einem Bettler in den Hut (Poems Quarter Each)

»Wir haben Ihnen ein besonders ruhiges Zimmer nach hinten hinaus zugedacht«, antwortete der Hoteldirektor.

Nach einer halben Stunde betraten sie endlich einen Raum, dessen Möbel aus Eisen waren, und sie glühten in einem hübschen matten Rosa. Durch eine offenstehende Tür sah man ins Badezimmer und auf eine Wanne, die mit blubberndem Pech gefüllt war.

Der Hoteldirektor nahm einen rotglühenden Nagel von einem Aschenbecher auf und zündete sich damit eine Zigarette an. »Gefällt Ihnen das Zimmer?« fragte er den Grundstücksmakler leichthin.

Der Gast sah angewidert auf die rauchende Schwefelsäure im Wasserkrug und wischte sich den Schweiß von der Stirn.

»Es ist etwas warm hier, nicht wahr?«

»Ach, eigentlich doch eine recht erträgliche Temperatur«, antwortete der Teufel freundlich lächelnd, »manchmal zeigt das Thermometer recht hohe Werte an, aber dank der außergewöhnlichen Trockenheit der Luft sind 110 Grad Fahrenheit nicht schlimmer als 80 Grad im feuchten New York.«

»Moment mal«, rief der Grundstücksmakler, »mir kommt es vor, als hätte ich diesen Satz schon einmal gehört.«

»Ganz recht«, erwiderte der Teufel heiter, »er stammt von Ihnen. Und wegen dieses Satzes, guter Mann ... wegen dieses Satzes sind Sie nun eben hier.«

34
Naturwunder Grand Canyon

Ich hatte meine Mitreisenden auf der Route 66 gebeten, mir nach der Rückkehr von der Reise ihre Eindrücke zu übermitteln. Das betraf vor allem den Eindruck des Grand Canyon. Wenn ich daran zurückdachte, kam ich mir selbst immer ziemlich hilflos vor. Die Erscheinungen der Natur übertrafen bei weitem meine Fähigkeiten, sie zu beschreiben. Jedes Wort darüber schien un- angemessen, ja sogar lächerlich. Dann sandte mir eine Mitrei-

American Memories

Fahrten auf dem Colorado River durch
den Grand Canyon in Arizona

Jahr	Anzahl der Besucher
1867 – 1868	1 (?)
1869 – 1940	73
1943	0
1945	0
1948	6
1950	7
1955	70
1960	205
1965	547
1970	9935
1975	14305
1980	15142

sende eine fotokopierte Seite aus Bill Brysons Buch *The Last Continent,* und ich fühlte mich etwas entlastet. Offenbar geht es nicht nur mir so. Bryson schreibt:

»Nichts bereitet einen auf den Eindruck des Grand Canyon vor. Ungeachtet dessen, was man darüber gelesen oder auf Abbildungen gesehen hat, raubt einem der Anblick den Atem. Das Bewußtsein, unfähig, sich mit solchen Ausmaßen auseinanderzusetzen, schaltet ab, und für einen langen Augenblick befindet man sich in einem Vakuum. Es verschlägt einem die Sprache und den Atem, nur ein tiefes, unartikulierbares Staunen darüber beherrscht einen, daß irgend etwas auf der Welt so gewaltig, so schön und so still sein kann.«

Was also über den Grand Canyon sagen oder schreiben? Als er auf der Reise hinter uns lag – unvergeßlich ein Hubschrauberflug durch den Canyon –, habe ich mich gefragt, wie ein solches Naturphänomen eigentlich entsteht. Hier ist das, was man erfährt, wenn man die Wissenschaft danach befragt.

Ein aufragender Hals aus geformten Basalt, die erodierten Überreste einer Pyramide vulkanischen Ursprungs aus einem vergangenen Zeitalter, ragt einsam nahe der Nordwest-Grenze des Staates New Mexico auf. Im Umkreis vom fünfzig Meilen ist das Land ein trockener, unfruchtbarer Wüstenstrich. Das einzige bemerkenswerte Objekt in unmittelbarer Nachbarschaft ist ein großer, flacher, rosafarbener Granitsockel, auf dessen Spitze eine Bronze-Plakette stolz verkündet, daß dies der einzige Platz in den Vereinigten Staaten von Amerika ist, an dem vier Staaten an einem Punkt zusammentreffen. Wenn man in der Mitte des Sockels steht und nach Norden sieht, befindet man sich mit dem rechten Fuß in New Mexico und mit dem linken in Arizona. Streckte man die rechte Hand aus, so wäre die schon in Colorado und faßte man mit der anderen Hand nach hinten, so reichte diese nach Utah hinein. Man befindet sich also gleichzeitig in vier Bundesstaaten. Während der Sommermonate vollführen Hunderte von Besuchern dieses Ritual, während Navajo-Indianer an dieser Stelle minderwertigen Schmuck an die Touristen verkaufen.

Aber das Monument hat noch eine andere, wichtigere Bedeutung. Es ist das Symbol für ein großes Segment des südlichen Gebietes des Colorado-Plateaus. Es steht für das Land, das *Four Corners* genannt wird. Die Landesgrenze zwischen Arizona und Utah verläuft von hier nach Westen, und nach hundertfünfzig Meilen Wüste teilt sie die Gebiete des Grand Canyon und der *Painted Desert* im nördlichen Arizona von denen des Zion- und Bryce-Canyon im südlichen Utah. Von wo auch immer man sich

American Memories

»Der erste Mensch, der den Colorado River befuhr, war wahrscheinlich der Prospektor James White, der, wenn er nicht völlig verwirrt oder ein schamloser Lügner in bezug auf seine Reise-Route gewesen ist, den Grand Canyon auf einem provisorischen Holzfloß durchquert haben dürfte. John Wesley Powell und seine fünf Gefährten vollendeten einen unbestrittenermaßen ›ersten Abstieg‹ im Jahre 1869. In den nächsten siebzig Jahren fuhren insgesamt 67 Menschen auf dem Wasserweg durch den Canyon. Aber in den frühen 50er Jahren veränderte das Aufkommen der aus Militärbeständen erworbenen unversenkbaren Flöße die Flußfahrt völlig. Sie wurde nun von einem höchst gefährlichen Unternehmen zu einem Ausflug in den Familienferien.«

Roderick Nash, *River Recreation*,
in: *River Recreation Management and Research*

den drei Canyons nähert, der Verlauf des Geländes geht aufwärts, von Phoenix in Arizona, von Las Vegas in Nevada, von Grand Junction, Colorado oder von den Four Corners. Tatsächlich beginnt die Steigung von Ost nach West schon am Mississippi mit dem, was die Geologen eine »sanfte Verbirgung« nennen, und endet abrupt an den westlichen Ausläufern der Auffaltung dort, wo das Colorado-Plateau von der Basin- und Ranch-Provinz begrenzt wird. Ohne diese Auffaltung gäbe es keinen Grand Canyon, und die ganze Fläche der *Painted Desert* läge wahrscheinlich auf dem Boden eines gewaltigen Sees, der vom Colorado River gespeist würde.

Vor zehn oder zwölf Millionen Jahren, als menschliche Wesen

gerade lernten, sich aufrecht fortzubewegen und Werkzeuge zu benutzen, befand sich der nordamerikanische Kontinent etwa einhundert Meilen östlich seiner heutigen Position und näherte sich nach einer langen Drift nach Westen seinem jetzigen Standort. Damals begann sich jene Gegend, die man heute als den südlichen Bereich des Colorado-Plateaus bezeichnet, jährlich um den Bruchteil eines Zentimeters im Jahr aufzufalten. Und dieser Prozeß dauerte über fünf Millionen Jahre. Das Ergebnis war eine Erhöhung von mehr als viertausend *feet* (rund 1350 Meter) und hatte verheerende Wirkungen.

Die Ursachen der Auffaltung sind seit langem Gegenstand einer intensiven Debatte unter den Geologen. Diese stimmen zumindest darin überein, daß die Instabilität der Erdkruste von tektonischen Kräften verursacht worden ist. Das Problem ist, zu bestimmen, um welche Kräfte es sich dabei handelte. Einige der Wissenschaftler vertreten die These, daß die Bewegung der nordamerikanischen Kontinentalplatte von Osten nach Westen dies gar nicht bewirkt haben könnte. Das Colorado-Plateau liegt zu weit entfernt. Auf der anderen Seite breitet sich das Meeresbett des Pazifischen Ozeans ebenso wie das des Atlantik aus, nur mit dem Unterschied, daß an der Stelle, an der die Pazifische Platte auf die Nordamerikanische Platte trifft, sie sich unter diese schiebt. So entsteht eine sogenannte Subduktion-Zone, in der der Fels der Pazifikplatte in die Asthenosphäre der Erde reabsorbiert wird. Als Mitreisende fuhren auf der Pazifischen Platte eine ganze Schar von Mikrokontinenten. Die Gebirgsketten, die sich an der Pazifikküste Nordamerikas von Alaska bis zur Baja-Halbinsel erstrecken, sind das Ergebnis der vielfältigen Kollisionen dieser Kleinkontinente. Sie türmten sich am alten Kern des Kontinents zu beachtlicher Höhe auf.

Das Vorhandensein einer Subduktion-Zone unter dem westlichen Rand der Nordamerika-Platte ist aber noch keine befriedigende Erklärung für die Auffaltung des Colorado-Plateaus. Zunächst einmal scheint die Pazifikplatte irgendwann einmal ihre Bewegungsrichtung nach Norden hin verändert zu haben. Wenn es je zu einem frontalen Zusammenstoß der Platten ge-

Im Ernst: Ohne Wasser und Mundvorrat sollte man in den Grand Canyon nicht einsteigen. Das Schild ordnet an: Wenn Maultiere kommen, treten Sie, ohne Lärm zu machen, an den Rand des Pfades.

kommen sein sollte, ist dies jetzt nicht mehr der Fall. Zum anderen weiß man nicht, in welchem Winkel und in welcher Tiefe die Pazifische Platte sich unter die Nordamerikanische Platte geschoben hat, und kennt damit auch nicht das Ausmaß der Auffaltung. Während es plausibel scheint, anzunehmen, daß die Subduktion zu dieser Entwicklung beigetragen hat, scheint die Einwirkung aber nur indirekt erfolgt zu sein.

Gewiß ist, daß ein anderer Vorgang, den man Isostasie nennt, eine noch wichtige Rolle gespielt hat. Die Theorie der Isostasie beruht auf der Tatsache, daß Gebirge, Seen und andere schwere Massen auf die Erdoberfläche eine abwärts wirkende Kraft ausüben, und zwar in Proportion zu ihrer Dichte und Größe. Die Kraft bewirkt ein ständiges Einsinken der Erdkruste, die erst dann zum Stillstand kommt, wenn der sie bewirkende Gegenstand nicht mehr existiert. Die mechanische Interaktion zwischen dem Gegenstand der Natur und der Erdkruste kann man sich vielleicht am besten vorstellen, wenn man für die Kruste ein Wasserbett einsetzt und ein großes flaches Stück Holz für den Kontinent. Das Holz wird so weit einsinken, bis es von dem Wasser in der Plastikhaut getragen wird. Die Oberfläche der Haut wird sich ausdehnen, und insgesamt wird sich die Oberfläche heben, bis sie die Ausmaße des Holzstücks kompensiert hat. Wenn das Holz weggenommen wird, wird die Spannung wieder nachlassen und das Wasserbett seine ursprüngliche Gestalt wieder annehmen.

American Memories

»Phoenix, im Februar 1997 (AP). Bis zum Jahr 2000 soll der Grand Canyon-Nationalpark in Arizona, eine der am meisten besuchten Natursehenswürdigkeiten der Vereinigten Staaten, nahezu autofrei werden. Jetzt stellte die Parkleitung ein entsprechendes Konzept vor, mit dem der wachsende Verkehrsstrom und die damit verbundene Parkplatznot verringert werden soll. Unter den Vorschlägen sind Pläne für eine Kleinbahn und einen Pendelbusbetrieb mit strom- oder methanolgetriebenen Fahrzeugen. Derzeit sind es etwa 1,5 Millionen Autos im Jahr, die hier anfahren und parken. Angestrebt ist eine Reduzierung um 80 Prozent. Der Entlastung der Natur dient aber auch die Absicht, die Verbotszonen für die Rundflüge zu erweitern. Aktueller Anlaß dafür war eine Reihe von Unfällen. Protest dagegen haben jene örtlichen Veranstalter angekündigt, die mit kleinen Propellermaschinen und Hubschraubern ein blühendes und lukratives Geschäft betreiben. Ihrer Ansicht nach wachse die Gefahr von Zusammenstößen und anderen Unglücksfällen, wenn die Flüge auf einen engeren Luftraum konzentriert würden.«

Frederik Hetmann, *Mondhaus und Sonnenschloß*

Die Auffaltung des Colorado-Plateaus wurde von Faktoren beeinflußt, die dieser Analogie entsprechen. Zum Beispiel wurde die Formation der Basin- und Range-Provinz südlich und westlich des Plateaus von der Subduktion der Pazifischen Platte verursacht, mit der sich Gewicht auf die Erdkruste schob. Die Bildung und das darauffolgende Verschwinden der großen Seen auf dem Plateau war ein lokaler Einfluß. Schließlich hatte die große Eiszeit des Pleistozän einen isostatischen Effekt gehabt, weil nämlich fast der gesamte nordamerikanische Kontinent mit Ausnahme der südlichen und südwestlichen Gebiete mit einer tausend Meter dicken Eisschicht bedeckt war.

Während die geologischen Vorgänge, die zur Auffaltung des Colorado-Plateaus führten, komplex und ihre Interpretationen kontrovers sind, besteht Einigkeit darüber, daß hauptsächlich die Wasserkraft des Colorado Rivers die Canyons gegraben hat. Es gibt wenig, was so freundlich wirkt wie ein klarer Bach, der sich an einem sonnigen Herbsttag durch einen bewaldeten Talgrund schlängelt. Aber wenige Naturkräfte wirken so zerstörerisch wie eine Flutwelle in einem steil abfallenden Canyon nach einem Gewitterregen im Sommer. Die Veränderungen einer Landschaft in gemäßigtem Klima verlaufen extrem langsam, aber beständig; üppige Vegetation bindet den Boden und senkt die Erosionsrate. Veränderungen in trockenem Klima aber verlaufen unbeständig, kommen plötzlich und haben dann nicht selten zerstörerischen Charakter. Die Vegetation ist dürftig, Erde existiert fast nicht. Der Grand Canyon und seine Brüder sind Produkte eines trockenen Klimas, und hinter seiner Schönheit verbirgt sich eine wilde Kraft.

Flußwasser kann je mehr Feststoffe aufnehmen, desto rascher es fließt. Ein Fluß, der sich mit einer Geschwindigkeit von zehn Kilometern pro Stunde bewegt, trägt eine Million mehr Feststoffe als ein anderer, der nur eine Laufgeschwindigkeit von einem Stundenkilometer hat. Im Fall des Colorado heißt das: Nach wolkenbruchartigen Regenfällen vermag er haushohe Felsen zu bewegen. Der Fluß zermahlt Gestein und gräbt das Flußbett tiefer, und wenn das Bett in einem gewissen Ausmaß in einer Million Jahre gestiegen ist, so läßt er es durch seine Kräfte wieder absinken. Der entscheidende Faktor ist dabei der Fallwinkel des Flußbettes. Je steiler es abfällt, desto schneller verläuft die Erosion. Für Geologen, die im Sommer 1964 in Flagstaff ein Symposium über die Entstehung des Grand Canyon abhielten, stellte sich alles noch wesentlich komplizierter dar. Für den normalen Sterblichen aber, den an der Kante der Großen Schlucht ein Schauder ergreift, der sich bei einem Einstieg in den Canyon rasch in Schweiß und in keuchenden Atem verwandelt, mögen diese Erklärungen hinreichend sein.

35
Die Indianer und ihr kosmisches Bewußtsein

»Nach Ansicht der Indianer gehört die Erde dem Großen Geist, und dem Menschen ist sie nur in Obhut gegeben. Das Land, das ich nutze, ist nicht mein, es ist mir vom Großen Geist nur zu meinem Nutzen und zum Nutzen für die Generationen derer, die nach mir kommen, geliehen.

Die Bereitschaft der Indianer, mit ihren Mitmenschen zu teilen, war eine großartige Sache.

Oft gab er versteckt hinter einer Maske oder unerkannt für den Empfänger, so daß dieser denken mußte, das Geschenk komme vom Großen Geist. Er kannte echte soziale Sicherheit in der Art eines wechselseitigen Beistandspaktes zwischen sich und seinen Mitmenschen.

Wenn ein Mann heiratete, packte jeder mit an und half, ihm ein Heim zu errichten. Er brauchte keine Hypothek von 20 000 Dollar aufzunehmen, an der er den Rest seines Lebens zahlte. Wenn er auf die Jagd oder zum Fischfang ging und mehr heimbrachte, als er brauchte, teilte er seine Beute mit anderen. Sein Sinn, sich zu allem Zeit zu lassen, verlieh ihm geistige und körperliche Gesundheit. Und weil er so handelte und lebte, bescherte ihm der Große Geist viele Tage. Er wurde alt und lebte ein gutes Leben. Möge es euch auch so ergehen, meine Freunde.«

Sun Bear, ein Chippewa-Indianer aus Minnesota

»Woher kommt dieses Gleichgewicht unserer Psyche, das wir trotz aller Niederlagen, trotz Elend und Unterdrückung den Weißen voraushaben und das letztlich uns auch die Kraft gegeben hat, trotz allem unsere Tradition zu bewahren? Es kommt aus der Natur. Es kommt von überall her. Es ist die indianische Art zu sein. Es kommt aus der Schönheit. Schönheit, verbunden mit der Natur, gehört zur indianischen Lebensart. Wir halten nicht Ausschau nach den häßlichen Dingen, aber freilich ist das Häßliche auch da. Im Gebet ist für den Indianer Schönheit. Der Medizinmann sagt und fühlt: ›Geht, und lebt in Schönheit!‹ Der Sinn für Schönheit im Sinn von Gleichgewicht, von Harmonie und Anmut findet sich eigentlich in allem, was der Indianer tut und denkt.«

Eine junge Sioux-Indianerin 1968 im Gespräch

»›Respekt‹ im indianischen Wortschatz ist ein Wort aus dem Alltag. In unserem Sprachgebrauch finden sich in seiner Nachbarschaft Begriffe wie ›Autorität‹, ›Demut‹, ›Achtung‹, vielleicht sogar ›Angst‹, ›sich mit Gewalt Respekt verschaffen‹.

Im Indianischen steht dahinter das Respektieren und Akzeptieren des anderen, des Älteren, des Andersdenkenden. Respekt ist auch Rücksicht, zum Beispiel gegenüber Schlafenden oder dem Versager. Respekt ist auch das indianische Prinzip der Nichteinmischung: Kinder beim Spielen nicht zu stören, dem Dichter nicht über die Schulter zu schauen, dem Koch nicht dreinzureden.«

Claus Biegert,
zitiert bei Frederik Hetmann, *Mondhaus und Sonnenschloß*

Drei Stimmen zu dem, was wir als »kosmisches Bewußtsein« bezeichnen. Kosmisches Bewußtsein? Das scheint ein großes, ein blumiges Wort, ein ungenauer Begriff. Deswegen soll gleich im folgenden seine besondere Bedeutung im indianischen Alltag dargestellt werden.

Die Osage sind ein Stamm der Prärieindianer. Wenn sie ihr Lager aufschlagen, verkörpert der Kreis der Tipis die gesamte sichtbare, hörbare und fühlbare Welt. Die Tipis bekommen Namen aus der Natur: von den Gestirnen angefangen bis zu den im Gras krabbelnden Insekten, von den Kometen, Wolken, Taubenschwärmen, Büffelherden zur gelben Kegelblume, zur Friedenspfeife, dem Totengeist, dem Hagelkorn, dem Maisbrot, der Holzschüssel, dem Menschenlied und so fort bis ins Unendliche. Die einzelnen Tipis des Zeltkreises heißen nicht nur so, sie sind diese Tiere, Dinge, Wesen, deren Namen sie tragen. Und

American Memories

Lied des Schwarzen Bären

»Meine Mokassins sind schwarzer Obsidian.
Meine Beinkleider sind schwarzer Obsidian.
Mein Hemd ist schwarzer Obsidian.
Ich bin gegürtet mit schwarzen Pfeilschlangen.
Schwarze Schlangen züngeln aus meinem Schädel.
Im Zickzack springen Blitze aus meinen Füßen bei jedem Schritt.
Im Zickzack strömen Blitze aus meinen Knien.
Im Zickzack springt Blitz aus meiner Zungenspitze, wenn ich spreche.
Jetzt ruht Blütenstaub als Krone auf meinem Haupt.
Graue Pfeilschlangen und Klapperschlangen fressen davon.
Schwarzer Obsidian und das Zickzack der Blitze bricht aus mir hervor gegen die vier Himmelsrichtungen hin.
Wo sie die Erde berühren, verdorrt alles Übel,
wird böse Rede verätzt.
Langes Leben.
Manchmal habe ich Furcht.
Jetzt bin ich gestärkt.
Wohin ich meinen Fuß setze, ist Gefahr.
Ich bin Wirbelwind.
Es ist Gefahr, wenn ich ausschreite.
Ich bin ein grauer Bär.
Wenn ich gehe, fliegen Blitze aus meiner Spur.
Wo ich gehe, fürchtet man mich.
Ich werde gedeihen.
Ich werde am Leben bleiben.
Selbst wenn die Leute sagen:
Der soll sterben.«

diese unerschöpfliche, den Kosmos spiegelnde Fülle trennen die Osage-Indianer in zwei Hälften. Eine von Osten nach Westen laufende Straße teilt das Lager in die Zelte im Norden, die den Himmel verkörpern, und die Zelte im Süden, die die Erde darstellen. Der südliche Halbbogen ist dann noch einmal unterteilt in ein Wasser- und ein Landviertel im Südosten und Südwesten. Und keiner der Teile ist wichtiger als die anderen.

Nicht nur die Anordnung der Behausungen soll an den Kosmos erinnern. Daran erinnern auch die Geschichten, die im Haus der Geheimnisse von den sogenannten »kleinen, alten Männern« erzählt werden. Sie erklären, warum ein Himmelsmann nur eine Erdfrau heiraten kann und warum der Himmelsmann sein heiliges Bündel, sofern er ein solches besitzt, an der linken, der Erdmann hingegen dieses an der rechten Seite seines Tipi aufhängen muß, warum ein Himmelsmann beim Aufstehen zuerst in seinen linken, ein Erdmann aber in den rechten Mokassin schlüpfen soll. Es ist dies eine Ordnung, die für die Osage ewig gültig ist, denn in ihr drückt sich die Ordnung im Kosmos aus.

Nur einmal kehrt sich diese kosmische Ordnung völlig um, nämlich im Krieg. Im Frieden orientiert sich das Lager nach Osten, zum Urort des Lichts und des Lebens. Bei der Begegnung mit Feinden rückt der Himmel auf die Südseite, die Erde auf die Nordseite. Im Krieg steht die Welt auf dem Kopf, alle Ordnung ist gestört. Man wird gut tun, sie wieder auf die Beine zu stellen, scheint dieser Brauch zu sagen.

Ein Beispiel unter vielen für das, was mit kosmischem Bewußtsein gemeint ist, wie sich kosmisches Bewußtsein manifestiert.

Aus dem kosmischen Bewußtsein heraus erklärt sich die Kritik der Indianer an der Gesellschaftsordnung und dem völlig anderen Weltbild des weißen Mannes. Ein Indianer in den USA des Jahres 1968 sagte:

»Nun, ich kenne die Europäer nicht, aber das Leben der weißen Amerikaner ist vor allem darauf ausgerichtet, ihre Wünsche durch Konsum und Besitz zu befriedigen. Die Mehrzahl

American Memories

Restroom

»Es waren zwei.
Zuerst hörte man nur
ihre Schritte
über die Fliesen
auf die Rinne zu
vor der wir standen:
Ein Unbekannter und ich.

Der eine setzte dem Mann neben mir
die Spitze eines Springmessers
an die Vertiefung am Hinterkopf
unter den Haaransatz.

Der andere riß ihm
die Hosen herunter
schnitt den Gürtel
mit dem Geld ab
den der Unbekannte um
die Körpermitte trug.
Er zählte das Geld
und sagte zu seinem Komplizen:
›Das wär's dann.‹

Darauf gingen sie wieder.
Das Verrichten der Notdurft
war uns beiden vergangen.«

Hans-Christian Kirsch,
Einem Bettler in den Hut
(Poems Quarter Each)

der weißen Amerikaner glaubt, daß man Glück durch die An-
häufung von Reichtümern erlangen kann. Für Indianer sind materielle Güter nicht so attraktiv. Ich will damit nicht sagen, daß
wir Indianer keinen Bedarf an materiellen Gütern hätten. Aber
Glück bedeutet für einen Indianer, in Harmonie mit dem Uni-
versum zu leben. Die Natur ist für uns eine Göttin: Mutter
Erde. Die Pflanzen, die auf der Erde wachsen, die Tiere, die

über sie hinwegziehen, die Mineralien, die in ihren Eingeweiden ruhen: Dies gilt uns als heilig. Die Versuchung des Menschen, die Natur auszubeuten, wird bei uns in Schranken gehalten durch die Vorstellung von der Heiligkeit der Natur. Die Weißen verwechseln Konsum und Erfahrung. Wenn ich mit meinen weißen Freunden zum Fischen gehe, rasen sie mit dem Auto zum See oder zum Forellenbach. Dort haben sie dann für nichts, aber auch für gar nichts als für das Fischen ein Auge. Sie haben gerade Zeit, um sich von zwei bis fünf beim Fischen zu erholen. Die drei Stunden sind eingeplant. In dieser Zeit muß es geschafft sein. Danach jagen sie wieder heim, um die angeblich durch Erholung gewonnenen Kräfte wieder zum Geldverdienen zu benutzen.«

Bestimmte Reaktionen der Indianer, die uns seltsam vorkommen, liegen in ihrem Verhältnis zur Zeit begründet, die sich aus einer bestimmten Beziehung zur Natur ergibt. Für uns ist Zeit etwas, was verplant werden kann; für Indianer ist sie ein Medium, in dem Ereignisse stattfinden, Dinge sich zeigen.

Menschen der westlichen Welt haben von den Indianern eine Menge gelernt, ob sie sich dessen nun erinnern oder nicht. Im hohen Norden des Kontinents ist ein Überleben ohne die Technologie der Eskimos und Indianer, die den Parka, die Schneeschuhe, den Schlitten und das Kajak erfanden, nicht möglich. Mais, Kartoffeln, Süßkartoffeln und Maniok, die heute die Hälfte aller lagerbaren Nahrungsmittel auf der Welt ausmachen, wurden zum erstenmal in der Neuen Welt kultiviert. Der Großteil der heute wachsenden Baumwolle, einschließlich jener in der Alten Welt, ist die lagerbare Baumwolle der amerikanischen Indianer.

Zweihundertzwanzig Drogen der amerikanischen Indianer stehen im offiziellen pharmazeutischen Handbuch der USA. Methoden oraler Empfängnisverhütung der Indianer wurden lange Zeit als fauler Zauber abgetan. Als die westliche Wissenschaft aber jene Pflanze untersuchte, mit der sie praktiziert wurde, führte sie dies auf den Weg zur »Pille«.

Nicht immer ist mit der Übernahme des technischen Wissens

bei den Weißen auch die Übernahme des kosmischen Bewußtseins Hand in Hand gegangen. Die Folge läßt sich am Beispiel des Rauchens überprüfen.

Tabak hatte für die Indianer immer eine heilige Bedeutung. Der Rauch wurde ausgeatmet nach Osten und Westen, Norden und Süden, nach oben und unten. Schließlich blies der Raucher den Rauch auf sich selbst. Auf diese Weise wurde die Verbundenheit seines Ichs mit dem Kosmos hergestellt.

Die westliche Zivilisation übernahm den Tabak und degradierte ihn zum Genuß- und letztlich zum Suchtmittel. Mit dem Erfolg, daß der Tabakrauch zu den häufigsten Ursachen von Krebs und Kreislaufleiden wurde. Beeman Logan, ein Seneca-Medizinmann, bemerkt dazu: »Der Tabak tötet euch, weil ihr ihn nicht respektiert.«

Zumindest eine prominente Persönlichkeit der westlichen Welt hat für das kosmische Bewußtsein der Indianer Verständnis aufgebracht, es nicht mit dem alten Hochmut der Weißen als naiv abgewertet: Heinrich Böll in seiner Nobelpreisrede im Jahre 1973, die bezeichnenderweise den Titel »Versuch über die Vernunft der Poesie« trug. Böll fragte zunächst, ob die Vernunft nicht nur eine Schattierung abendländischer Arroganz sei, »die wir dann noch via Kolonialismus oder Mission oder in einer Mischung von beiden als Unterwerfungsinstrument in die ganze Welt exportiert haben.« Er fuhr fort, auf die Indianer und das indianische Bewußtsein eingehend: »Worin bestand das größte Verbrechen der Indianer, als sie mit der nach Amerika exportierten europäischen Vernunft konfrontiert wurden? Sie kannten den Wert des Goldes, des Geldes nicht. Sie kämpften gegen etwas, gegen das wir heute als das allerletzte Produkt unserer Vernunft kämpfen, gegen die Zerstörung ihrer Welt und Umwelt, gegen die totale Unterwerfung der Erde unter den Profit, der ihnen fremder war als uns ihre Götter und Geister.

Und was hätte ihnen daran wohl als christlich, als die neue frohe Botschaft einleuchten sollen, an dieser wahnwitzigen, heuchlerischen Selbstgefälligkeit, mit der man sonntags Gott dient und ihn als Erlöser pries und am Montag die Banken wieder öffneten, wo die für einzig wahr gehaltene Vorstellung von Geld, Besitz und Profit verwaltet wurde.

Für die Poesie des Wassers und des Windes, des Büffels und des Grases, in der sich ihr Leben verkörperte, gab es nur Hohn – und nun beginnen wir westlich Zivilisierte in unseren Städten, den Endprodukten unserer totalen Vernunft – denn gerechterweise muß man sagen, wir haben uns nicht geschont –, wir beginnen etwas davon zu spüren, wie wirklich die Poesie des Wassers und des Windes ist und was sich in ihr verkörpert.«

Bölls Überlegungen stellen die vielleicht verständnisvollste Annäherung eines Weißen an indianisches Bewußtsein dar. Für vieles aus dem indianischen Weltbild hatten und haben wir bislang nur Hohn übrig. Böll hat dafür plädiert, daß gerade diese Vorstellungen als Grundbedürfnisse des Menschen und der Menschlichkeit wieder ernst genommen und in unser aller Bewußtsein verankert werden müssen.

36
Las Vegas oder
Das Recht auf Glück

Eigentlich gibt es über Las Vegas nichts zu erzählen. Die ganze Welt kennt es aus Filmen und Bestsellerromanen – und Hand aufs Herz: Ist es nicht so? Eine Traumstadt, in die Wüste gesetzt, und das Träumen und Bauen in ihr hört nicht auf. Interessant wird Las Vegas nicht so sehr, wenn man dort spielt – das habe ich auch getan und es immerhin in einem Zeitraum von vier Uhr nachmittags bis drei Uhr morgens auf einen Gewinn von 39 Dollar gebracht. Es hätte auch ein Verlust von 390 Dollar oder 3900 Dollar sein können, aber ich hatte mir, wohl wissend, daß in einer solchen Stadt vorwiegend das Casino gewinnt, die Summe, mit der ich zu spielen bereit war, zuvor limitiert. Und ich habe mich nicht dazu hinreißen lassen, nach einer Gewinnserie weiterzuspielen. Man spielt entweder unter Einwurf von 25-Cent-Stücken in den einarmigen Banditen. Wenn jemand gewinnt, rasselt es dann so schön, während sich der Gewinn des Casinos nicht durch Geräusche kundtut. Erfahrenere und süchtigere Spieler gehen freilich an die Roulette- und Baccara-Tische oder was es sonst noch für Spiele gibt. Alle wird man sie in Las Vegas finden. Der Trick ist durchschaubar. In einem Land wie Amerika gibt es eine gewaltig große Zahl von Menschen, die es im Laufe eines harten Arbeitslebens zu einem gewissen Wohlstand gebracht haben und sich nach ihrem *retirement*, dem Rückzug aus dem Berufsleben, langweilen. Sofern vielleicht auch noch der Ehepartner gestorben ist, sind sie einsam. Für sie bietet Las Vegas ablenkende Ersatzträume. Der Kitzel des Spielens läßt für ein paar Tage oder Nächte die Einsamkeit vergessen, selbst wenn er sich in völliger Isolation abspielt. Die Hotelzimmer sind komfortabel und billig, die Speisen, die angeboten werden, stammen aus aller Welt. Die Hotels, in die die Spielhallen gleich integriert sind, gleichen Traumlandschaften. Beispielsweise dem Palast des Zauberers Merlin oder einem ägyptischen Tempel. Es wäre eine soziologische Studie wert, die freilich den Rahmen dieses Berichts sprengen würde, einmal genauer zu untersuchen, welche kulturellen Klischeevorstellungen hier zur Bezauberung jener Leute, denen man das Geld aus der Tasche ziehen will, eingesetzt werden. Zwei davon, der Artus-Mythos und die ägyptische Mythologie, habe ich schon erwähnt. Spontan fallen mir zudem noch die beiden deutschen Zauberer ein, die Raubtiere halten und verschwinden lassen oder aber die Szenerie eines täuschend echt nachgeahmten Paris. Diese europäische Hauptstadt war ja zumindest seit den 20er Jahren, da die Bohème Amerikas dorthin emigrierte, ein Traumziel. Auch das alte Rom, das hier wahrscheinlich die kulturellen Wurzeln Europas verkörpert, gleichzeitig auch das Recht auf eine gewisse materielle Opulenz bestätigt, ist als Szenerie vorhanden. Kaum erwähnen muß man noch, daß in Las Vegas Kämpfe von Starboxern stattfinden, daß hier die Lichteffekte moderner Reklame ins Raffinierteste gesteigert sind und daß es auch ein Paradies darstellt, das die Flüchtigkeit menschlicher Bindungen als selbstver-

---

American Memories

Melancholie

»Etwa gegen vier Uhr nachmittags bei makellos blauem Himmel und einer heißen triumphierend funkelnden Sonne überfiel mich der Gedanke es könnte im nächsten Augenblick so dunkel werden wie in Scott Fitzgeralds Seele in den kleinen zäh verrinnenden Stunden nach three o'clock in the morning.«

Hans-Christian Kirsch,
Einem Bettler in den Hut (Poems Quarter Each)

Las Vegas: Das Murmeln der einarmigen Banditen und das Rasseln der Geldstücke erzeugt einen unwiderstehlichen Rausch. Schnell hat man seine letzte Münze verspielt. Die Leute, die hier zu Millionären geworden sind, sind etwas seltener!

ständlich sanktioniert, indem man sich hier oder im nahe gelegenen Reno rasch scheiden lassen und in Las Vegas wieder verheiraten kann. Ich habe einen dieser *weddingparlors* am Nachmittag aufgesucht und der Eheschließung von zwei Paaren als Zaungast beigewohnt. Das Entscheidende ist eben, daß man hier schnell heiraten kann und sich jeder – natürlich gegen entsprechende Dollarbeträge – seine Schlagsahneträume bei einer Eheschließung zu erfüllen vermag. Nicht zufällig scheint es mir, daß man neben den Hochzeitsinstituten Pornokinos findet.

Ein anderer amerikanischer Traum, den Las Vegas bestätigt, ist der, ins Guinness-Buch der Rekorde zu gelangen: das größte, höchste Haus, der schnellste Aufzug und von der Spitze eines Hotelpalastes mit einer Rakete noch näher an die Sterne gelangen.

Man kann über Las Vegas verächtlich die Nase rümpfen. Man kann in Las Vegas auf Teufel komm raus spielen, heiraten, es sich wohl ergehen lassen. Aber das alles sind, so meine ich, nicht die Gründe, aus denen man Las Vegas gesehen haben muß. Las Vegas offenbart die triviale Seite des in der amerikanischen Unabhängigkeitserklärung bestätigten Rechts des Menschen auf Glück. Das Verrückte ist: Hier wird versucht, ein modernes Paradies herzustellen. Was daraus geworden ist –, jedenfalls in der Wahrnehmung eines ästhetisch sensibilisierten Menschen – ist eine moderne Hölle.

Die Donner-Party

Ich kann nie die Gebirge überqueren, die die Four Corners von Kalifornien trennen, ohne mich an eine tragische Geschichte aus den frühen Tagen der Pionierzüge zu erinnern.

Sie spielt etwas weiter nördlich der Route 66, die hier durch die früher kaum weniger gefährliche Mojavewüste führt.

Am 26. März 1846 erschien im *Sangamo Journal* in Springfield, Illinois, die folgende Anzeige:

Westward ho!
Nach Oregon und Kalifornien! Wer will nach Kalifornien, ohne daß es ihn etwas kostet?

Gesucht werden acht junge Leute guten Charakters, die ein Ochsengespann lenken können. Sie werden von Gentlemen aufgenommen werden, die die hiesige Gegend Mitte April zu verlassen beabsichtigen. Auf, Jungs! Ihr könnt soviel Land haben, wie ihr wollt, ohne daß es euch etwas kostet. Die Regierung von Kalifornien vergibt große Landflächen an Einwanderer. Wer sich zuerst meldet und geeignet ist, wird eingestellt.

George Donner und andere

Trotz der Aussicht auf kostenlosen Grund und Boden scheinen sich nur wenig junge Leute gemeldet zu haben, denn die Anzeige wurde am 12. April noch einmal geschaltet. Drei Tage später brachen die Familien Donner und Reed auf. Zwei Deutsche, Joseph Reinhardt und Augustus Spitzer waren angeworben worden, außerdem drei Einheimische – Noah James, Sam Shoemaker und Hiram Miller. Im letzten Augenblick meldete sich noch John Denton, ein Gewehrmacher aus Sheffield in England. Dennoch hatte die Reisegesellschaft nun nur sechs statt der acht Ochsentreiber, die sie brauchte. Vielleicht hatte die Tatsache, daß Kalifornien immer noch zu Mexiko gehörte, viele abgeschreckt.

Anführer des Zuges war George Donner. Er war 61 Jahre alt und hatte sechs Jahre zuvor Tamsen Eustis geheiratet. Beide hatten ein Leben hinter sich, das für die damalige Zeit durchaus untypisch war.

Tamsen war 1786 in Boston als Kind des Oberst William Eustis zur Welt gekommen, der 1821 starb. Seine Tochter lehrte zu dieser Zeit Französisch und Botanik an einem Frauen-College in Newburyport, Massachusetts, später ging sie von dort an ein ähnliches Institut nach North Carolina. Sie heiratete den Herrenausstatter Tully Dozier, dessen Vorliebe für Lyrik und hübsche junge Frauen stadtbekannt war. Sie gebar ihm eine Tochter und einen Sohn. Zwischen Weihnachten und Neujahr 1831 starben der Ehemann und beide Kinder an der Cholera. Tamsen überlebte, nahm ihre kleine Erbschaft und kehrte nach Massachusetts zurück. Da erreichte sie der Hilferuf ihres verwitweten Bruders, der eine kleine Farm in Illinois betrieb und mit seinen Kindern nicht zurechtkam. Sie reiste zu ihm, brachte seinen Haushalt in Ordnung, lernte Kühe melken und zeigte ihren Neffen und Nichten, wie man einen Gemüsegarten anlegt. Schließlich betätigte sie sich wieder als Lehrerin, erst in Auburn, dann in Sugar Creek. Die meisten der Schüler waren hier ältere Jugendliche. Sie war eine winzige, dünne Person, aber mit einer kräftigen Stimme und einem wachsamen Auge. Beschwerden gab es nur einmal, weil sie während des Unterrichts zu stricken pflegte. Die Schulaufsichtsbehörde verfügte: »Mrs. Dozier kann weiter Schule halten und stricken!«

George Donner begegnete sie zum erstenmal im Sommer

1839 bei einem Pferderennen an der Stadtgrenze von Springfield. Er ritt einen schlanken schwarzen Hengst mit Namen »Arabischer Leopard«. Offenbar war der Mann populär. Jedenfalls bejubelten die Zuschauer seinen Sieg.

»Onkel George«, wie er genannt wurde, war erst kürzlich aus Texas heimgekehrt, wo er und sein Bruder Jacob über ein Jahr lang versucht hatten, eine Farm aufzubauen. Georges ältester Sohn William war mit ihnen in Texas gewesen, und seine Frau hatte ihm dort einen Sohn geboren.

Kinder, hatte er gesagt, seien alles, was in dieser Hölle gedeihe, und George hatte die kleine Schar wieder zurück nach Illinois geführt. Die Donners liebten es, umzuziehen. Die beiden Brüder waren in Rowan County in North Carolina zur Welt gekommen. Noch als Kinder waren sie mit der Familie durch das Cumberland Gap zunächst in die Wildnis von Kentucky gezogen. Von dort aus waren sie nach Indiana ausgewandert. Sie rodeten den Wald, säuberten das Gelände von Felsenbrocken, säten und ernteten und träumten davon, noch weiter im Westen das Paradies zu finden.

In erster Ehe heiratete George Donner in Decatur City die jüngste Tochter eines Warenhausbesitzers. Sie schenkte ihm fünf Kinder, dann starb sie. Im Herbst 1828 zogen die Donner-Brüder nach Illinois weiter. Der Witwer heiratete eine gewisse Mary Blue und ließ sich mit seiner zweiten Frau und den fünf Kindern auf 240 *acres* Land östlich von Springfield an der Straße nach Mechanicsburgh nieder. Jacob Donner nahm Marys verwitwete Schwester zur Frau und adoptierte ihre zwei Kinder. In der Folge gebar sie ihm noch fünf weitere.

George und Mary brachten es in ihrer neunjährigen Ehe auf sieben Kinder. Bei der Geburt des siebenten Kindes starb Mary. Nur zwei ihrer Töchter überlebten die Kinderjahre.

Vielleicht war George vor allem nach Texas gezogen, um sich eine neue Frau zu suchen Die Lebenserfahrung hatte ihn vorsichtig werden lassen. Die Farm in Illinois hatte er behalten, und als er sah, wie schlecht die erste Ernte in Texas ausfiel, kam er zurück.

George, ein Mann mit einem lockigen Bart und blauen Augen, muß, als er Tamsen traf, auf sie wie ein biblischer Patriarch gewirkt haben, vielleicht auch wie eine Erinnerung an ihren eigenen Vater. Jedenfalls ging sie auf seine Werbung ein. Im September 1839 heirateten sie in der deutschen Kirche, und im Juli des darauffolgenden Jahres kam die erste von drei Töchtern zur Welt.

American Memories

Einsamkeit

»Haben Sie schon gewußt, daß Einsamkeit eine tödliche Krankheit ist? Einmal, in den alten Zeiten, als mein Vater und ich langbeinige Schafe von Mexiko herüberbrachten, stießen wir bei Las Vegas auf einen Mann, der sich völlig verlaufen hatte. Er war in einem schrecklichen Zustand.

Das hatte mit dem Verirren nichts zu tun. Er hatte die Einsamkeitskrankheit. Wenn man in den großen Ebenen geboren wird und dort aufwächst, gewöhnt man sich an die Einsamkeit; aber bei Menschen, die nicht von dort stammen, hat die Einsamkeit manchmal eine erschreckende Wirkung.

Du schaust in den Raum. Du bist schon fast jenseits der Zeit. Du siehst nichts als das sich wellende Land und Gras und noch mehr Gras – die monotone, endlose Prärie!

Ein Fremder, der über die Prärie reist, erwartet hinter der nächsten Bodenwelle etwas anderes zu sehen. Für ihn ist die Enttäuschung groß. Die Monotonie nagt an ihm.

Von einem solchen Mann sagt man: Er hat die Einsamkeitskrankheit.«

John Nobel, in: M. K. Wisehart,
Wichita-Bill, Cowboy Artist Wrote into The Hall of Fame

Daß die Großfamilie der Donners sich noch einmal zum Aufbruch gen Westen entschloß, hatte wirtschaftliche Gründe. Auch in Illinois waren die Ernten in den letzten Jahren schlecht gewesen. Aus Kalifornien hörte man, daß dort ein *acre* Land 120 *bushels* Weizen brachte, die Pfirsiche schon im Januar reif seien und das in Illinois grassierende Sumpffieber unbekannt war. Eine Vorstellung von dem Ruf, den Kalifornien damals genoß, gibt der folgende Witz: Ein Mann wurde dort 120 Jahre alt. Des Lebens überdrüssig, kehrte er in den Osten zurück und starb dort. Man brachte die Leiche zurück nach Kalifornien, und die warmen Winde bewirkten seine sofortige Wiederauferstehung.

Tamsen ging auf die lange Reise mit dem Auftrag des *Sangamo Journals*, Berichte über ihre Abenteuer unterwegs, über Indianer und Büffelherden nach Illinois zu schicken. Zudem hatte ihr gerade ein Verlag in Chicago mitgeteilt, daß man ein Buch über die Wildpflanzen des Westens zu veröffentlichen beabsichtige, das mit ihren Zeichnungen illustriert werden sollte.

Am 19. Juli 1846 schrieb Charles T. Stanton, einer der Mitreisenden, nachdem der Wagenzug der Donner-Party den South Pass erreicht hatte:

»Gestern nachmittag erreichten wir den Kulminationspunkt oder die Wasserscheide zwischen Atlantik und Pazifik. Also hat sich der große Traum meiner Jugend und meiner reiferen Mannesjahre erfüllt. Ich habe die Rocky Mountains gesehen – habe den Rubikon überschritten und befinde mich nun an den Wassern, die zum Pazifik fließen. Es kommt mir vor, als hätte ich die alte Welt hinter mir gelassen und als dämmere vor mir eine neue herauf.«

Der arme Stanton sollte später schneeblind und allein in der Sierra Nevada ein trauriges Ende finden.

Sirenen sangen von Abkürzungen

L. W. Hastings, ein anderer Scout, der in diesem Sommer ebenfalls mit einem Wagenzug unterwegs, aber der Donner-Party voraus war, schlug eine neue, angeblich kürzere Trail vor: Zunächst nach Nordosten, durch die zerklüfteten Canyons des Wasatch-Gebirges, bog man bei einer Ansammlung von Blockhäusern – Fort Bridger genannt – zurück auf die bis dahin benutzte Trail. Die von ihm lancierte Kunde sprach sich rasch herum. Zwar waren seine Reisegefährten Jim Clyman und Joe Walker skeptisch und warnten vor den Schwierigkeiten des

Geländes. Doch die Aussicht auf eine kürzere Reisezeit stellte eine zu große Versuchung dar.

Hastings sammelte schließlich vierzig Wagen mit Auswanderern bei Fort Bridger und führte sie am 20. Juli nach Südwesten. Der Talgrund des Weber River schien tatsächlich eine leichtere Passage durch das Wasatch-Gebirge zu bieten als die bisher benutzte, von Gestrüpp überwucherte, über Berg und Tal führende Trail.

26 zurückliegende Wagen überholten die Hastings-Reisegesellschaft südlich des Großen Salzsees. Die von George Donner angeführten 23 Wagen kamen aber nur langsam voran. Als Donner sich durch die wilden Schluchten des Weber River mühte, fand er dort eine von Hastings hinterlassene Nachricht an einem Baum, die der nachfolgende Gruppe riet, den Flußboden zu meiden und statt dessen doch wieder den ursprünglichen Saumpfad am Hang zu nutzen. Den jedoch fand Donner nicht. In einem Gewaltritt preschten drei Scouts aus der Donner-Gruppe zu Hastings, um von ihm Auskunft zu erbitten. Dieser ritt daraufhin mit ihnen noch einmal mehrere Meilen zurück, um ihnen zu zeigen, an welchen Zeichen sich Donners Treck orientieren konnte.

Dann kehrte er zu seinem eigenen Wagenzug zurück und führte die 65 Wagen quer durch die von der Sonne durchglühte weiße Hölle der Salzwüste. Achtzig Meilen ohne Wasser. Die Kräftigsten erreichten die kühlen Quellen am Fuß des Pilot-Peaks. Sie sammelten Gras und Wasser und machten dann noch einmal kehrt, um den Gefährten zu helfen, deren Ochsengespanne unterwegs zusammengebrochen waren.

Hinter Hastings kam der Wagenzug der Donners, der sich schlimme 21 Tage lang durch das Wasatch-Gebirge mühte, über herabgestürzte Felsen, durch Weidendickichte. Manchmal kam man am Tag nur eine Meile voran. Völlig erschöpft erreichten sie den Rand der Salzwüste. Wie sollten sie die überwinden? Welchen anderen Weg gab es?

Ein Mann starb. Blieben 25 erwachsene Männer, drei davon Alte. Dazu 14 Frauen und 44 Kinder unter 18 Jahren, insgesamt 86 Personen. Sie schnitten Gras und füllten alle verfügbaren

314

Behältnisse mit Wasser. Dann trieben sie ihre Ochsengespanne an. Der Zug zog sich um Meilen auseinander. Einige der vor Durst fast wahnsinnigen Tiere gingen durch und wurden nie mehr gefunden. Nachdem sie achtundvierzig Stunden Tag und Nacht ohne Pause gezogen hatten, legten sich die im Joch gehenden Tiere nieder. Die verzweifelten Männer spannten sie aus, ließen Wagen, Frauen und Kinder in versprengten Gruppen unter der gnadenlosen Sonne zurück und trieben ihre schwankenden Tiere zum Grasen und zu der Wasserstelle am Pilot-Peak. Dort rasteten die Männer für ein paar Stunden, um dann zu den gestrandeten Wagen zurückzukehren.

Weiter kroch der Zug. Immer wieder wurden Zugochsen von den Indianern gestohlen. Die Nerven lagen bloß. James Reed erstach bei einem Streit einen Mann und wurde von den übrigen verstoßen, die zwar versprachen, sich um seine Familie zu kümmern, dann aber weiterzogen. Ein Mann, der den Strapazen nicht mehr gewachsen war, wurde seinem Verderben überlassen, ein dritter unbemerkt umgebracht, ein vierter starb durch einen sich zufällig lösenden Schuß. Charles Stanton schickte einen Mann nach Sutter's Fort in Kalifornien, um dort Lebensmittel zu holen. Mit zwei Indianern, die ihm geholfen hatten, den Weg zu finden, kam der Ausgeschickte mit sieben beladenen Maultieren zurück. Inzwischen war es Mitte Oktober geworden, und die erschöpften Menschen und Tiere taumelten nur noch voran, als sie in den Truckee-Canyon Richtung Sierra einbogen.

Sowohl an Meilen wie auch an Zeit hatte Hastings über die eingeschlagene Abkürzung viel länger gebraucht als über die normale Route. Aber er brachte seine Leute noch im Herbst über das Gebirge.

In diesem Jahr kam der Winter mit Eisregen und Nebel zeitig. Winterstürme bliesen, als die Donner-Party die Höhe der Sierra Nevada erreichte. Eine Vorausabteilung besetzte ein aufgegebenes Blockhaus und errichtete an einem See einige fensterlose Hütten. Die Nachzügler, darunter alle Mitglieder der Donner-Familie, blieben fünf Meilen weiter unten liegen und errichteten primitive Schutzbauten aus den Zeltbahnen der Wagen und

315

Büffelfellen. Unablässig schneite es. »Schwierig, Holz zu beschaffen«, schrieb Patrick Been am Weihnachtstag in sein Tagebuch. Die letzten Ochsen und Pferde wankten davon und versanken in Schneewehen.

Fünf Frauen, zwei Jungen und zehn Männer, darunter die Indianer aus Sutter's Fort, fertigten sich aus Jochs und Häuten Schneeschuhe an. Keuchend, und immer wieder einbrechend, mühten sie sich bis zum Gipfel der Gebirgskette. Zwei kehrten um. Die anderen erfroren sich die Füße oder versanken unter Tränen in Schneeblindheit. Ein Mann wurde in diesem Lager wahnsinnig, vier, unter ihnen Charles Stanton, starben. Die Überlebenden, die seit fünf Tagen keine Nahrung mehr zu sich genommen hatten, begannen die Toten zu essen. Später wurde ein weiterer Mann wahnsinnig und tötete die beiden Indianer, um an Nahrung zu kommen. Sieben Männer und ein Junge starben, auch ihre Leichen wurden verzehrt, einige in Anwesenheit der Verwandten. Nach 33 fürchterlichen Tagen erreichten die Überlebenden ein Indianerlager und waren damit gerettet.

Unterdessen waren Trupps zur Rettung der drei Dutzend Menschen aufgebrochen, die im Gebirge zurückgeblieben waren. Der erste Trupp kam nicht durch. Erst die beiden nächsten hatten Erfolg. Sie stießen auf ein Lager fünf Meilen unterhalb des Sees. Auch hier hatte man sich von den Leichen ernährt. Da die Rettungsmannschaft nicht allen gleichzeitig helfen konnten, wurden nur die schwächsten unter den Kindern mitgenommen. Im Gebirge setzte sich das Sterben fort, doch zuweilen war das Überleben noch schlimmer. Nur etwa die Hälfte derer, die im Mittelwesten aufgebrochen waren, erreichten Kalifornien. George Donner befand sich nicht unter ihnen. Tamsen Donner schickte ihre drei kleinen Mädchen mit dem ersten Rettungstrupp voran. Sie selbst blieb, um ihrem sterbenden Mann beizustehen.

Unter dem 26. März 1847 trug sie bei Prossers Creek in ihr Tagebuch, durch das wir über die näheren Einzelheiten der Katastrophe unterrichtet sind, dies ein:

»Mein Ehemann Captain George Donner starb heute nachmittag nach schwerer schmerzhafter Krankheit. Ich habe seine Leiche gewaschen und für die Beisetzung vorbereitet. Letzteres war mir allein nicht möglich. Ich hoffe, daß die üblichen Riten vollzogen werden können, ehe sich die Wölfe an die Arbeit machen. Ich werde innerhalb einer Stunde aufbrechen, um meine Töchter in Kalifornien aufzusuchen.«

Tamsen hatte ein Jagdmesser, fast zweihundert Dollar in Goldmünzen und Gerätschaften, um Feuer zu machen, bei sich. Sie ging in die Irre, stürzte in einen Bach und erreichte schließlich halb erfroren und halb ohnmächtig die Behausung, in der Lewis Sutter Keseberg überlebt hatte. Als am 19. April ein weiterer Rettungstrupp ankam, erzählte Keseberg den Männern die furchtbare Geschichte von Tamsens Tod. Er hatte angeblich über Stunden hin versucht, die Bewußtlose wiederzubeleben, indem er ihr Beine und Arme massierte. Schließlich flüsterte sie: »Ich muß zu meinen Kindern!« Dann starb sie. Als die skeptischen Retter fragten, was mit ihrer Leiche geschehen sei, antwortete Keseberg: »Ich habe sie aufgegessen. Sie hat am besten von allen geschmeckt. Ich habe vier Pfund Fett aus ihr herausgeschnitten.« Der Verdacht kam auf, er habe Tamsen ermordet, um die Goldstücke an sich zu bringen. Es gab Blutspuren, und in der Nähe lagen die Kadaver von Rindern und Maultieren, von deren Fleisch er sich hätte ernähren können. Als ihm dies die Männer des Rettungstrupps vorhielten, sagte er nur: »Warum? Das Fleisch der Frau war ganz frisch. Es war das Beste, das ich je zu mir genommen habe.«

38
Reklame
für Lawrence Ferlinghetti,
den Poeten der Westküste

Unterwegs auf der Route 66 habe ich immer wieder erzählt: von Indianern und von Abenteurern. Aber auch von Schriftstellern der *Beat Generation,* die auf besondere Art das Verlangen der Amerikaner nach Mobilität und nach dem Aufleben des Mythos von der *frontier,* vom Westen, von der Glückssuche in der Ferne in ihren Werken zum Ausdruck bringen.

Von einem Dichter, dessen Verse meinem eigenen Lebensgefühl am nächsten kommen, habe ich nicht berichtet. Hier ist Raum, es nachzuholen.

Einer seiner Biographen schreibt, die Geschichte von Lawrence Ferlinghettis Kindheit nehme sich aus wie ein Roman von Charles Dickens. Die Mutter Clemence Mendes-Monsanto stammte aus Portugal und betrieb in Coney Island, damals noch nicht der Vergnügungspark von New York, sondern beliebte Ferienstätte des jüdischen Mittelstandes, eine Pension. Lawrence' Vater war aus Norditalien eingewandert. Er hatte seinen ursprünglichen Namen Ferlinghetti in den USA in Ferling umgewandelt.

Er wurde in seiner neuen Heimat ein erfolgreicher Grundstücksmakler mit einem Büro in der 42. Street in Manhattan.

Als fünftes Kind wurde Lawrence am 24. März 1919 geboren. Kurz darauf starb der Vater an einem Herzleiden. Die Mutter mußte vier noch kleine Kinder durchbringen; der erste Sohn,

Arthur, war damals schon neunzehn. Der Belastung war die Frau offenbar weder physisch noch psychisch gewachsen. Sie erlitt einen Nervenzusammenbruch und wurde in ein Krankenhaus eingeliefert. Lawrence, ihr jüngstes Kind, wurde in die Obhut seines Onkels Ludvic Monsanto und seiner Tante Emily gegeben. Die Ehe war nicht die beste, und schließlich reiste Emily mit dem kleinen Lawrence über den großen Teich nach Straßburg. Vier Jahre später schien eine Aussöhnung der Ehepartner denkbar. Tante und Neffe kehrten nach New York zurück. Der Ehefrieden hielt aber nicht lang. Emily verließ nun ihren Mann endgültig und ging als Gouvernante zu den Bislands, einer zu dieser Zeit recht wohlhabenden Familie, die in Bronxville eine Villa besaß. Nach einem freien Wochenende kehrte Emily nicht mehr zu ihrer Herrschaft zurück und blieb verschwunden. Lawrence hörte erst wieder von ihr während des Zweiten Weltkriegs, als sie mit 56 Jahren im Central Island State Hospital verstarb. Sie hatte ihn bei ihrer Einlieferung als einzigen noch lebenden Angehörigen angegeben.

Die Bislands übernahmen ohne zu zögern die Fürsorge und Erziehung des Kindes.

Lawrence war zehneinhalb Jahre, als eines Tages vor dem Haus seiner Wohltäter ein Auto hielt. Es waren seine Mutter Clemence und seine beiden älteren Brüder Harry und Clemens. Den Vorschlag, nun wieder bei seiner leiblichen Mutter zu leben, die offenbar Jahre in einer Nervenklinik verbracht hatte, lehnte der Junge ab. Er blieb bei den Bislands. Dann kam im Oktober des Jahres 1929 der große Börsenkrach, der in den USA eine Zeit wirtschaftlicher Depression einleitete. Die Bislands verloren einen großen Teil ihres Vermögens. Sie mußten ihre Villa verkaufen und verließen das elegante Wohnviertel, in dem sie bis dahin gelebt hatte. Um Lawrence den Besuch an einer renommierten *Public School* zu ermöglichen, gaben ihn seine Zieheltern in eine anderen Familie, zu den Wilsons, die in Bronxville wohnen blieben, und kamen auch weiterhin für seinen Lebensunterhalt und das Schulgeld auf.

In diesen Jahren geriet der Junge, der viele Eltern und keine besaß, auf die schiefe Bahn. Er wurde bei einem Ladendiebstahl erwischt, aber sein Scoutführer bekam ihn gegen Kaution frei. Es ist interessant, wie sich diese Daten seiner Biographie in einem seiner frühen Gedichte spiegeln. Dort heißt es:

»Ich war ein *American boy*. Ich las das *American Boy Magazine* und ich wurde ein B*oyscout* in den Vorstädten. Ich hielt mich für Tom Sawyer als ich im Bronx-River Krebse fing und meinte es sei der Mississippi.
Ich besaß einen Baseball-Handschuh und ein *American-flyer-*Fahrrad.
Ich trug *Women's Home Companion* aus nachmittags um fünf Und die *Herald Trib* um fünf Uhr morgens. ...«

Charlie Chaplin, ein Außenseiter wie er selbst, wurde um diese Zeit mehr und mehr zu seinem Idol. Lawrence kam schließlich auf die private *Highschool Mount Hermon* bei Greenfield, Massachussetts, die hauptsächlich von den Söhnen von Missionaren besucht wurde.

Hier gab ihm ein Freund Ernest Hemingways *In einem anderen Land* und Thomas Wolfes *Look Homeward, Angel* zu lesen. Ein anderer wichtiger literarischer Einfluß, der sein Verhältnis gegenüber der Natur prägte, war Henry David Thoreaus und sein *Walden*. Da Lawrence Französisch lesen konnte, gehörten auch die Gedichte Baudelaires zu seinem Lesestoff, und schließlich begann er selbst Gedichte zu schreiben.

»Ich hatte eine traurige Kindheit.
Ich sah Lindbergh landen. Ich schaute heimwärts
Und sah keinen Engel
Ich wurde dabei erwischt
als ich in einem Billiggeschäft Bleistifte mitgehen ließ ...«

Seine Begeisterung für das Werk Thomas Wolfes war es, die ihn dazu bewegte, sich nach der Highschool im College der kleinen University of North Carolina einzuschreiben. Dort managte er die Studentenzeitung *Tar Heel* (so genannt nach einem der Romane Jack Londons). In seinem zweiten Jahr dort fuhr er mit seinen Kommilitonen in den Ferien per Autostop und mit Güterzügen nach Mexiko. Auf dem College wurde er mit den bekanntesten amerikanischen Lyrikern dieser Jahre vertraut, mit den Gedichten Carl Sandburgs, Edgar Lee Masters und Vachel Lindsays. Es ist bezeichnend, daß es die Populisten und sozial engagierten Poeten waren, die ihn beeindruckten. 1941 machte er sein *Bachelor of Arts*-Examen. Carl Sandburg hielt auf der Abschlußfeier der Universität die Rede.

Noch im Oktober dieses Jahres trat Lawrence in die *US Naval Reserve Midshipmen's School* in Chicago ein. (Die Marine muß damals der Traum vieler junger Männer gewesen sein, denn auch Jack Kerouac fuhr zu dieser Zeit in der amerikanischen Handelsmarine in Geleitzügen der Amerikaner zur See.) Er verbrachte den Krieg als Marineoffizier zunächst auf einem U-Bootjäger vor der amerikanischen Ostküste. In dieser Zeit scheint er sich lesend mit der anarchistischen Tradition in den USA auseinandergesetzt zu haben. In dem Gedicht *Autobiography* lesen wir:

> »Ich stieß Lona Doone
> las ein Leben von John Most
> der beständig mit einer Bombe auf seinem Pult
> der Schrecken der Industrie war …«

Unmittelbar nach dem Atombombenabwurf der Amerikaner Ende August 1945 kam er nach Japan und besuchte Nagasaki. Die Szenen in jener Stadt, über der die Amerikaner die zweite Atombombe gezündet hatten, machten ihn fassungslos. »Man sah Hände aus der Erde aufragen, zerbrochenes Teegeschirr lag herum, Haare klebten an den Steinen auf der Straße … Die Leute begriffen immer noch nicht, wie vollkommen die Zerstörung war.«

Wie für viele, die die Ruinen von Hiroshima und Nagasaki sahen, war es für ihn eine Erschütterung, die er nie vergaß, deren Echo für den Rest seines Lebens in ihm nachhallte, eine Erfahrung, die ihn zum überzeugten Pazifisten werden ließ.

»Und ich warte, daß die Atomversuche eingestellt werden,
und ich warte glücklich, daß alles erst noch viel schlimmer wird, ehe es sich bessert,
und ich warte, daß sich die Heilsarmee der Sache annimmt,
und ich warte, daß eine Masse Mensch irgendwo über eine Klippe hinabstürzt und sich an ihrem atomaren Regenschirm festhält ...«

In der Heimat stellte er bald fest, daß mit seinem Diplom in Journalismus nicht viel anzufangen war. Für kurze Zeit arbeitete er auf der Poststelle vom *Time*-Magazin, um sich dann im Sommer 1946 mit dem GI Bill – der Staat zahlte Kriegsteilnehmern die Studiengegühren – an der Columbia-Universität einzuschreiben, wo er nun mit den Werken der literarischen Avantgarde, den Gedichtbänden von William Carlos Williams, Kenneth Rexroth und Ezra Pound bekannt wurde. Columbia war und ist zwar ein Hort der Tradition, gleichwohl lehrten damals einige der besten und fortschrittlichsten Literaturwissenschaftler der USA dort. Fast gleichzeitig mit Ferlinghetti waren auch Jack Kerouac und Allen Ginsberg einige Zeit als Studenten in Columbia eingeschrieben. Kerouac hatte als Football-Spieler ein Stipendium. Als man ihn eines Nachts in einem Schlafsaal mit Ginsberg im selben Bett erwischte, wurden beide von der Universität verwiesen. Ginsberg durfte erst weiter studieren, wenn ein Psychologe ihm bescheinigte, daß er »reif und fähig« sei, dem Studiengang zu folgen.

Kurz darauf wurden William Burroughs und Kerouac in einen Mordfall unter Homosexuellen verwickelt. Kerouac wanderte vorübergehend ins Gefängnis. Mit seiner Karriere als Berufs-Footballspieler war es vorbei, er hatte sich ohnehin mit dem Trainer der Studentenmannschaft überworfen.

Wieder auf freiem Fuß, begann für ihn eine Zeit wilder Trampfahrten, die man in *On the Road* nachlesen kann. Ginsberg kam einige Jahre später durch eine Bekanntschaft mit einem Verbrecher, der in seiner Wohnung sein Diebesgut untergestellt hatte, wieder mit dem Gesetz in Konflikt. Seine Universitätslehrer, die schon damals offenbar seine literarische Begabung erkannt hatten, sorgten dafür, daß er der Strafverfolgung durch eine Einweisung in die Nervenheilanstalt zunächst entging. In eben dieser Anstalt machte er die Bekanntschaft eines gleich ihm genialen »Verrückten«, den er später in seinem heute weltberühmten Gedicht *Howl*, »Geheul«, als Symbolfigur seines Zeitalters verherrlichte.

>»Carl Solomon! Ich bin bei dir in Rockland
>wo du noch verrückter als ich bist
>ich bin bei dir in Rockland
>wo du dich seltsam fühlen mußt
>ich bin bei dir in Rockland
>wo du den Geist meiner Mutter nachahmst
>ich bin bei dir in Rockland
>wo du deine zwölf Sekretärinnen ermordet hast …«

Offenbar aber war Ferlinghetti den drei anderen Autoren der sogenannten *Beat Generation,* nämlich dem Mentor der Gruppe, William Burroughs, sowie Jack Kerouac und Allen Ginsberg, zu diesem Zeitpunkt noch nicht begegnet.

Lawrence Ferlinghetti machte in Columbia seinen *Master of Art* (M. A.) mit einer Arbeit über den englischen Kunstkritiker Ruskin und dessen Interpretation der Gemälde von William Turner, die er selbst so schildert:

»Turner war besessen vom Licht, und ich deutete das in meiner Arbeit als Fruchtbarkeitssymbol. Ich stellte einen Zusammenhang zwischen Turners Gemälde und Fraziers Untersuchung *The Golden Bough* her, jenem vielleicht wichtigsten Werk zur Deutung der Mythologie, das so viele Dichter im 20. Jahrhundert beeinflußte.«

Nachdem Ferlinghetti in Columbia sein Examen abgelegt hatte, erhielt er als Kriegsteilnehmer noch drei Jahre lang ein

American Memories

So ist es immer
»Und so ist es immer und so hört es immer auf
und das Feuer und die Rose sind eins
und immer dasselbe Bild und immer dasselbe Thema
von Anfang an in der Bibel oder in›Fiesta‹
wo es anfängt mit ›Robert Cohen war
in Princeton Mittelgewichtsmeister im Boxen gewesen‹
und später wurde er impotent und da stehen wir wieder
und da sehen wir's wieder immer dasselbe alte Thema
und dieselbe Szene mit all den Bürgern und all den
Charakteren ...«

Lawrence Ferlinghetti,
A Coney Island of Mind

Stipendium. Im Januar 1948 überquerte er den Atlantik. In seinem ersten Roman, *Her*, den er ein Jahrzehnt später veröffentlicht, heißt es: »Ich endete in diesem Jahr, dort wo alle Züge enden, und fiel ein in eine Familien-Pension auf der anderen Seite der Bastille.« Er studierte an der Sorbonne, nahm Unterricht in Malerei an der Académie Julien und promovierte schließlich mit einer Doktorarbeit über das Thema *La Cité dans la Poésie Moderne: A la Recherche d'une Tradition Metropolitaine*. Grundlage waren vor allem die Werke T. S. Eliots und Verharens, aber auch die Gedichte Walt Whitmans, Hart Cranes *The Bridge*, Majakowskis Gedicht über die *Brooklyn Bridge*, Garcia Lorcas *The Poet in New York*, *Nadja* von André Breton und *Nightwood* von Djuna Barnes. Er lernte Selden Kirby kennen, die später seine Ehefrau wurde. Es verschlug beide nach San Francisco, wo sich damals das Aufblühen einer neuen Schule amerikanischer Literatur ankündigte. In dieser Zeit übersetzte Ferlinghetti Gedichte von Jacques Prévert und versuchte, einen Roman abzuschließen.

Eine Lehrtätigkeit an der katholischen Universität von San Francisco endete rasch wieder, weil er ein Buch mit in seine Vorlesungen brachte, in dem Shakespeares Sonette als homosexuelle Liebesgedichte interpretiert wurden. In all diesen Jahren blieb Lawrence auch der Malerei verbunden. Gleichzeitig entstanden Gedichte, in denen San Francisco ins Bild rückt.

Auch später werden in seinen Gedichten immer wieder Bilder dieser Stadt auftauchen. So beispielsweise in *Die Situation im Westen*:

> »Ich sehe auf San Francisco aus meinem Fenster
> durch einige alte Navy Bierflaschen
>
> …
>
> Da ist der Fairmont Phallus
> Da ist die Mark Masturbation
> Da ist der Park, dort die Zement Werke
> Dort die Dampf Brau-Fabrik …
> Dort der Workshop der Schauspieler
> Da ist die Bucht, da diese Brücke
> Dort ist die geschätzte Insel,
> die die Marine nicht braucht …«

Sechs dieser Gedichte erschienen in einer Zeitschrift mit dem Titel *City Lights*, die ein gewisser Pete Martin, Sohn eines italienischen Marxisten und selbst Dozent für Soziologie, in San Francisco herausgab.

Die Begegnung führte zur gemeinsamen Eröffnung einer Buchhandlung, der später vielleicht berühmtesten Buchhandlung an der amerikanischen Westküste, wenn nicht der USA. Ihr Name: *City Lights Pocket Book Shop*. Als Startkapital gaben die beiden Partner jeder 500 Dollar. Eröffnet wurde im Juni 1953, und das Sortiment war von vornherein ausgesprochen alternativ-politisch.

Der dritte im Bunde bei der zunächst alles anderen als gutgehenden Buchhandlung war Shigeyoshi Murao, ein Japano-Amerikaner. Martin und Lawrence hatten ihn in der nahe gelegenen und immer noch existierenden Bar »Vesuviuo« kennengelernt, wo er als Barkeeper arbeitete.

Die ersten drei Monate als Buchhändler wurde Murao nur mit Büchern bezahlt. Er war in Seattle geboren, hatte während des Zweiten Weltkriegs zwei Jahre in einem Internierungslager für Japano-Amerikaner verbracht, dann als Übersetzer in der US-Armee gedient. Nach Stationen in New York, Chicago, New Orleans und Reno war er am Ende in der »Vesuvio«-Bar in San Francisco gelandet. Schon 1955 wurde Lawrence Alleinbesitzer der Buchhandlung, und am 10. August dieses Jahres erschien als *Pocket Poet Number One* seine Gedichtsammlung *Pictures of the Gone World* – erstmals unter seinem richtigen Namen. Bis dahin hatte er sich Larry Ferling genannt. Bei der Antragstellung zu einem Führerschein für Kalifornien hatte er entdeckt, daß er eigentlich Lawrence Ferlinghetti hieß.

> »Die Welt ist schon ein hübscher Platz
> um geboren zu werden
> wenn man nicht auf Glück aus ist
> und nicht immer
> seinen Spaß haben will
> wenn's einem nichts ausmacht ab und an
> einen Blick in die Hölle zu tun
> grad dann wenn alles bestens läuft
> schließlich feiern sie im Himmel
> auch nicht alle Augenblicke
> Geburtstag.«

Um den *City Light Book Store* sammelte sich im Laufe der Zeit eine Gruppe junger Lyriker, die häufig Leseabende unter Musikbegleitung veranstalteten. Zu ihnen gehörte auch Allen Ginsberg, der damals an der Bay lebte und eben sein wildes Gedicht mit dem Titel *Howl* geschrieben hatte. Bezeichnend für die Tradition, in der Ginsberg mit seiner Lyrik steht, ist die Mischung aus Prophetie und Klage, die dem »Geheul« seinen besonderen Ton verleiht. Das Gedicht beginnt mit Zeilen, die blitzlichtartig das Bewußtsein einer ganzen Generation erhellen:

»Ich sah die besten Köpfe meiner Generation vom Wahn
zerstört
hungrig und nackt
im Morgengrauen durch die Straßen der Schwarzen irren
auf der Suche nach einem tüchtigen Schuß,
Süchtige mit Engelsköpfen
lustentbrannt nach uralter sphärischer Verbindung
zum Sternendynamo in der Maschinerie der Nacht ...«

Am 13. Oktober 1955 füllten über hundert Besucher den engen
Raum einer ehemaligen Autoreparaturwerkstatt, in der neben
anderen Texten das »Geheul« vorgelesen wurde und auf begei-
sterte Zustimmung stieß. Ferlinghetti, von der Lesung heimgekehrt, schickte Ginsberg ein Telegramm, das im Anklang an eine
Nachricht von Ralph Waldo Emerson an Whitman lautete: »Ich
grüße Sie am Beginn einer großen Karriere. Wann bekomme ich
das Manuskript, um es zu drucken?«

Howl erschien schließlich als Nummer vier der *Pocket Poets
Serie*. Es wurde in England gedruckt; die erste Lieferung pas-
sierte ohne Probleme im Herbst 1956 den Zoll, und der Verkauf
begann. Im März 1957 aber wurde die zweite Auflage, 520 Exemplare, von den amerikanischen Zollbehörden beschlagnahmt.

Am 21. Mai 1957 erschienen in der Buchhandlung im Auftrag
der Jugendschutzbehörde zwei Polizeibeamte und kauften ein
Exemplar. Danach wurde Anklage wegen Verbreitung obszöner
Schriften erhoben, und zwar gegen Ferlinghetti als den Verleger
und Murao als den Geschäftsführer der Buchhandlung.

Es begann eines der sensationellsten Gerichtsverfahren in der
Verfolgung angeblich obszöner Literatur. Die eigentliche Ver-
handlung wurde im August 1957 eröffnet. Der Verteidiger des
Angeklagten war einer der besten Anwälte auf diesem Gebiet der
Rechtsprechung, ein gewisser J. W. H. Ehrlich. Er berief sich in
seinem Plädoyer auf das erste Amendement zur Verfassung der
USA, das das Recht auf Freiheit der Rede und der Presse garan-
tiert. Bekannte Literaten und Literaturwissenschaftler waren als
Sachverständige geladen und verteidigten den Text, der auf die

konservativen Kreise Amerikas wegen seiner freizügigen Darstellung von Homosexualität und Rauschgiftsucht wie ein rotes Tuch wirkte. Eindrucksvoll und auf den Prozeßverlauf gewiß nicht ohne Wirkung war die Einführung zu *Howl* von William Carlos Williams, in der es heißt:

»Wir sind blind und leben unser blindes Leben in Blindheit zu Ende. Dichter sind verdammt, aber sie sind nicht blind, sie sehen mit den Augen der Engel. Dieser Dichter durchschaut und sieht ringsum Schrecken, an denen er in den vertraulichsten Stellen seines Gedichtes teilhat. Er vermeidet nichts, sondern erfährt es durch und durch ... Nehmen Sie die Säume Ihrer Gewänder hoch, meine Damen, wir gehen durch die Hölle.«

Im Oktober 1957 erklärte der das Verfahren leitende Richter Clayton Horn *Howl* für nicht obszön. Er ging dabei von dem in den USA zu geltendem Recht gewordenen Grundsatz aus, daß ein Buch nur dann als obszön angesehen werden kann, wenn sein Inhalt ohne soziale Bedeutung ist. Wörtlich heißt es in Horns Urteilsbegründung:

»Ich bin fest davon überzeugt, daß *Howl* soziale Bedeutung besitzt. Der erste Teil entwirft das Bild einer alptraumhaften Welt, der zweite Teil ist eine Anklage gegen jene Elemente, die die besten Eigenschaften des Menschen zerstören – als solche werden vor allem genannt Materialismus, Konformismus und Mechanisierung, die alle zum Kriege führen ... Das Thema von *Howl* sind unorthodoxe und kontroverse Ideen.«

Das ganze Verfahren und der Prozeß erwiesen sich als die beste kostenlose Reklame, die ein Autor und ein Verleger sich wünschen können. Nach dem Freispruch wurde das Buch sehr bald in einer Auflage von 40 000 Exemplaren in den USA verbreitet, und es gilt heute als eines der klassischen langen Gedichte in der amerikanischen Literatur des 20. Jahrhunderts.

Lesung, Prozeß und die Diskussion des Textes in einer breiten Öffentlichkeit hatten eine noch weiter reichende Auswirkung. Jack Kerouac, der zu dieser Zeit sieben Romanmanuskripte in seiner Schublade liegen hatte, wurde nun endlich mit seinem späteren Welterfolg *On the Road* gedruckt und bekannt. So wurde die Lesung von Ginsbergs *Howl* zur Geburtsstunde der *Beat Generation*. Die Bezeichnung leitet sich von den englischen Wörtern »*Beat*« (Schlag, niedergeschlagen) und »*Beatitude*« (Glückseligkeit) ab. Zum einen steckt darin das Gefühl einer Generation, die sich nach Holocaust und Atombombenabwurf psychisch als zu Boden geschlagen empfand. Zum anderen bezieht sie sich auf das schon in der amerikanischen Unabhängigkeitserklärung versprochene Anrecht auf Glück *(persuit of happiness)*. Damit steht der Begriff für ein Lebensgefühl, das sich gegen die saturierte Bürgerlichkeit empörte, neue Formen von Glück im Jazz (Bebop), in einer ständigen Mobilität und der Bewußtseinserweiterung durch Drogen suchte.

Aber zurück zu Lawrence Ferlinghetti, dem Poeten.

Kennzeichnend für sein Werk, das Lyrik, Satiren, Theaterstücke und längere Prosatexte umfaßt, ist seine Subversivität, die Auflehnung des Dichters gegen »Tyrannei, Langeweile, Ausbeutung, Nationalismus und Krieg« und sein Glaube an »eine Wiedergeburt des Wunders« und einen »totalen Traum der Unschuld«.

In dem Lyrikband *Starting from San Francisco* steht in einem Gedicht der Drache als Symbol für die Kraft und das Geheimnis des Lebens, für die wahre Sichtweise des Spirituellen, das der Dichter überall in der Welt hinter dem Materiellen durchschimmern sieht.

Das Gedicht endet damit, daß der Drache in einem Keller abgelegt oder eingesperrt wird. Er wartet dort auf seinen finalen Auftritt, auf die »finale Aussaat von Hafer und Drachenzähnen.«

Im Drachen kann man das Potential an Einbildungskraft sehen, das in jedem menschlichen Bewußtsein schlummert, auch die regenerativen Qualitäten der Menschheit, die von autoritärer Macht, Egoismus und krassem Materialismus unterdrückt werden.

Epiphanien, Visionen, die Ironisierung der scheinbar übermächtigen Kräfte, die Freude und der Sinn für Utopien sind Grundthemen dieser Lyrik, die Liebende, Kinder, Künstler und Poeten verteidigt gegen Bürokraten, Kulturbotschafter, Mu-

seumsdirektoren und Polizisten – ja überhaupt gegenüber jeder
Art von repressiver Autorität.

> »Die Wahrheit ist nicht das Geheimnis weniger
> doch
> könnte man manchmal meinen
> bei der Art
> wie manche Experten, Professoren und
> speziell Museumsdirektoren sich benehmen
> sie hätten eine Ecke für sich
> allein reserviert
> diese Art wie sie herumstolzieren und ihre
> hehren Häupter schütteln und
> glotzen als müßten sie
> niemals ins Bade-
> zimmer oder so was …«

In seinem Vorwort zu *Her* schrieb Vincent McHugh über eine
Eigenart Ferlinghettis, nämlich die Essenz aus den Büchern und
Bildern seiner künstlerischen Vorbilder zu assimilieren:

»Sein Werk, wie das bestimmter fortschrittlicher Jazzmusiker,
kennt das Echo bewußten Zitierens. Ferlinghetti verschlingt
jeden und alles, aber was herauskommt, ist immer Ferlinghetti.
Es ist unmöglich, eine Zeile, die er geschrieben hat, zu lesen,
ohne seine Stimme zu hören.«

Viele Zeilen seiner Gedichte verraten, daß der Lyriker auch
Maler ist und die Welt durch die Augen eines bildenden Künst-
lers zu sehen gewohnt ist:

> »In Goyas stärksten Szenen scheinen wir
> den Menschen dieser Welt
> genau in dem Augenblick zu begegnen
> in dem sie zum ersten Mal zu Recht
> die Bezeichnung ›leidende Menschheit‹
> beanspruchen können …«

331

Seit dem Tod von Allen Ginsberg ist Ferlinghetti heute neben William Burroughs einer der beiden großen alten Männer der amerikanischen Literatur. Es lohnt sich, ihn zu lesen!

Angemerkt werden sollte dabei noch, daß der Poet der Westküste neben seinem frühen, eher surrealistischen Prosatext *Her* und seinen zahlreichen Gedichtbänden, mit denen er in vielen Fällen auch radikaldemokratische Kritik übt, auch der Verfasser eines bezaubernden Romans mit dem Titel *Love in the Days of Rage* ist. (In den USA erschienen 1987, in deutscher Ausgabe bei Goldmann Taschenbuch, Nr. 9587, unter dem Titel »Liebe in der Zeit der Revolution«.) Es ist die Geschichte einer in Paris lebenden amerikanischen Kunstprofessorin, die sich in einen anarchistisch gesinnten Bankier verliebt. Bei Ausbruch der Studentenunruhen im Mai 1968 belächelt sie zunächst die revolutionären Anwandlungen ihres snobistischen Geliebten. Am Ende muß sie gleichwohl erkennen, wie ernst es ihm damit ist. Ferlinghetti selbst hat angemerkt, daß das Thema auch eine Huldigung an den portugiesischen Dichter Fernando Pessoa sei, bei dem ebenfalls ein anarchistischer Bankier auftritt.

Damit genug der Hommage. Es lohnt sich, wie gesagt, Ferlinghetti zu lesen: Mit seinen Gedichten und seiner Prosa lassen sich der Alltag und die Katastrophen dieser Zeit besser überstehen. Von den Gedichten liegen in deutscher Sprache mehrere Auswahlbände bei den Verlagen Diogenes und Hanser vor.

Dennoch ist Ferlinghetti, von dessen erstem Lyrikband bis 1989 allein in den USA 700 000 Exemplare gedruckt wurden, hierzulande leider immer noch nicht mehr als ein Geheimtip für lesbare, aber dennoch anspruchsvolle Lyrik.

39
Abschied in Los Angeles und ein Brief von der Route 66

Natürlich könnte ich nun anfangen, von Los Angeles zu erzählen, von dieser Wahnsinnsstadt, in der man Jahre gelebt haben kann, ohne sie je wirklich kennengelernt zu haben.

In gewissem Sinne habe ich das schon einmal getan, mit der Novelle *Die Türme vom Watts*, der Liebesgeschichte zwischen einem obdachlosen schwarzen Jungen und der Tochter eines (Caucasian = weißen) Drugstorebesitzers, nachzulesen in Kapitel XI meines Romans *Im Haus der Gefiederten Schlange*.

Es gibt noch mehr Geschichten, die mir beim Stichwort »Los Angeles« einfallen … Die von William Faulkner, der sich 1932

American Memories

»Die Stadt ist nach den Engeln genannt,
und man begegnet allenthalben Engeln.
Sie riechen nach Öl und tragen goldene Pessare,
und mit blauen Ringen um die Augen füttern sie
allmorgendlich die Schreiber in ihren neuen
Schwimmpfühlen.

Diese Stadt hat mich gelehrt,
Paradies und Hölle können eine Stadt sein.
Für die Mittellosen
Ist das Paradies die Hölle.«

Bert Brecht

---

und 1936 in Hollywood als Drehbuchschreiber verdingen mußte und dort zwei der drei großen, unglücklichen Liebesgeschichten seines Lebens durchlebte. Oder die von Scott Fitzgerald, der seine letzten Lebensjahre – die Frau in der Irrenanstalt, er selbst mit dem Alkoholismus kämpfend – in dieser Stadt verbrachte. (*The last tycoon* ist und bleibt beste fiktionale Darstellung vom Leben des Filmsets in Hollywood am Ende seiner klassischen Ära.) Auch Raymond Chandlers Leben in L.A. und in der Filmindustrie (zwischen 1908 und 1946) wäre ein Thema für eine Erzählung, das mich reizen könnte.

Oder aber ich könnte meine Begleiter zu einem Spaziergang zu all jenen Orten in dieser Stadt einladen, wo deutsche Schriftsteller, Musiker, Architekten, Filmschauspieler, Regisseure während der Hitlerzeit als Emigranten gelebt haben.

Es wäre von Thomas Mann zu erzählen, dem es mit allerlei psychologischen Finten gelang, seine amerikanische Gönnerin Agnes Meyer dazu zu veranlassen, ihn finanziell dabei zu unterstützen, sich 1941 während des Zweiten Weltkriegs eine prächtige Villa in Pacific Palisades am 1550 San Remo Drive bauen zu lassen, die, wie er fand, einem »Großschriftsteller« eben zukam.

In Klaus Harpprechts Thomas-Mann-Biographie heißt es über dieses Haus: »Die Gesamtanlage, von einer moderaten Modernität geprägt, deutete an, daß der Architekt mit der Bauhaus-Schule vertraut war. Davidson hatte es einige Mühe gekostet, Thomas und Katja Mann ihren Traum von einer schmucken Villa im klassizistischen Kolonialstil, weiß und mit dekorativen Säulen, auszureden.«

Über Manns Repräsentationsbedürfnis soll nicht vergessen werden, daß er sein Prestige als weltberühmter Autor und Nobelpreisträger und seine Beziehungen zum amerikanischen Präsidenten Roosevelt und dessen Frau dazu nutzte, vielen gefährdeten Kolleginnen und Kollegen zur Flucht aus den von den Nazis eroberten Ländern Europas ins Asyl in der Neuen Welt zu verhelfen.

Wenig bekannt ist auch die Tatsache, daß sein großes Alterswerk mit seinen mannigfaltigen Bezugslinien zum Schicksal Deutschlands, der *Dr. Faustus*, in Los Angeles entstand.

Da wäre aber auch die viel traurigere Geschichte seines Bruders Heinrich Mann in Los Angeles zu erzählen, der in einer kleinen, stickigen Wohnung mit billigen Möbeln in Hollywood hauste, und über dessen materielle Situation Brecht in seinem »Arbeitsjournal« notiert: »Er geht allwöchentlich stempeln, holt sich 18 $ 50 Arbeitslosenunterstützung ab.« Heinrich Manns bis nach New York gelangte Bibliothek konnte noch gerade eben durch das Eingreifen von Kurt Rosenfeld und Alfred Kantorowicz vor der Versteigerung in einem Lagerschuppen bewahrt werden. Seine kranke Frau Nelly schlug sich als Schneiderin und Krankenpflegerin durch. Im Dezember 1944 nahm sie sich mit einer Überdosis Schlaftabletten das Leben. Heinrich Mann schrieb in Los Angeles seinen mißglückten Roman *Lidice*, aber auch seine höchst wichtigen Lebenserinnerungen *Ein Zeitalter wird besichtigt*. Er starb im März 1950 in Santa Monica.

Auf die Problematik einer solchen Ansammlung von Intellektuellen anspielend, nennt Werner Mittenzwei in *Das Leben des Bertolt Brecht* Los Angeles ein »kulturelles Ghetto«, und über die verschiedenen Gruppierungen der deutschen Asylanten in der Stadt am Pazifik in diesen Jahren lesen wir bei ihm: »Der kalifornische Raum zwischen dem Hafen San Pedro und Los Angeles mit der Job-Metropole Hollywood kam den meisten deutschen Emigranten wie ein Ghetto vor. Hier gab es die stärkste Konzentration von Künstlern, Dichtern, Wissenschaftlern, Juristen, Ärzten, die vor Hitler geflohen waren. Gottfried Reinhardt meinte, hier hätte sich leicht eine deutsche Universität gründen lassen; an Professoren der verschiedenen Fakultäten jedenfalls fehlte es nicht. Auch ein deutsches Krankenhaus wäre mit allen möglichen Spezialisten zu besetzen gewesen. Ein Theater zumal hätte, wenn auch kein Publikum, so doch genügend hervorragende Schauspieler, Regisseure, Stückeschreiber und Intendanten gefunden. In Hollywood kannte jeder jeden. Leute, die sich in Berlin nie begegnet wären, trafen sich in regelmäßigen Abständen immer wieder in den gleichen Häusern.«

335

Brecht (1898 bis 1956) war 1941 über Wladiwostok in die USA gelangt und hatte sich in Santa Monica ein eher bescheidenes Haus gekauft; er war dazu in der Lage gewesen nicht zuletzt durch 25 000 Dollar, die ihm Feuchtwanger aus dem Erlös der Verkaufs der Filmrechte von *Simone* an Samuel Goldwyn abgab. Seine Beziehungen zu Thomas Mann blieben frostig. Brecht nannte ihn »das Reptil«.

Der Biograph Brechts beschreibt die Gruppierungen unter den deutschen »Asylanten« so: Zu der einen Gruppe, jener, die sich um das Haus Thomas Manns bildete, gehörten unter anderem Bruno und Liesl Frank (513 North Camden Drive, Beverly Hills), die Polgars, Franz und Anna Werfel, Alfred Döblin (1944 Skriptschreiber für den Film *Der Oberst und der Dichter*), Wilhelm Speyer und Walter Mehring. Zu dem marxistisch orientierten Kreis um Brecht wären Hanns Eisler, Paul Dessau, Lion Feuchtwanger und der Filmschauspieler Peter Lorre zu rechnen. Eine dritte Gruppe schließlich waren die Soziologen und Philosophen der »Frankfurter Schule« mit Theodor W. Adorno, Max Horkheimer, Friedrich Pollock und Herbert Marcuse. Hinzu kommt Ludwig Marcuse, der ebenfalls an der University of Southern California lehrte. Max Horkheimer (1895 bis 1973) und Theodor W. Adorno (1903 bis 1969) schrieben hier die *Dialektik der Aufklärung*, eine der wichtigsten philosophischen Analysen des 20. Jahrhunderts.

Lion Feuchtwanger ist in den USA fast so etwas wie ein Erfolgsautor geworden. Vor allem sein Roman *Waffen für Amerika* (amerikanischer Titel *Proud Destiny*) mit seinem Bekenntnis zur amerikanischen Unabhängigkeitserklärung und Verfassung erreichte eine hohe Auflage.

Auch Feuchtwanger brachte es in Los Angeles am 520 Paseo Mirarmar in der Nachbarschaft von Thomas Mann zu einem schönen Haus mit Blick auf den Pazifik. George Tabori nannte es eine »Villa von so protzender Vollkommenheit wie Wahnfried«. Feuchtwanger schrieb dort nach seinem Rousseau-Roman in seinen letzten Lebensjahren unter anderem die historischen Romane *Die Jüdin von Toledo* und *Jefta und seine Tochter*. Er widmete seine Bücher »dem Ringen von Vernunft und Fortschritt um den Frieden«. In einem steht der erinnernswerte Satz des jüdischen Kaufmanns Yehuda Ibn Esra: »Eine Unze Friede ist mehr wert als eine Tonne Krieg.«

Aber gerade der Friede 1945 brachte nach dem Tode des amerikanischen Präsidenten Roosevelt eine radikale Wende in der amerikanischen Innen- und Außenpolitik, und dieser Kurswechsel blieb auch für die deutschen Emigranten und ihre Freunde in L. A. nicht ohne Folgen.

Als Feuchtwanger im Januar 1948 die amerikanische Staatsbürgerschaft beantragte, geriet er in die Vernehmungsmaschinerie der amerikanischen Behörden. Unter den Senatoren McCar-

American Memories

»1953, als das Freeway-System von Los Angeles langsam zu wachsen begann, begegneten sich zwei der neuen Schnellstraßen – die von Harbour nach Pasadena und die von Hollywood nach Santa Ana – auf eine völlig neue Weise. Damals entstand etwas, wofür es im Deutschen bis heute keine Übersetzung gibt. Denn ein ›Interchange‹ ist eben kein Autobahnkreuz, sondern die Verlegung der Fahrbahnen und Zubringer auf verschiedene Ebenen, um jegliche Kreuzung zu vermeiden.«

Bernd Polster und Phil Patton,
Highway – Amerikas endloser Traum

thy und Richard M. Nixon hatte die Kommunistenjagd begonnen, von der auch Thomas Mann nicht verschont blieb. Ab 1950 schrieb Feuchtwanger an seinem Roman *Goya*, in dem er die Vorladung des Malers durch die spanische Inquisition beschreibt und damit gewissermaßen historisch verschlüsselt auf diese Ereignisse anspielt.

Jahrelang wurde auch Feuchtwanger vom FBI bespitzelt, seine Post zensiert. Die politischen Einschüchterungsversuche rissen bis zu seinem Tod nicht ab. Noch 1954 mußte Thomas Mann darum bitten, den unterdessen 70jährigen Kollegen »klüglich in Ruhe zu lassen, bei seinen Büchern, den Blumen sei-

nes Gartens und bei seiner Arbeit, durch die er das Land ehrt.«
Als Lion Feuchtwanger am 21. Dezember 1958 im Mount Sinai
Hospital in Los Angeles starb, war er immer noch nicht einge-
bürgert. Begraben liegt er auf dem Woodlawn-Friedhof in Santa
Monica. Die telefonische Mitteilung über die Einbürgerung für
ihn und seine Frau Marta kam am Tag nach seinem Tod.

Wer denkt heute noch daran, daß der McCarthy-Ausschuß
den Autor von Kriminalromanen und Präsidenten der »League
of American Writers«, Dashiel Hammet, damals ins Gefängnis
brachte!

Bertolt Brecht entzog sich einem solchen Verdikt. Sein Stück
Das Leben des Galilei war 1947 bei der Uraufführung im »Theater von Beverley Hill« zu einem gesellschaftlichen Ereignis geworden. Der deutsche Physiker und Philosoph Hans Reichen-
bach hatte den Autor bei der Arbeit am Text in naturwissen-
schaftlichen Fragen beraten. Der englische Schauspieler Charles
Laughton hatte die Titelrolle gespielt. Charlie Chaplin, Charles
Boyer, Ingrid Bergman und Frank Lloyd Wright hatten im Publikum gesessen. Viele von ihnen gehörten nun zu den Personen,
die der Sympathien für die Sowjetunion verdächtig waren.

Auch Brecht wurde von Senator Joseph McCarthy nach Washington vorgeladen. Sein schweikhaft-listiger Auftritt vor dem
»Ausschuß für unamerikanische Aktivitäten« im Oktober 1947 –
es drohte eine Haft von einem Jahr, 1000 Dollar Geldstrafe, vor
allem aber die »schwarze Liste«, die einem Berufsverbot gleichkam! – hört sich auf Schallplatte an wie eine Kabarettvorstel-
lung, wäre aber wohl kaum ohne Folgen geblieben, hätte Brecht
nicht kurz darauf die USA verlassen. Seit März 1947 war er im
Besitz einer Ausreiseerlaubnis.

Hanns Eisler, den man schon zuvor vor diesem Ausschuß ver-
hört hatte, wurde als »Kommunist« ausgewiesen. Er kehrte, wie
Brecht, nach Europa zurück und machte sich später in der DDR
als Komponist der Nationalhymne dieses anderen deutschen
Staates einen Namen. Auch dort bekam er bald wieder politische
Schwierigkeiten, nicht zuletzt bei seinem Versuch, eine *Faust*-
Oper zu schreiben. Es wäre interessant, zu erfahren, ob die er-

338

Spuren im Asphalt. Hier schritten Sophia Loren und die schöne Marilyn.
Bei Tag wirkt Hollywood leicht schäbig! Aber die großen Namen lassen uns
trotzdem vor Ehrfurcht erstarren. Tritt vorsichtig, du trittst auf Träume,
sagte William Butler Yeats.

sten Gedanken daran nicht schon in Los Angeles bei ihm aufka-
men, zumal ja in Kreisen der dort lebenden zeitgenössischen
Musiker die Arbeit Thomas Manns an seinem *Dr. Faustus* bekannt war und gewiß auch diskutiert wurde.

Eislers Lehrmeister Arnold Schönberg (1874 bis 1951), der in
der 116 North Rockingham Avenue wohnte, gehört in dieses As-
soziationsfeld, Theodor W. Adorno, den Thomas Mann bei seiner Komposition des *Dr. Faustus* um Hilfe bat und der von sich
selbst mit Bezug auf den *Dr. Faustus*-Roman sagte: »Ich bin der
Teufel« sowie Hanns Eislers Bruder Gerhart, der von der eigenen Schwester denunziert, als »roter Atomspion« verdächtigt
und mehrfach in Haft genommen wurde; 1949 floh er auf einem
polnischen Frachter aus den USA.

Weniger prominent: der Wiener Komponist Ernst Toch (1887
bis 1964), der 1936 nach Los Angeles kam, an der Southern Uni-

versity of California und dort in Erinnerung an Lion Feuchtwanger seine fünfte Symphonie komponierte.

Nicht zu vergessen: Otto Klemperer, der schon 1933 nach Los
Angeles gelangte. Es ging ihm zuerst beruflich nicht sonderlich
gut, später aber wurde er Chefdirigent des Los Angeles Philhar-
monic Orchestra.

Es hat seine Richtigkeit damit, wenn man in den Jahren des
Zweiten Weltkriegs und den ersten Jahren der Nachkriegszeit
Los Angeles das »Weimar Amerikas« nannte. Die Chronik, die
Schicksale, Unternehmungen und Streitigkeiten deutscher
Emigranten in jener Stadt am Pazifik zu dieser Zeit festhält, ist
noch zu schreiben.

Ja, von all dem könnte ich erzählen. Ich könnte auch von meinem Aufenthalt 1968 in Los Angeles berichten, der sich vor
allem in dem schwarzen Viertel Watts abspielte. Ein Jahr zuvor
hatten hier Rassenkrawalle getobt, die einem bürgerkriegsähn-
lichen Zustand ziemlich nahe gekommen waren. Als freundlich-
poetische Erinnerung aus dieser Zeit, in der ich soviel Gewalt,
Haß und Rassenvorurteile erlebte, könnte ich an die Schrott-
Türme von Watts erinnern, die Simon Rodia, ein Einwanderer
aus Italien, aus 70 000 Muschelschalen, zurechtgeschnittenen
alten Wasserrohren, Stahlrahmen alter Betten, Flaschenscher-
ben und Blechstücken zusammengefügt hat – bizarre Gebilde,
halb Ölbohrtürme, halb Säulen einer gotischen Kathedrale. Ver-
schlungenes Rankenwerk. Glitzernd, keinen anderen Zweck
erfüllend, als Anlaß zu bieten zum Staunen in einer Gegend, in
der das menschliche Auge meist nur auf monströses Elend
blickt.

Ich könnte das Bild Simon Rodias beschwören, das Gesicht
dieses italienischen Bauern, gutmütig, verschmitzt lächelnd; in
der Hand hält er eine Pfeife, nickt den beiden Türmen zu, die er
hochgezogen hat, über Jahre alle Stunden seiner Freizeit damit
verbringend, und er scheint zu sagen: Was ist das schon! Aber
wer je Los Angeles zu Fuß durchmessen hat, weiß: Das ist eine
ganze Menge. Einer gegen diese Wüste von Stadt.

Geschichten fallen mir viele ein, wenn der Städtename Los Angeles fällt. Vielleicht werde ich die eine oder andere später noch einmal erzählen.

Ich schließe das Buch mit der Wiedergabe eines Briefes, den mir ein Mitreisender freundlicherweise mit der Erlaubnis zum Abdruck nach unserer Rückkehr von der Reise über die Route 66 zur Verfügung stellte. (Danke, Peter!) Ich zitiere den Brief hier,

---

American Memories

Die Route 66 endet in Los Angeles. Genau genommen auf der Kreuzung Ocean und Santa Monica Boulevard in Santa Monica. Hier hat die Filmgesellschaft Warner Brothers eine Bronzeplakette anbringen lassen, die an einen der Sänger und Filmschauspieler erinnert, dessen Name mit der Route verbunden ist:

Will Rogers.
»Humorist, Weltenreisender und guter Nachbar.«

---

weil er eine Ahnung von dem vermittelt, was Reisen bei aller Kritik am modernen Massentourismus für Menschen heute bedeuten kann. In der Tat hängt es ganz und gar vom Bewußtsein des einzelnen ab, was er auf der Ausnahmesituation einer Reise wahrnimmt und was nicht. Bezeichnenderweise stammen die Zeilen von einem jungen Mann, der Kindheit und Jugend in der DDR verlebte und heute als Buchhändler in einem kleinen Ort in den von uns als »Neue Länder« bezeichneten Teilen Deutschlands lebt und arbeitet. Er schreibt:

»Dear friend, leider bin ich schon lange wieder in Deutschland und kann nun erst richtig die Sehnsucht verstehen, die so viele beschrieben, wenn sie von Amerika berichteten.

Ach, was vermisse ich nicht alles hier in Germany: Die Freundlichkeit, die Aufgeschlossenheit der Menschen, die Lockerheit, den Glauben daran, daß alles irgendwie geht, den Anblick der Skylines und den der endlosen Gebirgszüge, den heißen Wind und den wirklich so blauen Himmel über New Mexico, mein All American Breakfast und den Kaffee, beides sehr viel besser, als man es mir beschrieben hatte, den Blick zum Sandia Crest und den Geschmack von Salsa, den Lärm und die Geschäftigkeit in den Gaststätten, den Blick auf den Colorado in der Mittagssonne im Grand Canyon, das Geräusch des Pazifiks in der Nacht in Malibu und das wunderbare Gefühl, durch die Berge rund um Santa Fe zu rennen, mit aufspringenden Erdhörnchen zwischen den Füßen – oder durch die Felsen in der Nähe von Gallup zu laufen, wo vor der untergehenden Sonne und parallel zur Route 66 zwei Züge der Santa Fe und Pacific Railroad sich kreuzten, während ein Indianer vorsichtig grüßend vorbeifuhr, um keinen Staub aufzuwirbeln. Hab' ich jetzt wirklich von Amerika geschwärmt? Aber es war schon eine große Sache dort auf der Route 66. Und es war schon seltsam, wie genau für mich alle Bilder stimmten, alle Klischees positiv bestätigt wurden. Es war einfach nur größer, noch besser, noch schöner, als ich es mir vorgestellt hatte.

Nur der Anfang war etwas anders als gedacht. Alles ging schnell und wohlbehütet, durch Flugplatzhallen und mit dem Bus; doch dann, endlich, stand ich am Nachmittag einfach allein auf der Michigan Avenue in Chicago und begriff, daß ich in Amerika war. Wohin ich immer gewollt hatte, seit ich lesen konnte, und wohin mich ein seltsames Land – oder besser: seine Beherrscher nie lassen wollten. Was ich wiederum nicht glauben und akzeptieren konnte und immer schon lächelnd, mit Gewißheit, ignorierte.

Der erste Blick aus dem Hotelfenster auf die Brandmauer gegenüber, ein Schwarzer, der seinen großen Wagen einparkte, alles wie im Film gesehen, irgendwo in diesen Straßen würden die im Wagen die Soul Brothers sein. Am ersten Morgen in Lou Mitchell's Restaurant, wo Reisen auf der Route 66 beginnen können, mein erstes ›Don't understand you‹ und dann doch ein Gespräch, das besser geht als erwartet. Mein erster Dollar für den Schwarzen, der hier jeden Tag den Gästen die Tür aufhält, *and his friend has played with Coco Taylor, really.*

Mit der richtigen Musik zu jedem Streckenabschnitt ging es über Joliet zum Truck-Stop nach Springfield, St. Louis, Lincoln bis Tulsa, Oklahoma, dem Ort mit der freundlichsten Kellnerin, die eine Stimme wie Sissy Spacek hatte.

Der Wind in Oklahoma, die schon pralle Hitze, ein improvisiertes Barbecue am Abend, Texas, *ninety miles to Amarillo*, dann Santa Fe, Borritos und Margaritas, Honky-Tonk nachts in einer Kneipe mit Indianern, die alle so groß waren wie der aus dem Kuckucksnest und ein Saal voller Marilyn Monroes und James Deans, die zu Country live über das Parkett wirbelten. Das Gefühl der ›Freiheit‹ *(›freedom is another word for nothing left to lose‹)* war schon lange da – das gibt es wirklich. Painted Desert, Oraibi, meilenlange Straßen durch die Reservationen. Und nach der Nähe der Medizinbündel, auf der Fahrt zum Grand Canyon, hörten wir Flötenmusik, und die Flöte erzählte all die Geschichten der vergessenen und vergangenen Zeiten.

Dann aber, eine Stunde vor Sonnenuntergang, der erste Blick in den Canyon. Da konnte man einfach nur schweigen und sich ein bißchen verwundert die feuchten Augenwinkel wischen. Es war der beste Abschluß für unser Route 66-Feeling.

Las Vegas sei vergessen. Zudem, am nächsten Abend, viel eindrucksvoller, nach zwei Meilen zu Fuß auf dem Santa Monica Boulevard, um 18 Uhr L. A. Time eine Platte aus Kupfer, unter ein paar Palmen, einem kleinen Park am Pazifik, auf der stand, was ich ein bißchen traurig las:

End of the Route 66.«

Aufgeführt werden Bücher und Schriften, die im Text zitiert wurden oder als Materialien in das Manuskript eingingen.

Von einem genauerem Beleg wurde abgesehen, da es sich um einen Reisebericht, nicht um ein Werk von wissenschaftlichem Charakter handelt. So sollen diese Quellenangaben auch vor allem dazu dienen, dem interessierten Leser die Möglichkeit zu geben, sich in ein Thema über den Text dieses Buches hinaus zu vertiefen.

Abbey, Edward: Desert Solitaire – A Season in the Wilderness. New York 1968.

–: Die Universal-Schraubenschlüsselbande. Ein Öko-Thriller. Reinbek bei Hamburg 1987.

–: A Voice Crying in the Wilderness. Notes from A Secret Journal. New York 1990.

–: The Best of Edward Abbey. San Francisco 1984.

Antes, Horst: Kachina-Figuren der Pueblo-Indianer Nordamerikas aus der Studiensammlung Horst Antes. Katalog des badischen Landesmuseums. Karlsruhe 1981.

American Heritage: History of the Great West. 1965.

Ash, Moses (Hg.): American Folksong – Woody Guthrie. My Life. New York 1947.

Berendt, Joachim-Ernst: Das Jazzbuch. Von New Orleans bis in die achtziger Jahre. Frankfurt/Main 1993.

Buschenreiter, Alexander: Unser Ende ist euer Untergang. Die Botschaft der Hopi und anderer US-Indianer an die Welt. München 1983.

Degen, Hans Jürgen: Lexikon der Anarchie. Bösdorf 1994.

Deloria, Vine, jr.: Custer died for your Sins. New York 1969.

Evers, Larry (Series editor): Between Sacred Mountains – Navajo Stories and Lessons from the Land. Tuscon/Arizona 1982.

Fagan, Brian M.: Ancient North America. London 1991.

Ferlinghetti, Lawrence: Endless Life – Selected Poems. New York 1981.

–: Her, New York 1960.

Galloway, David: Tamsen. A Novel of the Tragic Journey of the Donner Party and the Heroism of an Extraordinary Woman. New York 1993.

Guthrie, Woody: Bound for Glory. New York 1968.

Hetmann, Frederik: Amerika singt. Frankfurt/Main 1966.

–: Sheriffs, Räuber, Texasrangers. Gesetz und Gesetzlosigkeit im Wilden Westen. Würzburg 1968.

–: Mustangs, Rinder, Schienenstrang. Die große Zeit der Cowboys. Würzburg 1969.

–: Die Spur der Navajos, Leben und Geschichte eines indianischen Volkes. Recklinghausen 1969.

–: Das Schwarze Amerika, Vom Freiheitskampf der amerikanischen Neger. Freiburg i. Br. 1970.

–: Durch Amerika – Im Land der (un)begrenzten Möglichkeiten. Reinbek bei Hamburg 1974.

–: Pepe traut dem Frieden nicht, drei Geschichten. Reinbek bei Hamburg 1975.

–: Wiedersehen mit Amerika – Kreuz und quer durch die USA. Reinbek bei Hamburg 1991.

–: Wohin der Wind weht. Geschichten aus der Neuen Welt von Boston bis New Orleans. Freiburg i. Br. 1979.

–: Wohin die Flüsse fließen. Geschichten aus der Neuen Welt von St. Louis bis San Francisco. Freiburg i. Br. 1980.

–: Mondhaus und Sonnenschloß – Märchen und Mythen der nordamerikanischen Indianer. Stuttgart 1989.

–: Im Haus der Gefiederten Schlange. München 1990.

Hoxie, Frederick E.: Encyclopedia of North American Indians. Boston, New York 1996.

Horgan, Paul: Great River, The Rio Grande in North American History, 2 Bde. New York 1954.

Lindsay, Vachel: The Congo and Other Poems. New York 1992.

Kirsch, Hans-Christian: Dies Land ist unser. München 1993.

–: Einem Bettler in den Hut (Poems Quarter Each). Privatdruck, Lee Holliger, Wädenswil 1995.

MacCreery, Patricia; Malotki, Ekkehart: Tapamveni, The Rock Art Galleries of Petrified Forest and Beyond. Petrified Forest/Arizona 1994.

Mittenzwei, Werner: Das Leben des Bertolt Brecht. Frankfurt/Main 1987.

National Geographic, April 1978, Chicago.

National Geographic, Juli 1982, darin: Willa Cather: Voice of the American Frontier.

National Geographic, November 1982, darin: The Anasazi riddles in the Ruins.

National Geographic Society: The World of American Indians. 1974.

Nash, Roderick: Wilderness and the American Mind. New Haven, London 1967.

O'Keeffe, Georgia; Stieglitz, Alfred: Two Lives – A Conversation in Paintings and Photographs. London 1992.

Oates, Stephen B.: William Faulkner – The Man and the Artist. New York 1988.

Redfern, Ron: Corridors of Time, 1 700 000 000 Years of Earth at Grand Canyon. New York 1980.

Silesky, Barry: Ferlinghetti – the Artist in his Time. New York 1990.

Skierka, Volker: Lion Feuchtwanger. Berlin 1984.

Snyder, Tom: Route 66 Travelers Guide and Roadside Companion. New York 1995.

Steinbeck, John: The Harvest Gypsies – On the Road to the Grapes of Wrath. Berkeley 1988.

Steiner, Stan: Der Untergang des Weißen Mannes. München 1981.

Stephenson, Gregory: The Daybreak Boys Essays on the Literature of the Beat Generation. Carbondale 1990.

Stewart, George R.: The California Trail. New York 1962.

Teague, Tom: Searching for 66. Springfield/Illinois 1991 u. 1996.

Waters, Frank: Masked Gods, Navajo and Pueblo Ceremonialism. New York 1970.

Literaturempfehlungen

Diese Liste erhebt keinen Anspruch auf Vollständigkeit. Sie umfaßt jene Bücher, die der Autor - zusätzlich zu den bereits unter »Quellen« genannten Titeln - zur Vor- oder Nachbereitung seiner Reisen über die Route 66 gelesen hat. Sie sind hier nach belletristischen Titeln und Sachbüchern geordnet. Es liegt in der Natur des Themas, daß viele der Bücher nur in englischer Sprache vorliegen und Interessenten sie sich aus den USA bestellen müßten. Andere sind vergriffen, könnten aber über Bibliotheken noch erhältlich sein. Ich habe keine der zahlreich vorhandenen Bücher für Auto- und Motorradfans über die Route 66 aufgenommen. Meine Bibliographie ist bewußt subjektiv auf meine persönlichen Interessensgebiete, nämlich Anthropologie, Amerikanistik, Kunst und vor allem Literatur ausgerichtet.

Belletristik (inkl. Biographien):
Abbey, Edward: Jonathan Troy. Dodd Mead, New York 1954.
–: Confessions of A Barbarian, Selection from the Journals of Edward Abbey, 1951 – 1989. Little Brown, New York 1994.
–: Fire on the Mountain. A Novel. Dial Press, New York 1962.
–: Desert Solitaire – A Season in the Wilderness. McGraw-Hill Books, New York 1968.
(Die vielleicht besten Essays über die Landschaften der amerikanischen Wildnis.)

–: Black Sun. A Novel. Simon & Schuster, New York 1971.

–: Brave Cowboy. A Novel. Avon Books, New York 1982.

–: The Best of Edward Abbey. Sierra Book Club, San Francisco 1984.

–: Die Universal-Schraubenschlüssel-Bande. Rororo, Reinbek bei Hamburg 1987.

–: Hayduke Lives. A Novel. Little Brown, New York 1988.

–: A Voice Crying in the Wilderness – Notes from a Secret Journal. St. Martin's Press, New York 1990.
(Geistreich-witzige Aphorismen, die das aufsässig-anarchistische Bewußtsein dieses Autors spiegeln. Ein Trostbuch angesichts der Absurditäten und Eitelkeiten unserer Zeit.)

–: The Fool's Progress – A Honest Novel. Avon Books, New York 1990.
(Abbey ist der Autor, von dem man ohne Romantizismen viel über den Südwesten der USA erfahren kann.)

Anthony, Piers: Tatham Mound. Eugen Diederichs Verlag, München 1994.
(Ein guter Roman über die Moundbauern im Südosten der USA, den man gelesen haben sollte, wenn man diese Gegend bei St. Louis besucht.)

Bandelier, Adolf F.: The Delight Makers. A Novel of prehistoric Pueblo Indians. Harvest Book, New York 1971.
(Siehe dazu den Hinweis im Text.)

Benson, Jackson J.: The True Adventures of John Steinbeck, Writer. A Biography. Penguin Books, New York 1990.
(Ein größeres Lesevergügnen als mancher Roman!)

Bishop, James Jr.: Epitaph for a Desert, The Life and Legacy of Edward Abbey. Touchstone Book, New York 1994.
(Eine Art Biographie über Abbey, leider ziemlich oberflächlich!)

Cather, Willa: Meine Antonia. Albrecht Knaus, München 1990.

–: Der Tod holt den Erzbischof. Albrecht Knaus, München 1990.

–: Das Haus des Professors. Albrecht Knaus, München 1990.

–: Das Lied der Lerchen. Albrecht Knaus, München 1990.

(Diese Bücher spielen alle im Südwesten. Die Gesamtausgabe, erschienen im Albrecht Knaus Verlag, ist in Deutschland leider viel zu wenig beachtet worden. Siehe auch Hinweise im Text!)

Eisler, Benita: O'Keeffe & Stieglitz. An American Romance. Penguin Books, New York 1992.

(Das Buch beleuchtet vor allem die Beziehung des Künstlerpaares. Alfred Stieglitz' Aktaufnahmen von Georgia O'Keeffe – ohne Glamour – sind einfach hinreißend!)

Ferlinghetti, Lawrence: Her. New Directions, New York 1960.

–: Endless Life. Selected Poems. New Directions, New York 1981.

–: Ein Coney Island des inneren Karussells. Gedichte. Limes Verlag, Wiesbaden 1962.

–: Gedichte. Carl Hanser, München 1980.

–: Liebe in der Zeit der Revolution. Goldmann Verlag, München 1991 (vergriffen).

(Ferlinghetti ist mein Lieblingsdichter! Aus seinen Gedichten kann man aber auch viel über den Zustand der USA in den 60er und 70er Jahren aus der Sicht eines kritischen, politisch-sozialen Beobachters, der zugleich ein großer Lyriker ist, erfahren. Sie drücken ein Lebensgefühl aus, das, da F. ein großer Reisender war, nicht nur auf die USA beschränkt ist.)

Hetmann, Frederik: Amerika Saga. Von Cowboys, Tramps und Desperados. Verlag Friedrich Oetinger, Hamburg 1986.

–: Im Sattel der Cowboys. Die große Zeit der Cowboys und Rindertrails. Arena Verlag, Würzburg 1977.

–: Treiben wie ein Baum im Fluß. Georg Bitter Verlag, Recklinghausen 1973 (vergriffen).

–: Wiedersehen mit Amerika. Kreuz und quer durch die USA. Ein Reisebericht. Rororo, Reinbek bei Hamburg 1991 (vergriffen).

–: Die Büffel kommen wieder und die Erde wird neu, Märchen und Mythen der nordamerikanischen Indianer. Eugen Diederichs Verlag, München 1995.

–: Indianermärchen aus Nordamerika. Fischer Taschenbuch, Frankfurt 1991.

–: Märchen der Prärieindianer. Fischer Taschenbuch, Frankfurt 1996.

–: Indianermärchen der Pueblo, Hopi & Navajo. Fischer Taschenbuch, Frankfurt 1992.

–: Charlotte und die Indianer. Ravensburger Buchverlag, Ravensburg 1991.

–: Bis ans Ende aller Straßen. Die Lebensgeschichte des Jack Kerouac. Beltz und Gelberg, Weinheim 1989.

Hetmann, Frederik u. Harald Tondern, Das Pferd ohne Reiter. Rororo, Reinbek bei Hamburg 1997.

(Hans-Christian Kirsch und Frederik Hetmann sind identisch. Was soll ich zu meinen eigenen Büchern sagen? Die lange Liste dokumentiert, daß mich die USA und dabei vor allem die Folklore und die Mythen und Märchen der Indianer seit dreißig Jahren beschäftigen. Aus einigen der schon lange nicht mehr lieferbaren Bände habe ich relevante Texte in das vorliegende Buch aufgenommen.)

Hillerman, Tony: Der Wind des Bösen. Goldmann Taschenbuch, München 1994.

–: Das Tabu der Totengeister. Goldmann Taschenbuch, München 1992.

–: Der Kojote wartet. Goldmann Taschenbuch, München 1991.

–: Geistertänzer. Goldmann Taschenbuch, München 1991.

–: Schüsse aus der Steinzeit. Goldmann Taschenbuch, München 1993.

–: The Tony Hillerman Companion. A Comprehensive Guide to His Life and Work. Ed. by Martin Greenberg. Harper Packerback, New York 1994.

–: Wolf ohne Fährte. Rororo, Reinbek bei Hamburg 1997.

–: Der Tod der Maulwürfe. Rororo, Reinbek bei Hamburg 1997.

–: Das Labyrinth der Geister. Rororo, Reinbek bei Hamburg 1997.

–: Wer die Vergangenheit stiehlt. Rororo, Reinbek bei Hamburg 1997.

(Mir gefallen bei Hillerman vor allem die Landschaftsbeschreibungen des Südwestens der USA. In den Four Corners ist Hillerman inzwischen ein »local hero«! Fans sollten sich unbedingt den »Companion« beschaffen!)

Klein, Joe: Woody Guthrie – A Life. An Enduring Hero of American Musical History. Ballentine Book, New York 1980.
(Ein Stück amerikanische Sozial- und Musikgeschichte.)

McGarrity, Michael: Tularosa. A Novel. Pocket Books, New York 1997.

–: Mexican Hat. A Novel. Simon & Schuster, New York 1997.

(McGarrity scheint der Autor der gegenwärtigen Krimi-Mystery-Szene zu sein, der die von Hillerman geschaffene Tradition überzeugend und zugleich eigenständig fortsetzt.)

Momaday, N. Scott: House made of Dawn. Harper Verlag, New York 1966.

–: Haus aus Morgendämmerung. Eugen Diederichs Verlag, München 1988.

–: The Ancient Child. A Novel. Doubleday, New York 1989.

(Ein literarisch versierter *American native* liefert poetische Darstellungen der Welt, in der er seine Wurzeln hat. M. ist Kiowa, war Literaturprofessor in Kalifornien, wurde mit dem Pulitzer Preis ausgezeichnet und lebt heute im Südwesten. »The Ancient Child« ist eine Überblendung einer indianischen Mythe mit der Geschichte von »Billy the Kid«.)

Silko, Marmon Leslie: Almanach der Toten. Rogner & Bernhard bei Zweitausendeins, Frankfurt/Main 1994.
(Soll der »große amerikanische Roman« sein! Na, na. Da nimmt der Klappentext die Klappe ziemlich voll. Die kaputte Gesellschaft, die dieses Buch darstellt, gibt es in den Four Corners auch, und der Tourist übersieht sie leicht.)

Steinbeck, John: Früchte des Zorns. Dtv, München 1985
(Natürlich der Klassiker zum Thema »dustbowl«, sprich Oklahoma – Kalifornien.)

Sachbücher

Bailey, L. B.: The Long Walk – A History of the Navajo Wars, 1846-68. Westernlore Press, Tuscon/Arizona 1988.
(Eine präzise Darstellung der Vorgeschichte der Deportation der Navajo aus ihrer Heimat in Arizona nach Bosque Redondo.)

Bierhorst, John: Die Mythologie der Indianer Nordamerikas. Eugen Diederichs Verlag, München 1997.
(Für jeden, der sich genauer mit der Motivgeschichte indianischer Märchen und Mythen beschäftigen will, unentbehrlich. Die Motive sind regional geordnet.)

Brouws, Jeff (Fotos); Polster, Bernd & Patton, Phil: Highway – Amerikas endloser Traum. Dumont, Köln 1996.
(In Bild und Text eine gelungene Annäherung an die besondere Atmosphäre der großen Straßen – nicht nur der Route 66 – Amerikas.)

Cheek, Lawrence W.: Ancient People of the Southwest – A. D. 1250. Arizona Highway Book, ohne Jahresangabe.
(Sorgfältiges Informationsmaterial über die Geschichte der Anasazi. Für anthropologisch-archäologisch interessierte Leser als Vorbereitung zu einer Tour durch den Südwesten der USA zu empfehlen.)

354

Courlander, Harold & Dömpke, Stephan (Hg.): Hopi – Stimmen eines Volkes. Eugen Diederichs Verlag, Köln 1986. (Eines der wichtigsten Bücher zur Mythologie der Indianer des Südwestens! Ihr »Altes Testament«.)

Hetmann, Frederik: Die Pinkerton-Story. Aus den Akten der berühmtesten Detektivagentur der USA. Arena Verlag, Würzburg 1971 (vergriffen).
–: Der Rote Tag. Bericht über die Schlacht am Little Bighorn zwischen den Sioux und Cheyenne und der US Kavallerie unter General Armstrong Custer. Loewes Verlag, Bindlach 1979 (vergriffen).
–: Die Indianer. Ravensburger Buchverlag, Ravensburg 1991.

Hoxie, Frederick E. (Hg.): Encyclopedia of North American Indians. Native American History, Culture, and Life from Paleo-Indians to the Present. Houghton Mifflin Company, Boston 1996.
(Ein Lexikon, das Kultur und Geschichte der *Native Americans* aus ihrer Sicht darstellt!)

Kirsch, Hans-Christian: On the Road. Die Beat-Poeten William S. Burroughs, Allen Ginsberg, Jack Kerouac. Rororo, Reinbek bei Hamburg 1995.
(Die Lebensschicksale dieser Gruppe von Literaten, deren Schicksale mit den Straßen der USA und dem Jazz verknüpft sind.)

Maddox, Brenda: The Married Man - The Life of D. H. Lawrence. Minerva, London 1994.
(Im Zusammenhang mit der Route 66 vor allem im Hinblick auf Santa Fe und Taos relevant.)

Nash, Roderick: The Right of Nature – A History of Environmental Ethics. The University of Wisconsin Press, Madison 1989.

(Ein wichtiges Buch zur Geschichte des Naturschutzes, der Geschichte der Nationalparks und sowie zur Philosophie der Wildnis in Amerika.)

Pike, Donald G. (Text) & Muench, David (Fotos): Anasazi – Ancient People of the Rock. Crown Publishers, New York 1974.
(Guter Text, eindrucksvolle, großformatige Fotos. Ein schönes Erinnerungsbuch zu Reisen durch den Südwesten.)

Plog, Stephen: Ancient People of the American Southwest. Thames and Hudson, London 1997.
(Ein mehr wissenschaftlich orientiertes Buch über die »alten Feinde«, die frühen Indianer im Südwesten. Mit anschaulichen Abbildungen.)

Silesky, Barry: Ferlinghetti. The Artist in his Time. Warner Books, New York 1990.
(Der ungewöhnliche Lebenslauf dieses Mannes zeigt unabhängig von der Lyrik F.s ein amerikanisches Schicksal. Für Buchhändler ist die Geschichte des City Light Bookstores in San Francisco und der Kampf gegen die Unterdrückung von Allen Ginsbergs »Geheul« ein »must«. Ein Buch vor allem auch für Leser, die an den Autoren der Beat Generation und der Szene um San Francisco Bay interessiert sind.)

Utley, Robert M: Billy the Kid – A Short and Violent Life. University of Nebraska Press, Lincoln & London 1989.
(Eine neuere, historisch zuverlässige Arbeit über den bizarren Revolverhelden, der ein Stück Geschichte der Four Corners verkörpert.)

Steinbeck, John: The Harvest Gypsies – On the Road to the Grapes of Wrath. Introduction by Charles Wollenberg. Heyday Books, Berkeley, 1988.

(Reportagen für Zeitungen über die Okies in Kalifornien. Vorarbeiten für den Roman *Die Früchte des Zorns*. Blick ins Nähkästchen eines sozialkritischen Romanautors.)

Waters, Frank: Das Buch der Hopi. Eugen Diederichs Verlag, München 1980.
–: Pumpkin Seed Point – Meine Zeit mit den Hopi. Verlag im Waldgut, Frauenfeld 1986.
–: Tapfer ist mein Volk – Unsterbliche Häuptlinge. Eugen Diederichs Verlag, München 1996.
–: Gesänge der Heiligen. Eugen Diederichs Verlag, München 1997.
(Waters ist einer der besten Kenner der Indianerstämme zwischen dem Texas Panhandle und Arizona. Freilich schildern seine Bücher eine inzwischen weitgehend untergegangene Welt. Dennoch zählen sie immer noch zu den besten Einführungen in die Geschichte der Indianerstämme des Südwestens.)

Zolbrod, Paul G.: Auf dem Weg des Regenbogens – Das Buch vom Ursprung der Navajo. Eugen Diederichs Verlag, München 1988.
(Die Mythologie der Navajo. Nach mündlichen Erzählungen der »Alten« von einem Anthropologen aufgezeichnet.)

Der Autor dankt dem German Representative Office Chicago in Frankfurt/Main und Claasen Communication, Alsbach, für Informationen über Chicago.

Sein besonderer Dank gilt Joachim Hempel, der die technische Herstellung des Manuskriptes auf dem Computer ausführte.

Abbildungsnachweis

Die meisten der abgedruckten Fotos stammen vom Autor selbst und von Maria Hauser, die ebenfalls der Gruppe angehörte, die von Chicago nach Los Angeles über die Route 66 reiste.

Folgende Ausnahmen sollten erwähnt werden:
S. 101 R. A. Andreas / Bear Family
S. 287 Magazin. Die Bildagentur
S. 339 Dr. Jochen Aumiller, München

GOLDMANN

Spiritualität

David Steindl-Rast,
Die Achtsamkeit des Herzens   12398

David Steindl-Rast,
Fülle und Nichts   12507

Dalai Lama, Das Auge einer neuen
Achtsamkeit   12483

Dalai Lama,
Die Weisheit des Herzens   12312

Goldmann · Der Taschenbuch-Verlag